25 HABILIDADES ESENCIALES

y estrategias *para* *Analistas de Conducta*

25 HABILIDADES ESENCIALES

y estrategias *para* *Analistas de Conducta*

Consejos de expertos para ser profesionales más eficaces

Jon S. Bailey Mary R. Burch

Edición y traducción de

Javier Virués-Ortega Universidad Autónoma de Madrid
José I. Navarro Guzmán Universidad de Cádiz
Aida Tarifa Rodríguez Universidad Autónoma de Madrid

ABA España
Publicaciones

25 Habilidades esenciales y estrategias para analistas de conducta: Consejos de expertos para ser profesionales más eficaces es la edición en español de *25 essential skills & strategies for the professional behavior analyst : expert tips for maximizing consulting effectiveness* de Jon S. Bailey y Mary R. Burch editada en 2010 por Routledge, Taylor & Francis Group. International Standard Book Number: 978-0-415-80067-9 (Hardback) 978-0-415-80068-6 (Paperback), Library of congress, RC473.B43B35 2009 616.89--dc22

El derecho de Jon S. Bailey y Mary R. Burch a ser identificados como autores de este trabajo ha sido afirmado por ellos de acuerdo con las secciones 77 y 78 de la Ley de Copyright, Diseños y Patentes de 1988. Esta edición esta autorizada por Routledge mediante acuerdo exclusivo de derechos de edición en español cedido a ABA España.

Edición y traducción: Javier Virués Ortega, Jose I. Navarro Guzmán, Aida Tarifa Rodríguez
Maquetación: Florentina Lupiz

Citar esta obra
Bailey, J. S., & Burch, M. R. (2021). *25 Habilidades esenciales y estrategias para analistas de conducta: Consejos de expertos para ser profesionales más eficaces* (J. Virués-Ortega, J. I. Navarro-Guzman, & Aida Tarifa-Rodriguez, Trans. & Eds.). ABA España. https://doi.org/10.26741/978-84-09-31731-8

ABA España es una organización dedicada a la difusión, enseñanza e investigación del análisis aplicado de conducta en el mundo de habla hispana con iniciativas educativas, editoriales, tecnológicas y científicas, visítanos en aba-elearning.com

ISBN-13 978-84-09-31731-8 (Edición en rústica)
https://doi.org/10.26741/978-84-09-31731-8
Año de publicación: 2021

Este libro está dedicado a la memoria
de W. Scott Wood, que consagró su
carrera a ser un modelo de conducta
profesional para todos nosotros.
Colega extraordinario, maestro ejem-
plar e investigador elegante. Fue nuestro amigo. Siempre le recordaremos

Prefacio a la edición en español

Nos complace enormemente presentar esta edición en español de *25 habilidades esenciales y estrategias para analistas de conducta*.

En las últimas décadas, ha habido un crecimiento exponencial en el número de analistas de conducta que proporcionan servicios conductuales en aras a mejorar la calidad de vida de sus clientes. Muchos de estos dedicados profesionales son hispanohablantes.

Estamos muy agradecidos a nuestros estimados colegas el Dr. Javier Virués-Ortega de la Universidad Autónoma de Madrid que, junto con José I. Navarro Guzmán de la Universidad de Cádiz y Aida Tarifa Rodríguez, también de la Universidad Autónoma de Madrid, han asumido la importante labor de editar esta obra en español.

Hasta la fecha, sólo en Estados Unidos, más de 41 millones de personas hablan español, mientras que en todo el mundo hay 580 millones de hispanohablantes que representan el 8% de la población mundial. Existen excelentes oportunidades de formación en análisis de conducta en habla hispana en España, Estados Unidos, Chile, Colombia, Guatemala, Perú y República Dominicana. Pese a que los estudiantes que terminan sus estudios se convierten en profesionales expertos en análisis de conducta, aun deben de complementar su formación con un conjunto de habilidades prácticas transversales necesarias para maximizar su eficacia profesional.

25 Habilidades esenciales y estrategias para analistas de conducta enseña destrezas que no siempre se aprenden en los programas de formación de análisis de conducta. Desde vestirse de forma profesional hasta la organización del tiempo. Esta obra, de fácil lectura, presenta las 25 habilidades esenciales que necesita el profesional clasificadas en cinco secciones principales: *Habilidades valoradas por las empresas, Repertorio básico del profesional, La aplicación del conocimiento conductual, Hábitos de trabajo* y *Estrategias avanzadas para el analista de conducta profesional.*

Cada capítulo recoge lecturas para ampliar. Estamos especialmente agradecidos al Dr. Virués-Ortega y su equipo por haber localizado las ediciones en español de la literatura del mundo empresarial que se recomiendan a lo largo del libro (ver sección *Para leer más* de cada capítulo). Ello permitirá al lector interesado ampliar más si cabe las habilidades profesionales transversales que son el foco de esta obra.

El libro concluye con un apéndice práctico para que el lector evalúe sus competencias profesionales. Este formulario puede utilizarse como herramienta de diagnóstico para identificar tanto los puntos fuertes como las áreas en las que necesitamos seguir mejorando.

Para el analista de conducta actual, ser competente y estar bien formado en los aspectos técnicos del análisis de conducta no es suficiente. Para tener éxito y ser eficaz, el profesional del análisis de conducta necesita adquirir las competencias transversales descritas en este libro.

Esperamos que disfrute de la lectura de *25 Habilidades* y que esta edición, adaptada al español por el Dr. Javier Virués-Ortega, BCBA-D, el Dr. José I Navarro Guzmán y Aida Tarifa Rodríguez, BCBA, le sea útil en su quehacer como analista de conducta profesional.

Jon Bailey y Mary Burch
6 de junio de 2021

Contenido

SECCIÓN CUATRO Hábitos de trabajo

Agradecimientos

Nos gustaría agradecer a Amanda Prestemon por la cantidad de horas que dedicó a revisar este manuscrito. Gracias a sus casi 10 años de experiencia en análisis aplicado de conducta, Amanda pudo identificar lagunas en el contenido, así como secciones que necesitaban explicaciones más detalladas. Como estudiante de posgrado en un programa de análisis aplicado de conducta, Amanda también proporcionó una excelente retroalimentación con respecto a la facilidad con la que nuevos analistas de conducta podrían seguir los consejos específicos ofrecidos a lo largo del libro. Maxin Reiss, Mary Riordan y Ken Wagner nos han ayudado en las secciones relativas a la supervisión de conductas en el mundo real. Innumerables profesionales nos han comunicado los escenarios presentados o participaron en entrevistas que fueron esclarecedoras e informativas. Generaciones de estudiantes de postgrado de Florida State University han educado al primer autor durante casi 40 años sobre el impacto positivo de nuestro campo en múltiples ámbitos aplicados. Ellos han sido la inspiración para escribir este libro. La contribución de Aubrey Daniels ha sido también valiosísima en las secciones relativas a supervisión y gestión del rendimiento. Aubrey es el modelo perfecto de conducta profesional y establece una marca insuperable en productividad. Él es uno de nuestros heroes.

Finalmente, también queremos agradecer a George Zimmar, que creyó en este libro desde el principio y vio la necesidad de un trabajo complementario para *Ética para analistas de conducta*.

Por último, quisiéramos agradecer a ABA España su interés continuado en nuestro trabajo, siendo este el tercero de nuestros títulos que ve la luz en español.

Prefacio

Vuelvo a casa de trabajar en el Centro para personas con trastornos del desarrollo, *me dejo caer en el sofá y me pongo a llorar. No sé qué me pasa. Creo que no les gusto y no confían en mí. Me siento como una extraña. Tengo clientes a los que quiero y disfruto el reto de resolver problemas. Tengo un salario decente, pero en mi lugar de trabajo no me respetan y no me escuchan. Me han dicho que el director habla de mí a mis espaldas. En general, prefieren el uso de fármacos a mis planes de intervención conductual... No puedo explicar a mi supervisor que tengo este tipo de problemas. No sé qué hacer, de verdad, no lo sé. Soy analista de conducta certificada y he tomado el curso de ética del Dr. Bailey, pero no me ayuda a resolver esta situación.*

Esta emotiva y desgarradora súplica nos llegó en forma de una desesperada llamada telefónica de Kimberly, una analista de conducta recién certificada. Kimberly, una estudiante de posgrado, brillante y entusiasta, tenía un deseo tan intenso de conseguir su primer trabajo y comenzar a ayudar a sus clientes con necesidades conductuales especiales, que nadie hubiera predicho que se encontraría en la situación tan deprimente como la que nos describió. Pero así fue.

Empezamos a darnos cuenta de que muchos otros analistas de conducta estaban experimentando problemas similares lo cuál nos condujo a la siguiente revelación: ser un experto en análisis de conducta *no* es suficiente para convertirse en un analista de conducta profesional eficaz.

A medida que nuestro campo continúa creciendo, es crítico que eduquemos a los analistas de conducta en *todas* las habilidades necesarias para ser efectivos y cambiar la vida de los demás.

El análisis aplicado de conducta evolucionó a partir del análisis experimental de la conducta a mediados de la década de 1960. Nuestro campo se formalizó en 1968 con la publicación del primer número de *Journal of Applied Behavior Analysis* bajo la dirección de Mont Wolf en la Universidad de Kansas. El proyecto para el campo se estableció en un artículo clásico aparecido en ese número: *"Algunas dimensiones actuales del análisis aplicado de conducta"*, de Don Baer, Mont Wolf y Todd Risley. En dicho artículo esbozaron las dimensiones clave de este nuevo campo, dimensiones que lo hacían diferente del resto de la psicología. Como se describe en el artículo, los analistas de conducta estaban interesados en resolver problemas aplicados utilizando una tecnología por desarrollar basada en la ciencia de la conducta, es decir, en el condicionamiento operante. Esta tecnología estaría inherentemente basada en datos. El campo tendría su propia metodología para demostrar relaciones causa-efecto basada en diseños de investigación de caso único y debería evolucionar para ofrecer procedimientos con el fin último de mejorar la calidad de vida de las personas. Los pioneros que firmaron este importante artículo en 1968 no anticiparon la abrumadora demanda de servicios conductuales que hoy presenciamos. Esta enorme necesidad de servicios se ha desarrollado en los últimos años extendiéndose ya en múltiples ámbitos geográficos y culturales. A consecuencia de ello, los programas de formación han brotado como champiñones en EEUU y en todo el mundo.

Los programas de postgrado de dos y tres años de duración que producen cientos de analistas de conducta cada año trabajan a destajo para proporcionar profesionales que trabajen con clientes diagnosticados con autismo, discapacidades intelectuales, lesiones cerebrales y otras discapacidades o necesidades especiales. En algunos casos, los analistas de conducta trabajan de forma individualizada con los clientes y, otras veces, con equipos de paraprofesionales (p.ej., técnicos conductuales RBT) que llevan a cabo programas conductuales diseñados por un analista de conducta.

Los analistas de conducta también trabajan en empresas, industrias, gobiernos y organizaciones con el fin de mejorar el rendimiento humano en áreas relacionadas con la seguridad o para aumentar la productividad, la calidad de los productos o el servicio. En estos entornos, el analista de conducta asume el papel de supervisor, siendo un asesor profesional que debe saber mucho sobre cómo funcionan (y cómo no funcionan) las organizaciones y sobre cómo entrenar, motivar y gestionar a las personas en contextos que no fueron nunca diseñados para promover un rendimiento óptimo en los trabajadores.

Desgraciadamente ser *solo* un experto en análisis de conducta no proporciona todas las habilidades necesarias para ser un profesional efectivo. Los lugares donde trabajamos han sido visitados con frecuencia por otros supervisores que no tenían ningún tipo de entrenamiento conductual, pero que, con su fino sentido de etiqueta profesional, habilidades sociales y don de palabra, hacen difícil el progreso del analista de conducta, pese a su conocimiento de la tecnología conductual. Los responsables de servicios sociosanitarios u otras organizaciones tienen elevadas expectativas sobre las habilidades transversales de sus empleados, habilidades que son difíciles de adquirir en los programas de postgrado que ofrecen sólo cursos de condicionamiento operante aplicado, metodología de investigación, análisis funcional, toma de datos y experiencia práctica de trabajo individualizado con niños diagnosticado de autismo. Trabajar como supervisor en el ámbito escolar, en una clase con niños y niñas con problemas de conducta, o con padres que necesitan aprender a manejar los problemas de conducta de sus hijos, requiere que el analista de conducta tenga un amplio bagaje y sofisticadas habilidades sociales. Por ejemplo, recientemente se puso en contacto conmigo el supervisor de un estudiante recién egresado que era una persona trabajadora y brillante, pero que estaba fallando en una de sus primeras tareas de supervisión práctica. Este analista de conducta en ciernes era un joven profesional que se encontraba en un dilema muy parecido al que nos presentaba Kimberly en el caso que abre este prefacio. Según nos informaba el supervisor, el nuevo analista de conducta no se había percatado de ciertos mensajes sutiles que previamente le habían hecho llegar sus superiores y, cuando finalmente se enteró de que había problemas, no supo buscar ayuda. Su respuesta fue culpar al personal al personal que trabajaba directamente con el cliente por sus deficiencias y por no llevar a cabo los programas que el analista había propuesto. Tras una investigación más profunda, se puso de manifiesto que el joven analista simplemente no estaba preparado para manejar un entorno escolar hostil que se limitaba a decir que deseaba una consultoría conductual, pero que en realidad seguía con sus pautas de funcionamiento tradicionales.

En lugar de regañar o culpar al joven analista de conducta supervisor, hicimos un intento por determinar qué fue lo que falló en su entrenamiento. Esto condujo a innumerables entrevistas con estudiantes actuales y anteriores, supervisores, entrenadores de supervisores y directores generales de empresas que emplean a analistas de conducta. Además, a los supervisores con más experiencia se les hizo una serie de preguntas sobre cómo lidiaban con problemas difíciles en diversos contextos y qué habían aprendido de la experiencia. Cuando fue posible, se les pidió a estos supervisores que nos facilitaran escenarios prácticos que describieran en un formato conciso la naturaleza de los problemas encontrados.

A partir de estas entrevistas y del material escrito generado, desarrollamos durante un período de seis meses palabras clave y descriptores de habilidades y estrategias. En esta etapa, surgieron alrededor de 100 descriptores relativos a habilidades y estrategias importantes para los analistas de conducta eficaces. Estas habilidades resultaron ser muy complejas de describir y enseñar. Comenzamos una búsqueda de fuentes de conocimiento que pudieran preparar al supervisor en formación para el difícil camino que tenía por delante. Aplicamos las palabras clave obtenidas a *amazon.com* y encontramos libros recientes que parecían enfocarse en las habilidades clave que habíamos identificado. Aunque estas obras no estaban escritas específicamente para nuestro perfil profesional de analista de conducta supervisor (estaban dirigidos a profesionales de otros campos), tenían obvia relevancia para nosotros. Denotaban y describían categorías generales que son claramente necesarias para cualquier profesional que trabaja con personas existiendo temas comunes como la etiqueta profesional, la asertividad y el liderazgo. Descubrimos que la literatura sobre supervisión empresarial hacía hincapié en que los profesionales debían tener excelentes aptitudes de comunicación y persuasión personales, así como una sólida formación sobre negociación, habilidades comunicativas y liderazgo. A medida que categorizamos las 100 habilidades y estrategias que reunimos en nuestra lista original, comenzamos a vislumbrar una solución al problema de tener una lista demasiado amplia. A continuación, volvimos a analizar los escenarios que habíamos reunido preguntándonos: "¿Qué habilidades se necesitarían para arreglar esto?" Después de este ejercicio, formulamos cinco categorías generales de habilidades y estrategias.

Además de tener las habilidades básicas que acabamos de describir, los supervisores tendrían que estar preparados para aplicar sus conocimientos de análisis de conducta para tratar con lo que se conoce en la literatura de gerencia empresarial como "gente difícil". El buen analista de conducta tiene que saber cómo utilizar sus conocimientos de análisis funcional, moldeamiento y gestión del rendimiento para hacer frente a estos problemas y hacer preguntas puntuales sobre las cuestiones que surgen a diario como, por ejemplo: "¿Podría ver la evidencia que apoya lo que dice?"

Como profesional, el analista de conducta también debe enfrentarse a la difícil tarea de manejar a diario su propia conducta. Sin un control cuidadoso, incluso un supervisor brillante y altamente motivado puede perder el tiempo, ser una carga para otros profesionales, estresarse y necesitar ayuda sin saber cómo conseguirla.

Surgió de nuestra entrevistas y colección de escenarios una última área. Se estima que los supervisores conductuales desarrollan sus habilidades con el tiempo a lo largo de un periodo aproximado de entre cinco y siete años, periodo en el que deben progresar hacia roles profesionales que requieren cada vez más experiencia. Estos puestos de trabajo implicarán cada vez mayor responsabilidad, así como la necesidad de una mayor sabiduría en la toma de decisiones a fin de tener un impacto de alcance en las organizaciones a las que prestan servicio. Ya sea en centros preescolares o en una fábrica, la experiencia enseña a los supervisores a perfeccionar sus habilidades de pensamiento crítico y a anticipar y solucionar rápidamente los problemas que inevitablemente surgen al realizar servicios de consultoría y supervisión. Se espera que los supervisores experimentados asuman funciones de entrenamiento, formación y tutoría con los analistas de conducta recién egresados con los que trabajan y que puedan colaborar en estas importantes tareas con supervisores de nivel medio y superior.

Finalmente, con el tiempo y la experiencia, se espera que los supervisores avanzados comiencen a ver el "panorama general" de cómo funciona el mundo y a valorar las *metacontingencias* de mayor envergadura que controlan nuestra sociedad y nuestra civilización. Este análisis del panorama general se expande entonces a una visión del mundo más amplia en la que el supervisor puede comenzar a ver repentinamente las conexiones entre su conducta y el fracaso en persuadir al director de un centro escolar para que adopte una nuevo reglamento o el fracaso de una iniciativa humanitaria en Birmania.

El supervisor que ha desarrollado habilidades avanzadas habrá desarrollado una de las habilidades más importantes: *curiosidad insaciable*. La curiosidad insaciable es la habilidad y actitud sobre la ciencia de la conducta que permitirá al supervisor ver la belleza de técnicas de medición lo bastante robustas como para documentar los problemas de conducta de un cliente con síndrome de Prader-Willi que suele ausentarse sin permiso, rastrear el uso de teléfonos móviles por parte de residentes en países de baja renta, o evaluar patrones de alimentación de los pingüinos antárticos.

Para el supervisor de análisis de conducta de hoy en día, ser competente y estar formado simplemente en los aspectos técnicos del análisis de conducta no es suficiente. Para ser exitosos y efectivos, los supervisores de análisis de conducta necesitan conocimientos en áreas críticas de competencia, que ahora también incluyen habilidades esenciales de negocios, repertorio básico de supervisión, la habilidad de aplicar conocimientos conductuales, hábitos de trabajo y estilo de vida y habilidades avanzadas de tutorización.

25 Habilidades esenciales y estrategias para analistas profesionales se ha creado como complemento de nuestro libro *Ética para analistas de conducta* (ABA España, 2005/2019), en cursos que abordan cuestiones éticas y profesionales del análisis de conducta, o como manual para cursos prácticos dónde los estudiantes adquieren y ponen a prueba sus habilidades de supervisión por primera vez. Los supervisores de analistas de conducta recién contratados que hacen consultorías en ámbitos escolares, en residencias o con familias, también deben encontrar este repertorio de habilidades útil para comprender las expectativas de los servicios para los que trabajan. Por último, los supervisores con más experiencia podrán encontrar las referencias de la literatura de supervisión profesional y los registros que presentamos útiles para mejorar sus propias habilidades.

Ser un supervisor con experiencia es en gran medida el arte de practicar la ciencia de la conducta humana. Esperamos que este libro transmita la emoción y los desafíos que enfrentan nuestros nuevos colegas al unirse a nuestras filas como analistas de conducta.

Jon Bailey y Mary Burch

Uno

Habilidades esenciales valoradas por las empresas

1
Etiqueta del mundo profesional

El director general de una gran empresa de supervisión dijo:

> *Debéis de encajar. Honestamente, no me importa si tienen tatuajes visibles cuando están con sus amigos, pero los tatuajes y accesorios faciales no funcionan en nuestro ámbito empresarial donde el traje de chaqueta es el estándar. Terminé rápidamente una entrevista con un joven cuando apareció con un pendiente en la ceja. Cobramos casi 5.000 dólares al día; nuestros clientes tienen ciertas expectativas. Nuestros supervisores deben saber cómo hacer que la gente se sienta cómoda. No importa lo inteligente que seas, si no puedes causar una buena primera impresión y vender nuestros servicios a un posible socio comercial.*

En los últimos 40 años, nuestro campo se ha convertido en una profesión de pleno derecho. Si nos vemos objetivamente como profesión, tendríamos que decir que disponemos de un servicio, tal y como lo definió un orador recientemente refiriéndose a nuestro potencial, altamente personalizado y sofisticado[1]. En muchos aspectos, lo que tenemos que ofrecer es comparable a lo que ofrecen otros servicios profesionales, tales como la representación legal, la atención médica y dental, o el soporte informático de calidad de una empresa puntera de software. Aún no cobramos lo mismo que los abogados, aunque cada vez la brecha salarial con psiquiatras y psicólogos clínicos es más estrecha.

---

[1] *Personalizado,* en el sentido de que nuestro servicio es muy personal e individualizado para cada cliente. *Sofisticado,* en el sentido de que empleamos una tecnología conductual con bases científicas con procedimientos que han sido desarrollados por expertos mediante estudios controlados.

NUESTRA IMAGEN ACTUAL

Tenemos un largo camino por recorrer en términos de nuestra imagen. Hoy en día, si el análisis aplicado de conducta se compara directamente con otros servicios profesionales de primera calidad en términos de cómo nos presentamos a nuestros consumidores, la mayoría de la gente vería un gran contraste. Los típicos miembros de nuestra profesión, los BCBA®, son frecuentemente gente joven con actitud informal y una vestimenta aún más informal. Muchos se dirigen a los demás por su nombre de pila y esta informalidad se extiende a la manera en que se presentan ante otros profesionales.

Los analistas de conducta están en una competencia bastante intensa con otros servicios profesionales y aunque esto ha sido así desde hace bastante tiempo, la mayoría de los supervisores conductuales no parecen ser conscientes de ello. La mayor presión parece estar, de manera algo sorprendente, en el área de la intervención a personas diagnosticadas con autismo. Esto pudiera parecer difícil de crear, toda vez que, desde una perspectiva de la evidencia científica, esencialmente no hay competencia. No hay ningún otro tratamiento disponible actualmente que disponga de investigación aplicada comparable en amplitud y profundidad y que muestre cambios en conducta clínicamente significativos.

Desafortunadamente, la imagen que se presenta al público, es decir, a nuestros consumidores potenciales, por muchos representantes de nuestro campo es la de una pandilla de bichos raros de la conducta que escupen términos técnicos que suenan un tanto desagradables y amenazadores. *Control, diseño de reversión, contingencias, manipulación* o *intervención,* no suenan particularmente amigables. Además, cuando

> "No hay ningún otro tratamiento disponible actualmente que disponga de investigación aplicada comparable en amplitud y profundidad y que muestre cambios en conducta clínicamente significativos".

se usan para describir cómo se pueden usar en la intervención de un niño con diagnóstico de autismo, estas expresiones pueden ser francamente aterradoras. Un niño o niña con diagnóstico de autismo es el bebé, el hijo, el niño, la niña o la hija de alguien. ¿Qué padre quiere oír a un profesional decir: "Vamos a extinguir la conducta de Jorge"? Los padres quieren que ayudemos a Jorge, no que lo extingamos.

Compare esto con la verborrea bien articulada y tranquilizadora de nuestra competencia más madura y verá un gran contraste. A nuestro favor, la próxima generación de analistas de conducta estará mejor preparada y formada que cualquier grupo anterior. Estos analistas de conducta son entusiastas y técnicamente hábiles y tienen un claro enfoque centrado en los resultados. Tienen el empuje y la tenacidad para seguir con un niño. No obstante, como repetiremos varias veces a lo largo de este libro, ser técnicamente competente, por sí solo, ya no es suficiente para un analista de conducta *profesional*.

La primera impresión es la que cuenta y la primera de las 25 habilidades profesionales que se necesitan es la etiqueta profesional. Las habilidades de etiqueta profesional van desde llegar a tiempo a una cita hasta informar a nuestro superior antes de salir del lugar de trabajo, o enviar una tarjeta de agradecimiento escrita a mano. Veamos los detalles que conforman la etiqueta profesional.

LAS PRIMERAS IMPRESIONES SON LAS QUE CUENTAN

El nuestro es un servicio muy personalizado y sofisticado en el que nos acercamos mucho no sólo a nuestros clientes, sino también a sus familias, sus médicos y sus profesores, por lo que hay muchas primeras impresiones que tienen que darse a la perfección. El siguiente es un ejemplo de una *primera impresión* que realmente tiene que funcionar: "Dr. Samuel, soy la analista de conducta de Rebeca. Le pedí que me acompañara hoy porque queremos evaluar los medicamentos de Rebeca para ver si le ayudan en clase". La analista de conducta no puede parecer que acaba de venir del recreo del colegio si va a determinar si las prescripciones del médico son efectivas para mejorar la conducta de estar concentrada de Rebeca. Imagine que el director de un colegio presencia la siguiente escena: "Buenos días, Sra. Martínez. Me gustaría presentarle a mi nueva analista de conducta, que trabajará con usted este año. Paula tiene un máster en análisis aplicado de conducta de la Universidad de Caldwell y también tiene un posgrado en educación especial especializado en desarrollo infantil". Si Paula está ahí de pie mascando chicle, podemos decirle que habrá un problema con su credibilidad ante el comité del programa de educación. Aunque los analistas de conducta no tienen nada parecido a un código de vestimenta, hay algunas sugerencias generales que evitarán que pasen vergüenza.

¡SE TE ASOMA LA ROPA INTERIOR!

Vístase de una manera que sea aceptable para los líderes o supervisores del lugar donde trabaja. Para los analistas de conducta de gestión de rendimiento en el mundo de la empresa, la *chaqueta y corbata* serán probablemente el atuendo estándar. Normalmente está claro cuál debe ser el código de vestimenta.

Los analistas de conducta que trabajan en el ámbito escolar y sanitario, deben asegurarse de no trasgredir el código de vestimenta de la agencia en la que trabajan. Por ejemplo, algunos centros educativos prohíben al personal usar zapatos descubiertos (sandalias). Conozca las reglas con respecto al código de vestimenta en los ámbitos en los que presta sus servicios. Aunque generalmente recomendamos no llevar pantalones americanos (*jeans*, vaqueros, o tejanos), puede haber algunas situaciones en las que un analista de conducta esté trabajando con arena o barro, en las que podría ser apropiado. En estos casos, si tiene una reunión más tarde, debe llevar una muda de ropa en su coche. No se presente en una reunión y espere que todos entiendan por qué va vestido como en la hora del recreo.

El atuendo aceptable para el día a día de las mujeres analistas de conducta incluye lo que generalmente se denomina atuendo "informal de negocios": camisas tejido Oxford, blusas de punto, bufandas, blusas, chalecos, suéteres ajustados o de vestir, chaquetas o abrigos deportivos con pantalones informales de negocio de color kaki y faldas o vestidos elegantes. Si su empresa dispone de camisas con el logo de la compañía, también son apropiadas.

Entre los ejemplos de atuendo inaceptable figuran indumentarias sugestivas, atrevidas o reveladoras; las prendas de vestir hechas con telas transparentes, las sudaderas y camisetas, la ropa deportiva, los tacones de aguja, los suéteres de gran tamaño, vestidos con vuelo, las camisetas que permiten mostrar el ombligo, las camisetas de tirantes, los tops, las camisetas sin mangas, camisetas usadas a modo de prenda interior, franelas, minifaldas, blusas y vestidos con cabestro, pantalones de chándal, pantalones vaqueros, mallas, shorts, pantalones y shorts de bolsillo cargo, pantalones ajustados (¡no necesitamos saber si está usando un tanga!), cualquier vestimenta de licra, chándal, gorras o viseras, joyas llamativas y artículos similares de atuendo informal que no presenten una apariencia seria[2]. Puede que tengas tendencia a pensar que los vaqueros y las camisetas están bien en entornos como las aulas de preescolar "porque es lo que lleva el personal", pero recuerda que estás intentando establecerte como profesional y que la "ropa de estudiante" no te ayudará a ganar el respeto y la credibilidad que necesitas.

Para los hombres, camisas de tejido Oxford, polos limpios y planchados y chaquetas o abrigos deportivos con pantalones informales son aceptables. No son aceptables los tejanos, camisetas, zapatos de deporte y pantalones holgados mostrando la ropa interior. Para los hombres se espera que cualquier vello facial sea cuidadosamente recortado. Para ambos sexos se recomienda una apariencia generalmente conservadora, sin tatuajes y sin ningún tipo de accesorios faciales visible (pendientes o *piercings*).

Para las reuniones y presentaciones, es necesario aumentar el nivel profesional de la vestimenta. En los hombres, se recomienda una chaqueta de traje para las reuniones importantes, como cuando se reúnen con el director o con un médico. Con respecto a las mujeres, deben usar ropa de negocios tradicional en lugar del polo de la empresa y los pantalones que usan cuando se trabaja con niños.

---

[2] Esta lista fue recopilada a partir de varios sitios web de recursos humanos de ámbitos comerciales y profesionales.

CONOCER A OTRAS PERSONAS

Si se encuentra con alguien por primera vez, es recomendable que hagamos nuestros deberes sobre esa persona. Por ejemplo, es mejor decir: "Estoy encantado de conocerla, Sra. Martínez. He oído que su colegio fue clasificado en el 10% más alto del área escolar el año pasado" que decir: "Encantado de conocerla". No hace falta decir que llegar un poco antes a las reuniones es también recomendable (de 5 a 10 minutos) y que llegar tarde nunca es aceptable. Si llegas 10 minutos antes, tendrás tiempo de ir al baño para revisar tu apariencia y practicar tu sonrisa del millón.

Algunas recomendaciones estándar para esa primera impresión incluyen hacer un buen, pero no aterrador, contacto visual y presentar un firme apretón de manos. Un apretón de manos débil de cuatro dedos y el "beso al aire" están definitivamente descartados excepto en ciertos contextos culturales. También están fuera de lugar expresiones del argot conductual, palabras vulgares y sustitutos de palabras vulgares como *córcholis* o *caracoles*.

Asegúrese de usar el título propio de la persona y de usar su nombre en la reunión. Si tiene tendencia a olvidar los nombres, es mejor que desarrolle una técnica nemotécnica o que tome notas rápidas cuando nadie esté mirando. Cuando haya varias personas importantes en una reunión, tome nota de todos los asistentes. Otra estrategia es preguntarle a la gente: "¿Tiene una tarjeta?" Mientras les da la suya[3]. Archive estas tarjetas, e introduzca la información en su base de datos de contactos para que pueda consultarlas rápidamente en futuras reuniones.

ETIQUETA DURANTE LA REUNIÓN

Muchas reuniones son cortas, de pie, a veces en un pasillo o en el área exterior de la oficina, en un colegio o en la sede de una empresa. Si va a entrar en la oficina de alguien y va a estar sentado, preste atención a cómo el resto de las personas toman asiento. Asumiendo que usted es el visitante, haga una breve pausa para ver si su anfitrión le indica dónde debe sentarse. Un buen anfitrión entenderá

---

[3] Si su empresa no le proporciona tarjetas de visita, consígalas usted mismo. En tiendas de artículos de oficina o a través de internet encontrará papel para tarjetas que puede utilizar en su propia impresora. Las tarjetas de negocios no tienen que ser elaboradas, es suficiente con que incluyan su nombre, título, número de certificación, número de teléfono y dirección de correo electrónico.

esta señal y los pondrá donde quiere que se sienten. Si parece que a nadie le importa dónde se sientan, colóquese donde tenga buen contacto visual con los protagonistas fundamentales de la reunión. Pónganse cómodo y prepárese para tomar notas.

Si no conoce al anfitrión de la reunión, en cuanto entre en la sala, sonría, salúdelo y preséntese. Si necesita presentar a alguien que ha traído a la reunión (como su supervisor), asegúrese de presentarle. Esté preparado no sólo con los nombres de las personas sino también con sus puestos de trabajo y unas breves palabras sobre lo que hacen.

En los casos en que las bebidas y los alimentos parecen que han sido encargados para usted, acepte algo de comer o beber cuando se le ofrezca. Es descortés rechazar comida y bebida cuando sus anfitriones se han tomado dichas molestias. No tiene que beber o comer mucho, pero debe parecer agradecido por el gesto. No le de importancia a sus gustos especiales de comida o bebida. No es el momento de señalar que se considera un gourmet del café y que prefiere el de una franquicia específica que es el doble de caro que el corriente, o que sólo toma café con leche de coco.

Como Dale Carnegie señaló hace más de 80 años (Carnegie, 1936/2008), lo que más disfruta la gente es hablar de sí mismos. Usted será una persona muy popular si centra su atención en la gente que está conociendo. Hacerles preguntas basadas en lo que ve en su oficina es una gran manera de demostrar que se preocupa por ellos y que es un buen observador. Diciendo: "Qué niños tan hermosos, ¿en qué curso están?" o "¿Este perro es suyo? ¿es un labrador? Me encantan los perros" le dice a la gente que se ha fijado en las fotos de su escritorio. Si es posible, en el primer encuentro, compruebe si tiene algo en común con la persona con quien se reúne. Por ejemplo, le gustan los mismos deportes, es fan del mismo equipo, etc. Recuerde, sin embargo, que las conversaciones para romper el hielo deben ser cortas y rápidamente han de ponerse a trabajar.

COMIDAS DE NEGOCIOS

Lamentamos decepcionar a los aficionados a la comida y el vino, pero los analistas de conducta no están en la cima de la lista de los profesionales más finos de la gastronomía y la enología. Muchos analistas de conducta que trabajan con clientes con necesidades especiales se dan por contentos si tienen unos minutos para tomar una hamburguesa mientras van de un colegio a otro en un día ajetreado. Los supervisores que trabajan con empresas tienen más posibilidades de tener comidas y cenas de empresa.

Lo principal que hay que saber con respeto a las comidas de negocios es que, en algunos casos, la impresión negativa causada por los malos modales en la mesa puede resultar en que no se contrate a un supervisor, que no se firme un contrato o que un analista de conducta no consiga un trabajo. Hay numerosos libros y sitios web sobre los modales de un comensal[4]. Si tiene una comida de negocios, consiga uno de estos libros y lea los detalles de la etiqueta de la cena, como cuánta propina dar, qué utensilios usar y cuándo y cómo elegir el vino, dónde colocar la servilleta, cómo hacer un brindis y qué alimentos evitar (pista: tenga cuidado con las espinacas que tienden a adherirse a los dientes y los canapés; pueden ser un desastre).

ALLÁ DONDE FUERES...

Los analistas de conducta son contratados y van a conferencias por todo el mundo. Si planea trabajar como analista de conducta en otro país, consiga un libro sobre el protocolo empresarial del país que va a visitar, o hable con alguien que pueda aconsejarle sobre los modales y las diferencias culturales del país. En Estados Unidos, animamos a los analistas de conducta a dar retroalimentación directa. En algunos países, una persona que dé retroalimentación a otros sería visto como grosero o agresivo. Si va a trabajar en otro país, sea sensible a las diferencias culturales y aprenda lo que necesita saber para dar al análisis de conducta un buen nombre en todo el mundo.

LOS TELÉFONOS MÓVILES Y LOS MENSAJES DE TEXTO

A medida que la tecnología continúa evolucionando, solemos relacionarnos utilizando nuevos dispositivos. No hace tanto tiempo,

---

[4] Vaya a https://www.nadiavaro.com/etiqueta-de-las-comidas-de-negocios/ para obtener una muestra.

sólo unas pocas personas tenían teléfonos móviles y esos teléfonos eran grandes como un zapato. Ahora, parece que cualquier persona de más de 10 años tiene un móvil (corrección: hemos visto a niños de seis o siete años en restaurantes con teléfonos móviles). Un padre nos dijo que quería que su hijo de seis años pudiera llamarla en caso de emergencia. Dijo que se sentía muy tranquila sabiendo que, si su hijo era secuestrado, podría ser rastreado por su teléfono (suponiendo que el secuestrador fuera lo bastante tonto como para dejarle conservar el teléfono).

Los móviles están aquí para quedarse y los futuros analistas de conducta aprender a enviar mensajes de texto a sus amigos antes que a deletrear.

Cuando trabaje con un cliente, su teléfono debe estar apagado (no en modo vibrador). La gente puede dejar un mensaje y usted puede devolver la llamada cuando termine la sesión. Cuando esté en una reunión, su teléfono debe estar apagado; no gana nada si un supervisor le mira fijamente con frialdad cuando *su* teléfono interrumpe la reunión.

Cuando se prestan servicios, el cliente o la agencia deben tener toda su atención. Excusarse para salir al pasillo a atender una llamada de su madre o novio no es aceptable. Las mismas reglas se aplican a los mensajes de texto. Cuando está en el trabajo, su trabajo, los clientes y los profesionales con los que trabaja deben tener toda su atención.

La confidencialidad se aplica cuando se habla por teléfono (no hable de su empresa, ni de temas personales ni de clientes cuando hay gente alrededor). Esto significa que no vaya a comer o se siente en la sala de espera de un doctor y hable por el móvil sobre un cliente. Si alguien puede oír lo que está diciendo, ha transgredido las normas de confidencialidad de la profesión. *Noticia de última hora para los ávidos usuarios de móviles:* La gente en los restaurantes, en el transporte público y en las salas de espera no quiere oír sus conversaciones. No estamos interesados. El primer autor, cuando observa que una persona está contaminando acústicamente se acerca y le dice amablemente: "¿Podría por favor atender su llamada afuera? No queremos escuchar los problemas que tiene Agustín con su coche".

Lo habitual es que parezcan horrorizados de que alguien haya oído lo que se decía y rápidamente se escabullen fuera con su móvil.

No somos los únicos en promover los buenos modales con el uso de los móviles. Los teatros intentan obtener un cierto control de antecedentes mostrando un recordatorio en la pantalla antes de que comience la película pidiendo al público que silencie sus teléfonos y que si un bebé empieza a llorar lo lleven al vestíbulo. Además, el mes de julio ha sido designado como el *Mes de la cortesía del móvil*. A medida que un número creciente de lugares públicos regula cómo y cuándo se pueden utilizar los móviles, la industria de las comunicaciones alienta a los usuarios a utilizarlos de manera responsable y con consideración a los demás para evitar mayores restricciones de uso.

GESTIONAR LA IMPRESIÓN

Además de tener buenos modales y mostrar consideración por los demás vistiéndose profesionalmente, presentándose a tiempo y no interrumpiendo una reunión con sus llamadas personales, es importante dejar una impresión al entrar en la *primera* reunión. Cuando sea posible, haga sus deberes y averigüe de antemano información útil de la persona con la que se va a reunir. Hacer un comentario del tipo: "He leído que usted es el gestor responsable de iniciar el programa *NewStart*", puede ayudarle a conocer a la persona. Si quiere que los padres sepan cuánto le importa su hijo, debe decirlo explícitamente. Dé ejemplos específicos de cómo se preocupa o quizá cuente una anécdota de su experiencia personal que deje entrever que se preocupa por los niños y por el hijo del cliente en particular, teniendo cuidado de no sugerir un apego inapropiado.

Si su objetivo es dar buena impresión al médico sobre su competencia en la evaluación de los medicamentos que se administran a niños, puede dar un ejemplo de algo que haya hecho recientemente que lo demuestre. Por ejemplo, puede decir que acaba de colaborar en la realización de un estudio en el que participaban cinco niños que tomaban Ritalín. Cuando esté tratando con profesionales que tienen tiempo limitado para reunirse con usted, no se deje arrastrar a una larga e innecesaria conversación sobre una comedia, una estrella del pop o un debate reciente entre candidatos políticos. Ya sean padres de niños con trastorno por déficit de atención e hiperactividad, maestros de estudiantes con trastornos del desarrollo, supervisores, líderes de análisis de procesos o ejecutivos empresariales, su objetivo al reunirse con personas es crear la impresión de que usted es un profesional serio y altamente cualificado. Las buenas habilidades de etiqueta en los negocios le ayudarán a transmitir su mensaje fundamental; que es un analista de conducta bien entrenado y competente y que *puede* de verdad cambiar las cosas y ayudar.

RESUMEN

Los analistas de conducta realizan un riguroso curso de formación para adquirir los conocimientos y las habilidades necesarias para entender y cambiar la conducta. Pero para que se conviertan en profesionales respetados, la competencia técnica por sí sola no es suficiente. Los analistas de conducta que desean alcanzar el éxito como supervisores, deben desarrollar habilidades en el ámbito general del protocolo empresarial. Vestirse para el éxito, usar un lenguaje realista que los clientes puedan entender, saber cómo presentarse, tener una etiqueta adecuada en reuniones y la discreción en el uso del teléfono móvil son conductas prácticas relacionadas con el trabajo que pueden ayudar al analista de conducta que desea llegar a ser un profesional eficaz.

PARA LEER MÁS

Bixler, S., y Dugan, L. S. (2001). *5 steps to professional presence*. Adams Media.

Carnegie, D. (2008). *Como ganar amigos e influir sobre las personas*. Elipse. (Original publicado en 1936)

Detz, J. (2000). *It's not what you say, it's how you say it*. St. Martin's Griffin.

McIntyre, M. G. (2005). *Secrets to winning at office politics: How to achieve your goals and increase your influence at work.* St. Martin's Griffin.

Whitmore, J. (2005). *Business class: Etiquette essentials for success at work.* St. Martin's Press.

2
Asertividad

Sin mencionar ningún nombre, el director del programa describió a una aspirante a un puesto de trabajo:

*Se veía fabulosa sobre el papel, sus notas eran increíbles, era la
mejor de su clase y aprobó a la primera el examen de la BACB.
Todos estábamos ansiosos por entrevistarla porque parecía justo lo
que necesitábamos. Pero cuando llegó a la entrevista era un ratón.
Comenzó con un débil apretón de manos y desde entonces fue en
caída libre, apenas podíamos oírla cuando hablaba. Una pregunta
que siempre hago es: "¿Puede describir una situación en la que
tuvo que mostrar cierta asertividad para lograr un objetivo del
cliente?" Ella hizo una pausa y luego otra más para finalmente
decir: "Normalmente sólo muestro algunos datos; los datos hablan
por sí mismos". Después de que se fuera, el consenso de nuestro
equipo fue que lo pasaría muy mal para gestionar a nuestro personal o ganarse su respeto.*

En los entornos clínicos y educativos en los que se prestan servicios de análisis de conducta, hay muchas situaciones en las
que una intervención específica no es la mejor para nuestro cliente individual. Los analistas de conducta a menudo se encuentran
en la situación de ser el único profesional de todo el equipo de
intervención que habla en nombre del cliente y aboga por una
programación conductual de calidad.

A veces un supervisor o colega puede pedir al analista de conducta que ponga en práctica un procedimiento imprudente o injustificado basado en el estado del cliente o las circunstancias ambientales. Como científicos de la conducta, hemos sido entrenados para analizarla, hacernos las preguntas correctas, tomamos datos, identificamos funciones y presentamos nuestros hallazgos de una manera lógica para que todos puedan tomar una decisión que sea la mejor para el cliente. Este enfoque es la "mejor práctica" disponible y la mayoría de las veces el resultado final es que los miembros del equipo de intervención apoyarán la intervención sistemática del plan conductual desde la evaluación funcional hasta los datos de mantenimiento. Pero, a veces, hay profesionales en el equipo de intervención que intentarán oponerse o rechazar el enfoque conductual o las sugerencias del analista de conducta. Cuando la oposición y el "retroceso" ocurren, el analista de conducta tendrá que considerar ser más asertivo para influir en las decisiones que están a punto de ser tomadas con respecto a la intervención de un cliente.

> "Ser asertivo requiere un conocimiento profundo de las personas con las que estás tratando y es apropiado solo bajo ciertas circunstancias. El saber cómo y cuándo ser asertivo es una habilidad esencial de un analista de conducta efectivo".

Usar un enfoque asertivo es difícil para los analistas de conducta que no tienen experiencia en lo que a veces se conoce en el mundo empresarial como "jugar duro". La asertividad es arriesgada. Ser asertivo requiere un conocimiento profundo de las personas con las que se está tratando y es apropiado sólo en circunstancias específicas. Saber cómo y cuándo ser asertivo es una habilidad esencial de un analista de conducta efectivo.

SER ASERTIVO EN NOMBRE DEL CLIENTE

Una de las situaciones más frecuentes en las que se debe ser asertivo se da cuando hay que tomar una decisión de grupo y ha sido presentado como analista de conducta. En las reuniones de equipo, habrá muchas veces en las que alguien del grupo estará presionando en aras a una acción que en su opinión no está justificada. A medida que escuche atentamente, podrá determinar que debido a que esta persona ha tomado una posición muy fuerte y la ha presentado de manera firme y emocional, todos se inclinan a aceptarla. La gente a menudo sigue un mal plan simplemente porque es lo más fácil de hacer. Además, habrá algunas personas en la mesa que se sentirán motivadas por pensamientos como, "¿Por qué complicarlo todo y hacerlo más lento?" "Si nos apuramos podemos ir a comer antes", o "No quiero enfadar a esta persona; tengo que seguir trabajando con ella". Como analista de conducta ético, antes de decidir que es hora de ser asertivo en un tema, asegúrese de *que tiene razón* y que su propuesta mejorará el bienestar del cliente. Recuerde, para ser efectivo no puede ser asertivo en *todos* los temas, sólo en unos pocos. Asegúrese de que este es *el tema* por el que está dispuesto a presionar.

CONDUCTAS ASERTIVAS EN LAS REUNIONES

Cuando esté listo para imponer su opinión en una reunión, tendrá que hacer varias cosas a la vez. Primero, siéntese derecho, ponga las manos delante de usted en la mesa y con calma dóblelas. Cuando sea su turno, presente su información de manera lógica, organizada y concisa. Cuando haga esto, es probable que la gente esté de acuerdo con usted. Pero a veces habrá un profesional que no esté de acuerdo y, además, que piense que su enfoque es el único a considerar. Es entonces cuando necesitará usar sus mejores habilidades de asertividad.

Haga un buen contacto visual con la persona que está intimidando al grupo con su forma de pensar. En sus propias palabras, diga algo que básicamente transmita el siguiente mensaje: "Con el debido respeto a Sue, debo decir que no estoy de acuerdo con lo que se propone aquí. Me preocupa que [nombre del cliente] no esté siendo bien atendido por lo que estamos a punto de hacer. Aquí hay algunos problemas con este enfoque ... "

Si no tiene éxito después de explicar por qué cree que el enfoque recomendado presenta problemas, puede que tenga que ser un poco más asertivo: "No puedo estar de acuerdo con que sigamos adelante con esto. Me parece que se está tomando la solución que requiere menor esfuerzo. El camino fácil no es el correcto en este caso. Ralenticemos este proceso y reconsideremos nuestras opciones".

Mientras hablas, mueve tu mirada de una persona a otra alrededor de la mesa. No alces la voz, no chilles, no entornes los ojos, no pongas los ojos en blanco, no emita fuertes gemidos de exasperación, ni pongas caras raras. Por supuesto, *no* te disculpes por lo que estás diciendo. Vuelve a presentar tu estrategia para la solución, la solución que consideras correcta, al grupo. Comienza usando reforzamiento diferencial de otras conductas (RDO) para reconocer aquellas partes de la decisión con las que está de acuerdo. Enfatiza cómo tu plan beneficia al cliente; cíñete a este mensaje sin desviarte ni hablar de otras posibles ventajas.

EMOCIÓN Y ASERTIVIDAD

Para ser efectivo, también debe asegurarse de que además de lo que está diciendo, su expresión corporal le acompaña. Probablemente lo más importante que puede hacer al ser asertivo en nombre de su cliente es asegurarse de que su cuerpo y su voz están en sincronía y que muestre fortaleza. Habla con una voz fuerte su entonación y musicalidad. Evite imprimir una inflexión ascendente a sus frases (como si estuviese haciendo preguntas). Si es un analista de conducta joven, guarde el lenguaje coloquial para cuando esté con sus amigos. Decir: "¿Entonces lo que sucede es que a mi cliente es que

> "Probablemente lo más importantes que puedes hacer al ser asertivo en defensa de un cliente es asegurarte de mostrar firmeza y que tu cuerpo y tu voz estén sincronizados".

lo pasa bomba con las rabietas?", no es apropiado en una reunión.

No puede encorvarse en su silla y ser asertivo y no puede sentarse derecho y mirar hacia abajo, a sus papeles y ser asertivo. Una voz firme, sin llegar a ser quejumbrosa o enojada, sino firme y controlada, es su principal arma para ser asertivo.

Recibirá preguntas del resto de participantes de la reunión. Responda a las preguntas directamente, con la misma mirada fija y voz firme que cuando presentó su opinión profesional. Dé respuestas directas y no deje que la gente sustraiga su mensaje, ya que *tratarán* de hacerlo. No refuerce comentarios como: "Sólo estás tratando de salirte con la tuya". Debe seguir las preguntas con una pausa y luego volver a la propuesta. Deje claro que su propuesta es sencilla. Continúe describiendo las formas en que el enfoque que está sugiriendo mejorará la vida del cliente y cómo se puede evaluar su eficacia. Tome la iniciativa de abandonar la estrategia si se comprueba que estaba equivocado. Después de todo, nos apoyamos en datos y, en tal caso, abandonar la estrategia será también un modo de abogar por el cliente. Al conocer tu forma de trabajar, algunas personas comentarán, "No sabía que era usted capaz de hacerlo". O "Es increíble. No tenía ni idea de que consideraba ese punto tan importante". Cuando llegue el día en que reciba estos comentarios, verás que tu decisión se fortalece y estarás más comprometido que nunca a ser un buen defensor de tu cliente.

ASERTIVIDAD DEFENDIENDO EL PROPIO INTERÉS

El segundo ámbito en el que tendrá que ser asertivo es en su propio nombre. Esto es muy importante cuando es nuevo en un trabajo y las peticiones le llegan a diestra y siniestra para hacer esto y aquello y, por cierto, dese prisa, lo necesitábamos ayer.

Los primeros 90 días en un nuevo trabajo suelen venir con un período de gracia no escrito en el que se pueden hacer preguntas que más tarde parecerán estar en la categoría de "preguntas estúpidas" pero que al principio se consideran apropiadas para un novato. Así que su primer acto de asertividad en su nuevo trabajo será hacer muchas preguntas sobre cómo funciona la organización y qué se espera exactamente de usted. Si alguien le pide que haga algo de lo que no está seguro, empiece por ser asertivo. Diga: "No entiendo" y luego vuelva a formular lo que se le ha pedido para ver si está en lo cierto. Cuando haga preguntas sobre una petición que se le ha hecho, querrá tener un tono de voz muy firme. No suene quejoso o como si estuviera tratando de rehuir; no lo haga, averigüe qué esperan de usted. En el plazo de los primeros 90 días es razonable que pida el organigrama de la organización a fin entender cuál es su estructura de poder. Si la enfermera es la principal responsable de la toma de decisiones, tiene que saberlo. Después de los 90 días tendrás que usar sus mejores autoclíticos: "Lo siento, sé que debería saber cómo se debe formatear este informe, pero de alguna manera perdí el archivo que me diste".

Un analista de conducta nuevo nos contó un excelente ejemplo de una situación que podría haberse evitado con una previa aclaración:

Gran parte de la conducta desafiante exhibida por los clientes con lo cuales trabajo es mantenida por el dolor o la incomodidad asociada con la enfermedad, las lesiones o los efectos secundarios de la medicación. Sin embargo, muchas enfermeras con las que trabajo no están en la misma onda que yo. Siento que debo descartar las variables médicas que pueden estar relacionadas con la conducta antes de aplicar procedimientos conductuales restrictivos. A menudo la enfermera me dice que el cliente A "sólo sabe hacer eso" o "sólo está haciendo el tonto". Creo que el cliente A puede estar golpeándose en la mejilla porque tiene un diente podrido que necesita atención médica; tiene un historial de problemas dentales y conductas asociados a ellos. La enfermera cree que se está portando mal por la luna llena. Ella es la que podría llamar al doctor para ver si se puede dar algún medicamento para el dolor u otra intervención médica hasta que se pueda ver a un dentista, pero en vez de eso, simplemente ignora mis sugerencias. Me deja claro que quiere que le ponga restricciones en las muñecas para tratar el problema. Es fin de semana y no puedo llevar esta situación a alguien con más autoridad. Esto es típico de cómo me va en este trabajo.

Este analista de conducta debería haber sido más asertivo en sus primeros 90 días, haciendo preguntas sobre cómo se toman las decisiones, a quién responde y cómo contactar con su supervisor en situaciones de emergencia. Y algo de asertividad desde el principio en las reuniones dónde se toman las decisiones sobre el cuidado de los clientes. En el caso del cliente que puede tener un dolor dental muy fuerte, la respuesta asertiva apropiada en el momento sería: "No, no puedo escribir una orden de emergencia para atar sus muñecas; no está bien y viola mi código ético". Creo que deberíamos llamar al jefe de la residencia. Es un caso importante".

DECIR "NO"

Aprender a decir "no" es una parte crítica de la asertividad para cualquier analista de conducta. Nuestras entrevistas con analistas de conducta de todo indican que decir "no" es una de las habilidades más difíciles de desarrollar, especialmente para los nuevos y jóvenes analistas de conducta que empiezan con ansias en sus nuevos puestos de trabajo.

Un nuevo analista de conducta con el que hablamos describió su frustración hacia un programa de intervención a clientes con lesiones craneoencefálicas. Parece que se le hizo creer que la orientación del programa era totalmente conductual. Sin embargo, pronto se hizo evidente que el personal quería que él firmara los programas "enlatados" que venían de una base de datos de programas para clientes anteriores. El analista de conducta quería hacer evaluaciones funcionales individualizadas, pero se le dijo, "Ya sabemos la causa de la conducta. Sólo hay que poner su nombre y firmar al final". Cuando usó sus habilidades de asertividad y dijo "no", la administración lo despidió durante su período de prueba sin causa. Unos 6 meses más tarde, el centro cerró después de una investigación sobre sus prácticas de facturación y falsificación de

> "Aprender a decir 'no' es una parte esencial de la asertividad para un analista de conducta"

datos. Ser asertivo desde el inicio de su empleo, incluso en la fase de entrevista, puede evitar que se encuentre en un trabajo que no era el que esperaba o, peor aún, que empiece su nueva carrera siendo despedido.

CÓMO DECIR "NO"

La canción clásica de Paul Simon describe "50 maneras de dejar a tu amante". Aunque no vamos a enumerar aquí todas las formas de decir "no", creemos que hay al menos 50 buenas formas de decirlo.

Cuando sugerimos que diga "no", por supuesto no queremos decir que deba decir literalmente "no" y nada más: "¿Me ayudará con este programa para un cliente?" "No". "Tenemos una reunión de personal... ¿Puede presentar los datos de Jason?" "No". "Nuestro departamento va a hacer un picnic el próximo mes. ¿Puede asistir?" "No". Respuestas contundentes y crípticas como estas nos harán enviarle una tarjeta de felicitación por correo que dice: "Fue muy agradable tenerlo en el campo del análisis de conducta, hasta que lo despidieron de su primer trabajo".

Por favor, explíquese.

A veces para decir "no" desearás añadir una explicación. Por ejemplo, cuando alguien te invita a un evento social relacionado con el trabajo, puedes rechazar la invitación educadamente. Este "no" incluye una explicación del tipo: "Muchas gracias por invitarme, pero estaré fuera de la ciudad ese fin de semana", o "Muchas gracias por invitarme, pero tengo niños pequeños y me gusta mucho quedarme en casa los fines de semana".

Si alguien le pide que haga algo que no tiene tiempo de hacer, es perfectamente aceptable que le haga saber a la persona que está ocupado: "Me encantaría entrenar a su personal, pero estoy totalmente comprometido con tres grandes proyectos en los próximos meses".

Si es bueno en lo que hace, la gente comenzará a contar con usted como alguien que puede hacer el trabajo. Entonces puede que reciba peticiones para trabajar en proyectos que no están dentro de sus habilidades. Una forma de rechazar una solicitud de servicios para la que no estás formado es: "Gracias, John, realmente aprecio su apoyo, pero no creo que sea la mejor persona para dirigir este proyecto en particular". Realmente no tengo ninguna experiencia trabajando temas de delincuencia".

Educar a los demás

Hay momentos en que el "no" debe ir acompañado de algunas palabras que eduquen a la gente. Como respuesta a alguien en un equipo de intervención que dice: "Deberíamos usar cigarrillos y helados como reforzadores en el programa conductual de Bob porque le gustan mucho"; un analista de conducta podría responder: "Por mucho que a Bob le guste fumar y comer comida basura, usados con frecuencia, estos constituyen reforzadores dañinos, por lo que no creo que esto sea una buena idea".

Una versión más estricta del "no" es apropiada en situaciones como las siguientes: "El equipo de trabajo está llegando y realmente no tenemos todos los datos que necesitamos. Estoy seguro de que en general se acuerdan cómo se comportaron los clientes en las últimas semanas. ¿Pueden rellenar estas hojas de datos para que no nos citen?" Este "no" debería ser alto y claro. La función de este "no" es hacer *que* otras personas sepan que *no participarán en conductas poco éticas o inapropiadas:* "No, no puedo hacer eso. No es ético y probablemente es ilegal. Estoy obligado a cumplir con las Directrices de Conducta Responsable en mi campo".

Como miembro del equipo de intervención, encontrará muchas veces que tiene que decir "no" a un cuarto lleno de profesionales: "Con el debido respeto a Janice, creo que su sugerencia de que la estimulación sensorial sea el principal foco de intervención no es el camino que queremos seguir. No hay datos que apoyen este tratamiento como medio para reducir las conductas no apropiadas. El primer paso lógico aquí es llevar a cabo un análisis funcional". Este es el "no" que usará para abogar por el *uso de procedimientos conductuales sólidos* que estén basados en la ciencia.

¿Qué le parece esta alternativa?

Cuando te encuentras en la situación de tener que decir "no", a veces, una buena estrategia es ofrecer una alternativa: "No estoy en situación de prestar mis servicios en otro centro educativo en este momento, pero conozco a un buen analista de conducta que podría ser capaz de ayudarle". Esto deja claro que sí quiere ayudar, aunque no sea capaz de proporcionar los servicios usted mismo. Si el tiempo y los compromisos actuales son el problema, podría decir, "Estoy tan ocupado ahora mismo, que no hay manera de que pueda ayudarle con eso". Tendré más tiempo a fin de mes, si me puede llamar, estaré encantado de ayudarle".

Decir "no" es difícil

¿Recuerda algunas de las respuestas que recibió cuando era un niño y le pedían que hiciera algo? "¿Podemos ir a tomar un helado?" "Tal vez más tarde". "¿Podemos ir al lago el sábado e ir a nadar?" "Ya veremos". "¿Podemos tener un perro?" "Cuando no estemos tan ocupados". Todas estas fueron respuestas dadas por alguien que quería ser amable y no quería salir y decir "no". Probablemente escucharán algunas de estas respuestas en los lugares donde prestan servicios de conducta. Los analistas de conducta deben tener integridad. Asegúrense de que cuando digan "no" sean siempre honestos y directos.

PEDIR LO QUE QUIERA

Otro aspecto importante de la asertividad es *pedir lo que quiera*. Si no lo pide, es probable que no consiga lo que necesita o quiera, porque quien toma las decisiones no puede leer su mente y no sabe lo que es importante para usted. Peticiones como solicitar un día libre puntualmente o la oportunidad de ir a un congreso sobre análisis de conducta, podrían ser concedidas, especialmente si eres muy valorado por tus ideas creativas y haces tus peticiones con mucha antelación.

¿CÓMO LO ESTOY HACIENDO?

Otra forma de asertividad es pedir frecuentes comentarios sobre cómo te va. Aunque esto puede parecer como buscar reforzadores o pedir problemas, recibir retroalimentación regularmente puede ayudarle a mejorar su propio rendimiento. Con frecuencia, es política de la empresa que usted reciba una supervisión anual de su desempeño. Como conductistas, sabemos que recibir retroalimentación al final de año por algo que hizo hace 11 meses es demasiado tarde para tener algún efecto. No quiera ser pesado, pero pedir retroalimentación al menos trimestralmente es una forma de asertividad que dará sus frutos a largo plazo. Si su supervisor no quiere tomarse el tiempo de poner la retroalimentación por escrito, puede resumir su reunión y enviar las notas en un correo electrónico a su supervisor para que haya un producto permanente. Al solicitar una retroalimentación frecuente, puede mostrar a sus supervisores que tiene un fuerte deseo de ser un excelente empleado. Esto te pondrá en un buen lugar cuando tengas que decir puntualmente "no" a una solicitud.

> "Solicitar feedback, al menos una vez cada tres meses, es una forma de asertividad que da sus frutos a largo plazo".

RESUMEN

La asertividad es una habilidad clave para los analistas de conducta que quieren ser defensores de sus clientes y de los servicios conductuales. Para los analistas de conducta que trabajan en todo tipo de entornos, saber cuándo y cómo ser asertivos en nombre de los clientes y en el de ellos mismos es una habilidad diaria. Ser capaz de decir "no" de una manera agradable pero firme, pedir lo que se quiere y necesita y solicitar retroalimentación periódica son habilidades asertivas adicionales que conducirán al éxito.

El analista de conducta asertivo podrá cambiar las cosas de verdad, tanto en su equipo de intervención como en la vida de un cliente.

PARA LEER MÁS

Detz, J. (2000). *It's not what you say, it's how you say it.* Griffin.

McQuain, J. (1996). *Power language: Getting the most out of your words.* Houghton Mifflin.

Pachter, B., y Magee, S. (2000). *The power of positive confrontation.* Marlowe.

3
Liderazgo

La función más importante del liderazgo es fijar una meta común a la conducta de un grupo.

Aubrey Daniels

La literatura relacionada con el liderazgo es extensa. Hay más de 1.000 libros recientes en el mercado que tratan este tema y una búsqueda en *amazon.com* de libros con la palabra *liderazgo* en el título produce una asombrosa selección de más que 266.000 libros.

Comenzando con los escritos del general militar chino Sun Tzu (544-481 a.C.) y avanzando hacia las publicaciones de 2008 como *Resultados sobresalientes: Cómo los mejores líderes alcanzan objetivos ambiciosos* (Gottfredson y Schaubert, 2008), parece haber un consenso sobre lo que constituye un buen líder.

La mayoría de los libros nos dicen que los buenos líderes son inteligentes y entusiastas. Tienen habilidades sociales sobresalientes y predican con el ejemplo. Se nos dice que los buenos líderes tienen confianza, no temen tomar riesgos y saben cómo superar los obstáculos. La estabilidad emocional es otra característica que se menciona con frecuencia en los buenos líderes. Cuando las cosas se ponen difíciles y hay una tremenda cantidad de frustración en el lugar de trabajo, los buenos líderes están serenos. Infunden confianza, tienen integridad y dan poder a las personas que los rodean. Los buenos líderes tienen visión, ven el "panorama global" y saben cómo guiar un departamento o una empresa.

En realidad, estas características generales hacen que la lectura sea extremadamente interesante, pero los analistas de conducta que quieren desarrollar habilidades de liderazgo saben que, para ser efectivos, deben traducir estos rasgos en conductas observables. Al ser un supervisor de análisis de conducta, puedes adoptar algunas conductas específicas que te ayudarán a desarrollar y eventualmente asumir un rol de liderazgo.

CONDUCTAS DE LIDERAZGO: CÓMO EMPEZAR

Aquellos que son elegidos por una empresa para ser líderes tienen claramente la confianza de aquellos en la actual jerarquía de liderazgo. Si los administradores te eligen, significa que ha analizado su repertorio y creen que apoya a la organización, entiende su misión y tiene los mismos valores que ellos. Preparase para ser un buen líder, necesita observar a los líderes actuales en acción y determinar si sus valores coinciden con los de ellos. Si sus valores coinciden, entonces tendrá que explorar formas de demostrar que puede ser un buen líder.

Ser voluntario en un proyecto que necesita ser finalizado a corto plazo es una buena manera de retarse y conseguir experiencia. Como líder del proyecto, estará guiando a otros para realizar las tareas a tiempo y de forma coordinada. Este tipo de actividad por su parte indica a los directivos que tiene el deseo de ascender en la empresa. Las experiencias de liderazgo a corto plazo también le permiten aprender cómo evaluar rápidamente a sus colegas y otros voluntarios y determinar la mejor manera de utilizar sus habilidades. Todas estas son buenas cualidades de un líder.

Trabajar en proyectos de voluntariado también agudizará las habilidades necesarias para motivar a la gente. Debido a que suelen ser personas con poca formación, te enfrentas a una dificultad adicional. No es posible decirles simplemente lo que tienen que hacer, sino que debe perfeccionar sus habilidades de liderazgo a través del control de los antecedentes y del reforzamiento positivo. El control de antecedentes es lo que en la literatura sobre liderazgo denomina "visión", o la capacidad de describir una tarea o proyecto de tal manera que las personas puedan "participar" y producir un resultado deseado. Puede venir especificado en términos muy generales, como el discurso de Martín Luther King "Tengo un sueño", pero debemos también llegar a los detalles. En nuestra jerga conductual, diríamos que hay que proporcionar el análisis de tarea. Ser capaz de describir el *cómo*, utilizando un análisis de tarea como guía, a fin de alcanzar la meta es un elemento clave para el liderazgo.

El control adicional de los antecedentes viene en forma de su visible entusiasmo por el proyecto en cuestión; no puede esperar que sus seguidores se entusiasmen con un proyecto si usted no lo está. Y la emoción que muestra también sirve como un ejemplo de conducta que experimentará a medida que el proyecto avance; es decir, muestra a los miembros de su grupo que es muy probable que reciban generosas cantidades de elogios y aprobación por su trabajo.

> "A fin de prepararte para llegar a ser un líder en tu organización, debes de observar a los líderes actuales en acción".

Otra característica crítica para el éxito de los líderes es la integridad, un compromiso con un conjunto de valores que es inquebrantable. John Wooden entrenó al equipo de la Universidad de California en Los Ángeles en 10 campeonatos de la *Asociación nacional de atletismo universitario* a lo largo de 12 años, logrando una excelencia sin igual en la historia del baloncesto. Cuando se le preguntó sobre su éxito, nos dijo nos reglas que su padre le enseñó y sus hermanos siguieron a lo largo de sus 40 años de carrera como entrenador de baloncesto universitario: "Nunca mentir, ni hacer trampas, ni robar. No se queje, no se queje, no invente excusas".(Wooden y Jamison, 2005, pág. 71).

Mientras trabaja con el objetivo de ser líder, tendrá que adoptar un código ético que le guíe a lo largo de su carrera como analista de conducta. John Wooden fue un entrenador de baloncesto del equipo universitario de UCLA siendo claramente un líder. Tal vez sea apropiado señalar que la palabra *entrenador* se utiliza a menudo como una metáfora para un tipo de liderazgo que puede ser muy exitoso en ambientes donde el trabajo acumulado de muchas personas necesita ser aprovechado para lograr un resultado particular. Los líderes *burocráticos* o *autocráticos* operan a partir de un viejo modelo de "autoría" que no es muy popular hoy en día, pero el modelo de entrenador como líder sugiere claramente a alguien con integridad que está guiando a un equipo de personas hacia un resultado exitoso con una visión, un análisis de tareas, un entusiasmo obvio y generosas cantidades de reforzamiento contingente (Daniels y Daniels, 2005).

LIDERAZGO VISIBLE: PARTICIPAR EN UNA RUINIÓN Y DIRIGIRLA

El analista de conducta supervisor, una de las oportunidades más frecuentes para demostrar la capacidad de liderazgo será en las numerosas reuniones que tienen lugar en cualquier empresa. Como nuevo empleado, probablemente se le pedirá que vaya a reuniones donde podrá observar cómo funciona la organización y cómo se gestiona el liderazgo. Al principio, no se le pedirá que haga mucho, así que observar y tomar notas es apropiado. Las reuniones pueden brindarle la oportunidad de practicar su etiqueta de negocios (véase el capítulo 1), mostrar cierta asertividad (véase el capítulo 2) y demostrar sus habilidades de liderazgo recién adquiridas.

Su conducta en las reuniones implica entender el protocolo del tiempo. Se recomienda que siempre aparezca un poco antes; 10 minutos es lo adecuado para un trabajador nuevo. Con este estándar, probablemente será la primera persona en la sala y podrá elegir asiento. Querrás sentarte donde pueda hacer contacto visual con el presidente de la sesión, pero no tan cerca como para que parezca que está "haciendo la pelota". A medida que la gente llega, puede practicar sus habilidades sociales saludándoles. Preséntese si no sabe quiénes son; ellos apreciarán este gesto y esto hará que otras personas nuevas se sientan cómodas. Por ejemplo, di: "Soy Jim Harper, el nuevo analista de conducta. Trabajo para Jane en el proyecto que está iniciando". Es apropiado que reparta tarjetas de presentación en ese momento. Si tiene tarjetas, puede darle una a cada persona. Las personas que no tienen tarjetas, asegúrense de anotar su información (es decir, nombre, agencia, puesto de trabajo, lo que hacen).

Cuando llegue la presidenta de la reunión, tome asiento y mire lo que pasa cuando empieza la reunión. Busque buenas habilidades de liderazgo: ¿La gente deja inmediatamente de hablar de cosas sin importancia y se pone manos a la obra? ¿Tiene que hacer callar al grupo para que la sala se quede tranquila? ¿Hay objetivos claramente especificados?, lo ideal es que se hayan compartido por correo electrónico 24 horas antes. Observe si la presidenta especifica un límite de tiempo para la reunión (una buena señal). Muchas empresas quieren un registro de lo que pasó. Un buen presidente asignará a alguien para que tome las actas de la reunión.

> "El modelo de liderazgo del entrenador deportivo requiere de una persona con integridad que guía a un equipo hacia una meta, disponiendo de una lista de tareas para ello, entusiasmo y cantidades generosas de reforzamiento contingente".

Puede ser difícil de manejar a la gente durante las reuniones. Se desvían del tema, se extienden demasiado, hay sugerencias y ofertas vagas, no dan su opinión o empiezan a discutir entre ellos. La responsabilidad de manejar todo esto recae en la persona que presida la reunión. Como nuevo empleado, podrás percatarte de qué personas causan problemas. Los buenos líderes son claros en sus objetivos conductuales: "Hay cinco temas a tratar hoy y quiero salir de aquí en una hora, así que por favor manténganse en la tarea y ayúdenme a avanzar en esto. Nuestro primer punto es..." Algunas grandes empresas como Google ponen una imagen de un gran reloj de tictac en una pantalla que indica una cuenta atrás del tiempo asignado para mantener a todo el mundo concentrado.

LIDERAZGO: PRIMEROS PASOS

Asumiendo que periódicamente quiere conseguir un rol de liderazgo, aprender a participar efectivamente en una reunión es su primer paso. Además de llegar 10 minutos antes y presentarse, querrá tomar buenas notas y buscar oportunidades para participar. Prestarse voluntario para asumir una pequeña tarea en la que tenga habilidades relevantes es un gran inicio. Esto le llevará a la atención de los líderes y se pondrá en contacto directo con sus colegas. Tendrá la sensación de formar parte de la organización y ser desinteresado en su enfoque, dos buenas cualidades para un nuevo empleado. No asuma una tarea que no pueda realizar; esto no traerá nada bueno y no le ayudará en su ascenso en la organización.

Además del voluntariado, la siguiente conducta crítica más relacionada con la utilidad de la reunión como una oportunidad para reforzar las ideas, sugerencias o contribuciones de tus colegas. Si quiere que la gente le busque más adelante, el reforzamiento es el lugar para empezar. Tenga cuidado de que sus elogios no sean vistos como gratuitos, insinceros o inmaduros. Sea sutil; a veces sólo un asentimiento de cabeza oportuno es todo lo que se necesita para hacer saber a los colegas que usted aprecia su contribución. Si en la agenda incluye temas de los que es responsable, asegúrese de que ha hecho sus deberes y está listo. Busque la mejor manera de ganar sus puntos y asegúrese de reconocer a cualquier otra persona que le haya ayudado.

Si parece que le asignan 15 minutos en la agenda, planifique su presentación para que termine en 10 minutos para dar tiempo a las preguntas. *¡No se exceda en su tiempo!* Al final de la reunión, hable brevemente con las personas con las que trabajará en el proyecto para el que se le ha ofrecido. Puede fijar una hora para reunirse y, si es apropiado, hablar sobre las tareas iniciales.

Cuando el presidente salga de la sala, trate de halagar algún aspecto de la reunión. Muy pocas personas hacen esto y se notará su asertividad y el aprecio que muestra por el duro trabajo de dirigir una organización.

ES TU TURNO: DIRIGIR UNA REUNIÓN

En algún momento, ya sea por que así lo decida la organización o por su trabajo voluntario, llegará a presidir la reunión. Ahora es su oportunidad de demostrar realmente algo de liderazgo y practicar sus habilidades. Debería de ser un presidente que envía el orden del día con 24 horas de anticipación. Al preparar la agenda, es importante que considere cuidadosamente cada punto y adjudique en el escrito o al comienzo de la reunión cuánto tiempo se asigna a cada punto. *No* se eternice en lo que no pueda ser cubierto en su totalidad. Esto frustrará a todos y le hará parecer inepto.

> "Si quieres que la gente siga contando contigo, debes empezar dando reforzadores. Asegúrate de que tu elogio no parezca gratuito, inmaduro o poco sincero".

¿QUÉ PIENSAS? CONSEGUIR QUE OTROS PARTICIPEN

Los buenos líderes son capaces de motivar a la gente a compartir sus ideas y aportar su trabajo personal a fin de alcanzar los objetivos organizacionales. Un buen analista de conducta puede ver fácilmente esto como un ejercicio de moldeamiento (ver capítulo 14). Debemos cerciorarnos de reforzar las sugerencias y comentarios constructivos con el fin de hacer progresar nuestros objetivos. Los líderes que no están entrenados en análisis de conducta no se dan cuenta del valor de los elogios y la aprobación para alentar más y mejores ideas y pueden frustrarse fácilmente. Una sugerencia como "¿Qué sucede?, ¿no tienen alguna sugerencia de cómo podemos revertir este déficit?" es poco probable que genere buenas soluciones. Otra estrategia de los líderes que no están entrenados en el uso del análisis de conducta es castigar las buenas ideas requiriendo a la persona que hizo la sugerencia que continúe con su idea de forma independiente. Diciendo, "Buena idea, Jane, ¿por qué no te pones en contacto con la gente de Initech y ves si están dispuestos a copatrocinar este evento con nosotros?" Esta respuesta hace probable que Jane *disminuya* su futura participación.

NO PUEDES HACERLO TODO: APRENDER A DE DELEGAR

Aprender a delegar en otros es otra habilidad clave de los buenos líderes. Para ser eficaces, los líderes deben aprovechar su nivel en la organización contratando a otras personas y entrenándoles para que asuman sus propias responsabilidades de liderazgo. Aprender a dejar claras las ventajas de trabajar en un proyecto concreto, junto con establecer un historial de reconocimiento público de las personas que han asumido responsabilidades adicionales, prepara el terreno para que los empleados y colegas se ofrezcan activamente como voluntarios cuando sea necesario.

LIDERAZGO EN EL LUGAR DE TRABAJO

Debido a que nuestro público incluye a muchos analistas de conducta que están empezando su carrera, en este capítulo nos centramos en las *habilidades de liderazgo en las reuniones,* ya que este será probablemente el primer lugar en el que se podrá practicar el liderazgo. Debido a que el análisis de conducta está creciendo muy rápidamente, analistas de conducta que acaban de terminar su formación se saltan peldaños en la escala de desarrollo profesional. Pasan de terapeutas, a coordinadores o directores, cuando el discurso de fin de carrera está aun resonando en sus oídos. Otros roles de liderazgo para los analistas de conducta implican trabajar con familias, maestros, asistentes de maestros, para profesionales y profesionales no relacionados con la conducta. También necesitarán habilidades de liderazgo cuando se sirva en comités como los comités de derechos humanos o los comités de revisión de programas conductuales. Los analistas de conducta a quienes les gusta la idea de trabajar para sí mismos podrían elegir ser dueños de su propia empresa. En tal caso necesitarán un liderazgo visionario para encontrar un nicho en el mercado, encontrar la financiación necesaria, contratar a las personas adecuadas y dirigir las actividades de supervisión de la empresa.

Si un analista de conducta va a tener éxito como supervisor, debe estar preparado para asumir un papel de liderazgo en muchas situaciones en un plazo muy corto. Esto podría implicar intervenir para ocupar un puesto vacante de repente como líder de equipo o abrir una sucursal de la empresa en un nuevo mercado en una ciudad importante.

LIDERAZGO INVISIBLE

La única característica que tienen los líderes que es más difícil de cuantificar es su habilidad de proponer el tipo de ideas creativas que generan entusiasmo en sus colegas para llevar la organización en una nueva dirección. Todas las habilidades conductuales, como las habilidades de moldeamiento y el reforzamiento por participar e implicarse, no irán a ninguna parte si la visión es mundana o defectuosa. En su preparación para las responsabilidades de liderazgo, además de practicar el trabajo de las reuniones del comité, encontrará útil aumentar enormemente su acceso al mundo de las ideas en áreas quizás no relacionadas. Leer un par de periódicos cada día, como el *New York Times* y el *USA Today*, además de revistas semanales de "visión global" como *BusinessWeek*, *Time* o *Newsweek*, te proporcionará una perspectiva necesaria para pensar más allá (para más información, véase el capítulo 25, "Curiosidad agresiva"). La capacidad de pensar de forma creativa es una característica de todos los líderes y puede que le enseñe a convertirse en un pensador más creativo (véase de Bono, 2008).

RESUMEN

Los líderes son inteligentes, confiados y entusiastas. Dominan las habilidades de liderazgo críticas y prácticas, incluyendo la dirección de una reunión efectiva, delegando y dando retroalimentación a otros, utilizando excelentes habilidades sociales y motivando a otros a participar en conversaciones y proyectos. El desarrollo de las habi-

> "Debido a que el análisis de conducta está creciendo muy rápidamente, analistas de conducta que acaban de terminar su formación se saltan peldaños en la escala de desarrollo profesional. Pasan de terapeutas, a coordinadores o directores, cuando el discurso de fin de carrera está aun resonando en sus oídos".

lidades de liderazgo puede comenzar con pequeños pasos, como ofrecerse como voluntario para dirigir un proyecto con algunas otras personas. Con el tiempo, practicar conductas de liderazgo y aprender constantemente sobre el mundo más allá del análisis de conducta. Los líderes desarrollan la visión y la habilidad de involucrarse en el pensamiento creativo desde una visión global.

PARA LEER MÁS

Daniels, A. C., y Daniels, J. E. (2005). *Measure of a leader: An actionable formula for legendary leadership.* Atlanta, GA: Performance-Management.

de Bono, E. (2008). *Creatividad: 62 ejercicios para desarrollar la mente.* Paidós.

Gottfredson, M., y Schaubert, S. (2008). *Resultados sobresalientes: Cómo los mejores líderes alcanzan objetivos ambiciosos.* Granica.

Wooden, J., y Jamison, S. (2005). *Entrenamiento personal de liderazgo.* Peniel.

4

Red de contactos

Ron era un analista de conducta con mucha experiencia que se mudó a una gran ciudad. Su objetivo era trabajar para él mismo y desarrollar su propia cartera de clientes. Con el tiempo, quiso contratar a otros supervisores para que trabajaran para él.

Un año después de trasladarse, le vimos en una conferencia y nos sorprendió lo bien que le iba. Le preguntamos a Ron cuál era su secreto y dijo, sonriendo:

> *Dos cosas. Primero, ser un buen analista de conducta y, segundo, crear una red de contactos... Me uní a la Cámara de comercio. También voy cada mes a nuestra reunión de la asociación de análisis de conducta local y voy a eventos donde es probable que me encuentre con profesionales que trabajan en centros educativos, grupos de padres y agencias gubernamentales. He trabajado duro en ello, pero mucha gente me conoce ahora.*

A medida que nuestra cultura se mueve cada vez más rápido... en muchos campos, el análisis de conducta incluye, el trabajo en redes esencial para el éxito profesional. Si actualmente trabaja como analista de conducta, es muy probable que ya esté trabajando con sus colegas, aunque no se dé cuenta.

> "A medida que se acelera el ritmo al que se mueve nuestra cultura... el construir redes profesionales se hace esencial para el éxito".

Para algunas personas, en particular las personas que tienden a ser sociales, crear redes de contacto es de naturaleza secundaria. Si eres una persona a la que le gusta conocer gente nueva, hablas con las personas y averiguas lo que hacen, eres un creador de redes de contactos de forma natural.

No todo el mundo es hábil en las interacciones sociales. Habrá notado que algunas personas en el ámbito laboral son tímidas a la hora de presentarse. No están muy seguros de lo que deben decir o hacer y temen cometer un error y avergonzarse de sí mismos. Estas tendencias pueden ser problemáticas para los analistas de conducta que se espera que trabajen bien con las familias, otros analistas de conducta y profesionales de diferentes agencias. El analista de conducta tímido debe trabajarse para superar la timidez en un grupo pequeño y familiar de personas tan pronto como sea posible y luego pasar a desarrollar un conjunto sólido de habilidades que le permitan crear redes de contacto.

ENTONCES, ¿QUÉ ES LA CREACIÓN DE REDES?

Básicamente, la creación de redes es un método sistemático para conocer gente, averiguar detalles sobre ellos y mantenerse en contacto. Puede haber ocasiones en las que podrás prestar asistencia (en forma de consultas, servicios, sugerencias de recursos, etc.) a alguien que forme parte de tu red y habrá ocasiones en las que la gente puede ayudarte. La creación sistemática de redes implica tener un plan organizado para encontrar oportunidades de acrecentar nuestra red y buscar personas que creamos que pueden ayudarnos en algún momento futuro.

Las compañías telefónicas entienden el concepto de redes para familias y amigos. Han visto los anuncios sobre cómo añadir

> "La parte sistemática del establecimiento de redes profesionales requiere de disponer de un plan organizado para encontrar oportunidades para hacer contactos y buscar a las personas que crees podrán ayudarte en algún momento futuro".

a su "círculo de amigos" y a sus "contactos favoritos". Hay mucho que aprender acerca de las redes y hay muchas habilidades nuevas que ha de adquirir para tener éxito.

CÓMO PUEDE BENEFICIARSE DE LA CREACIÓN DE UNA RED DE CONTACTOS

Empecemos con las suposiciones. Asumimos que eres un analista de conducta recientemente formado, tal vez empezando en su primer trabajo en una nueva ciudad. Hay una alta posibilidad de que hayas conseguido tu trabajo a través de una red de contactos. Conocías a alguien que conocía a alguien que buscaba un analista de conducta y esa persona le pasó la información. Se puso en contacto, se presentó, le entrevistó y consiguió el trabajo.

Se estima que aproximadamente el 60% de los empleos se consiguen a través de redes de contactos, así que puedes ver lo importante que es esto. Aquí hay otro ejemplo de tener un plan organizado para la creación de redes. Supongamos que eres un estudiante de postgrado que está tomando un curso de ética y asuntos profesionales y está interesado en adquirir las habilidades necesarias para convertirse en un supervisor exitoso. A medida que se aproxima a la graduación, querrá conocer a mucha gente que pueda correr la voz de que está buscando un trabajo y que tiene talento, es trabajador y fiable. Para crear una red de contactos eficaz, primero ha detener esas cualidades, tiene que impresionar a algunas personas importantes y tiene que empezar a construir su red de personas que sacarán a relucir su nombre si se enteran de un puesto de trabajo vacante. Querrá asistir a conferencias para hacer correr la voz de que eres un analista de conducta bien formado que busca trabajo y, por supuesto, enviará cartas y correos electrónicos y hará llamadas telefónicas a todos los miembros de tu círculo de contactos.

La red de contactos se alimenta gracias a la *magia de la recomendación* de alguien que conoces y que está dispuesto a responder por ti, y, por supuesto, debes estar dispuesto a responder por otra persona. Para que la red tenga algún poder, debe haber confianza e integridad en ambos lados. En una conferencia reciente de la Asociación Internacional de Análisis de Conducta en Chicago, el primer autor se reunió con un ex-alumno para desayunar.

> "Para que una relación profesional sea firme, debe haber confianza e integridad entre ambas partes".

En unos pocos años, el estudiante se había convertido en un supervisor experimentado de una empresa importante de supervisión. Como miembro de confianza y respetado de la empresa, su rol ahora era de sugerir a qué personas podría contratar la empresa para nuevos puestos de trabajo. Mientras iban por la segunda taza de café, uno de los estudiantes actuales del primer autor pasó por allí. El estudiante fue presentado, intercambiaron bromas y luego se dirigió a su mesa. Apareció una breve oportunidad para crear contactos y el primer autor se lanzó a la carga: "Es uno de mis mejores estudiantes, muy brillante, muy fiable y trabajador y muestra iniciativa. Lo recomendaría dentro de un año como un supervisor potencial". Este tipo de aportación a la red de contactos puede hacer que alguien consiga el trabajo de sus sueños; sin embargo, sólo es efectivo cuando la persona recomendada está a la altura del trabajo en cuestión. Si comete un error y recomienda a alguien que no cumple con las expectativas, entonces su credibilidad se verá deteriorada y mucho.

DOS TIPOS DE REDES DE CONTACTOS PARA LOS ANALISTAS DE CONDUCTA

Los analistas de conducta deben estar preparados a participar en dos tipos de redes de contacto. El primero será con personas no conductistas y, el segundo, con profesionales del análisis de conducta.

Establecer contactos con personas que no son analistas de conducta

La mayoría de las veces, un analista de conducta trabajará con personas que no son conductistas porqué son proveedores de servicios, dueños de negocios o posibles clientes Los clientes pueden ser individuos, agencias u organizaciones.

Cuando se relacione con personas fuera del campo del análisis de conducta, tendrá que desarrollar un "discurso contundente" sin utilizar lenguaje técnico y que esté dirigido a todas las personas. Un discurso contundente es uno que podría dar de inicio a fin…el tiempo que tarda en

> "Debes ser capaz de explicar en 90 segundos o menos qué es el análisis de conducta, qué haces y qué servicios ofrece tu empresa".

subir a un ascensor y que le lleve a un piso. Básicamente, tiene que ser capaz de explicar en 90 segundos o menos lo que es el análisis de conducta, lo que hace y los servicios que ofrece su empresa. Evite usar términos técnicos y trate de explicar al menos una anécdota personal memorable que refleje la esencia de lo que haces. Aún más importante, es necesario utilizar sus habilidades de escucha y de reforzamiento para averiguar algo sobre el nuevo contacto, descubrir algo que tengan en común, aprender algo sobre el trabajo que hace la persona y las organizaciones a las que pertenece y así sucesivamente.

Crear redes de contactos con otros analistas de conducta

El segundo tipo de red de contactos que podemos crear es con otros analistas de conducta. Estos son colegas de su organización o de organizaciones parecidas en su área geográfica. Porque ellos ya saben lo que es el análisis de conducta, su objetivo es que ellos le conozcan y viceversa, para que pueda crear una fuerte red de personas que le apoyen. El tipo de apoyo que sus contactos de analistas de conducta pueden proporcionarle puede variar desde ayudarle a pensar en un caso difícil que le ha estancado, hasta resolver una situación delicada con alguien en el trabajo, o ayudarle a encontrar un nuevo trabajo.

Puede que decida que necesita centrarte en añadir algunas personas nuevas a tu red. En el análisis de conducta, tenemos varias oportunidades de redes preparadas a través de nuestras asociaciones locales, regionales, nacionales e internacionales. Por ejemplo, en Florida, hay cinco delegaciones locales de la asociación estatal que varían en tamaño de entre 15 a 50 miembros. Estas delegaciones suelen reunirse mensualmente en un ambiente informal donde un ponente da una presentación que es seguida por una oportunidad de crear una red de contactos. En eventos como las delegaciones locales de análisis de conducta, irse inmediatamente después de escuchar al ponente es un gran error. Este es un momento social donde puedes practicar tus habilidades de red de contactos y añadir nuevas personas a tu red personal de amigos.

La reunión anual de la Asociación de Análisis de Conducta de Florida (que se celebra cada año en septiembre) atrae a más de 1.000 miembros de toda Florida y de otros estados. Se invita a ponentes nacionales e internacionales para que los analistas de conducta interesados en establecer contactos puedan ampliar su red de contactos desde aquellos con los que trabajan en el centro de Florida hasta nuevos amigos en Michigan, Carolina del Sur, Georgia, Luisiana, California y Oregón.

Otros estados como California, Nueva York y Texas tienen asociaciones similares. A nivel nacional e internacional, Association for Behavior Analysis International se reúne cada año durante la última semana de mayo. A este congreso acuden más de 5.000 personas cada año, analistas de conducta de Estados Unidos y de otros muchos países. No exageramos al decir que un congreso internacional es una fantástica *oportunidad para establecer contactos*.

CONDUCTAS IMPORTANTES AL HACER CONTACTOS

Apariencia

Tu apariencia es un elemento clave para causar una impresión positiva. Debemos recordar aquí todos los consejos del capítulo 1 sobre la etiqueta de los negocios. En cualquier oportunidad para establecer contactos, debe estar bien arreglado y vestido apropiadamente para la ocasión (arreglado informal en las actividades sociales del congreso de *Association for Behavior Analysis International*, ejecutivo formal para una reunión con nuevos colegas, de etiqueta para una cena de empresa en un restaurante caro).

Actitud

Si es nuevo en el análisis de conducta y es una persona que no tiene habilidades de crear una red de contactos de forma natural, puede recordarle cuando era un niño de 6 años preparándose para ir a una fiesta de cumpleaños. No sabe lo que se va a encontrar, pero sabe que se lo va a pasar bien. Ponga su gran sonrisa, respire profundamente, párese derecho, ponga sus hombros hacia atrás y entre con un andar constante en la sala, mostrando confianza y una actitud casual y relajada. Una vez en la sala, deténgase un minuto para evaluar la reunión. Como ejercicio de calentamiento, puede comenzar hablando con alguien que conozca. Luego haga muévase por la sala y dese a conocer a algunas personas que no conoce.

> "Pon una gran sonrisa, haz respiraciones profundas, ponte erguido, hombros hacia atrás y entra con confianza en la habitación con una actitud relajada e informal".

Material

No se necesita mucho material para tener éxito en la creación de redes, pero se necesitan tarjetas de visita en una funda bonita, un bolígrafo y un pequeño cuaderno o tarjetas de 3x5.

La mayoría de los eventos proporcionarán identificadores con el nombre de cada persona. Habrá notado que las personas tienden a colocar la identificación en la parte superior izquierda del pecho, como si quisieran asegurarse de colocar su nombre justo sobre el corazón. Para crear redes de contacto, necesitamos iniciar una nueva tendencia. Coloca *tu identificación con el nombre en la parte superior derecha del pecho* para que esté en un lugar más lógico que se vea fácilmente cuando le de la mano a la gente.

Crear redes de contacto es un negocio serio; no está en la sala simplemente para sonreír y conocer gente y hacerla sentir bien. Un objetivo importante es encontrar a algunas personas que no haya conocido antes y que puedan formar parte de su red. Estas deben ser personas con las que tenga algo en común y con las que se pondrá en contacto en los próximos días. Consiga sus tarjetas de presentación y posiblemente alguna información adicional para que pueda hacer un seguimiento. Pedir a alguien una tarjeta se considera parte de la etiqueta de los negocios. Si no lo ha hecho antes, puede parecer incómodo, pero tenga la seguridad de que es una práctica común. No es necesario que le pida a todo el mundo una tarjeta de visita, sólo a las personas con las que quiera contactar más adelante.

Durante una oportunidad de establecer una red de contactos, si promete a una persona que le enviará un artículo o un correo electrónico, asegúrese de anotarlo en su lista de "cosas por hacer". El seguimiento es la primera forma de demostrar a la persona que eres fiable y de confianza. Muchas personas son tan mediocres en esto que es probable que la persona se sorprenda un poco de que realmente recuerde lo que prometió.

Relaciones profesionales en análisis de conducta

Cuando te acerque a alguien, ponga su gran sonrisa amistosa, eche los hombros hacia atrás, extiéndala mano para un apretón de manos y preséntese. Luego haga una pregunta no controvertida y abierta que inicie la conversación: "Este es un gran evento; ¿cómo se enteró de él?" "¿En qué negocio está?" "Esta es una conferencia maravillosa. ¿Escuchó alguna ponencia interesante hoy?" "Me encanta su corbata. He estado buscando algo así para mi marido". La vieja regla de mantenerse alejado de la política y la religión es una buena idea y puede evitar que ofendas a alguien. Una vez que consiga que la persona que quiere conocer empiece a hablar, puede reforzar y demostrar su gran capacidad de escucha. Esto debe ser sincero, natural y no artificial. Si es usted un analista de conducta, esperamos que le guste la gente y que realmente disfrute escuchando a personas nuevas hablar sobre sus hobbies, un viaje reciente o un área de interés particular en el análisis de conducta.

Ser un buen oyente es importante, pero no quieres que la interacción termine con que seas tan buen oyente que no ha dicho ni una palabra. Cuando sea el momento adecuado, explique algo sobre lo que hace. Recuerde que está buscando algún punto en común, algo que pueda vincular a esta persona con usted o con alguien que conozca. Puede que no esté buscando un trabajo, pero un amigo o un conocido sí, así que puedes empezar tu red de contactos ayudando a otra persona.

Dos reglas ayudarán a guiar tus actividades para cualquier evento: Ser curioso y ejercer de nodo de conexión.

Sea curioso No tenga miedo de hacer preguntas sobre lo que hace la gente y sus aficiones, los viajes, los niños o los perros. Si parece que están cambiando de tema o deciden no profundizar en un tema en particular, debes captar *las señales sutiles y responder apropiadamente.* Por ejemplo, la mayoría de las personas disfrutan hablando de sus familias. Sin embargo, habrá situaciones en las que haya disfunción en una familia y tu nueva amiga puede que no quiera decirte que sus hijos son unos perdedores, que su madre es una quejica que impone muchos castigos y es sarcástica y que su marido acaba de huir con su secretaria.

Sé un nodo de conexión Como buen facilitador de contactos, debería tratar de relacionar a la gente siempre que puedas. Si tiene éxito, ambas partes estarán agradecidas y le devolverán el favor.

Durante su conversación, si se da cuenta de que la persona con la que está hablando debe conocer a otra persona en la sala, no dude en ofrecerse a presentársela. Diga, "Hay una persona que me gustaría que conocieras" y lleve a la persona a su amigo. Presenta a cada uno de ellos: "Sarah, esta es Charlotte. Es la nueva directora de recursos humanos de *Bright Kids*". Su objetivo es causar una impresión amistosa, crear una conexión para usted o alguien más, conseguir una tarjeta de presentación y continuar. No debe dominar el tiempo de la persona que acaba de conocer, porque hay muchas más personas por conocer. Para finalizar la conversación, sea tan cortés como al principio y recuerde que las últimas impresiones también cuentan. Para terminar una interacción, podrías decir: "Fue un placer conocerle. Espero que disfrute la conferencia". Lo ideal sería incluir a alguien más en la conversación para no tener que dejar a una persona totalmente sola.

Mantener la red de contactos

A menudo no se habla de este aspecto de la creación de redes de contactos pese a que puede beneficiarse toda la empresa. Después del encuentro con los nuevos contactos (p.ej., almuerzo, tiempo informal para charlar después de una reunión), como más tarde esa noche o temprano a la mañana siguiente, revise las tarjetas de presentación que acumuló y las notas que tomó. Al hojear cada una de ellas, recuerde la conversación y decida si hubo una conexión potencialmente valiosa para usted o para otra persona. Si prometió enviar a una persona un enlace a un sitio web o a un artículo para que lo lea, cumple tu promesa. En algunos casos, querrá mantener el contacto por teléfono; de lo contrario, un correo electrónico será suficiente. Para una conexión que parezca prometedora, un e-mail sugiriendo una comida de negocios sería apropiado. Asegúrese de recordarle a la persona dónde se conocieron y cuál es vuestra conexión: "Nos reunimos en la asociación de análisis de conducta los martes por la noche y espero que podamos continuar nuestra charla sobre..."

Relaciones profesionales virtuales

Tal vez la forma más prometedora de crear redes de contactos es la virtual. Por ejemplo, encuentras a alguien en una red social, en una sala de chat o un blog y luego haces un contacto, seguido de mensajes instantáneos, mensajes de texto o videoconferencia (Zoom, Teams, Skype, Google Meets[5]). Si utiliza Google, puede personalizar su página de inicio para que busque palabras clave en los blogs que le puedan interesar. Si le aceptan la solicitud de amistad, puede hacer un seguimiento de la persona y entablar una conversación que podría llevar a algún lugar.

¿Cómo se hacen contactos profesionales actualmente?

La mayoría de las redes de contactos que hemos estado describiendo han sido causa del azar, como en la situación en la que vas a un evento en el que esperas encontrarte con alguien que podría ser una gran conexión. Crear una red de contactos es complicado, podrías

---

[5] Ver, por ejemplo, https://mydatascope.com/blog/es/los-10-mejores-softwares-de-videoconferencia/

ir a cuatro o cinco reuniones o conferencias antes de encontrar una persona con alguien que tengas intereses comunes. Otra opción con infinidad de posibilidades es el uso de internet. Especialmente sitios de internet profesionales en los que la gente se inscribe específicamente para conectarse con personas de ideas afines. LinkedIn es un ejemplo de ese tipo de sitio (www.linkedin.com). Facebook es el sitio por excelencia para crear redes, y, además, ofrece grupos cerrados con intereses profesionales específicos. Puede crear una red de contactos para su organización accediendo a www.ning.com, donde puede personalizar una página de inicio que se adapte a sus necesidades e invitar a sus colegas o a cualquier persona con intereses similares a unirse. Nuevamente, estamos hablando de intereses profesionales aquí, como, por ejemplo, interactuar con otros analistas de conducta que trabajan con niños preescolares con diagnóstico de autismo. Hay muchos sitios de internet con el propósito de ayudarte a encontrar el amor de tu vida, esta sección sólo trata de cómo crear redes de contactos en tu carrera profesional.

> "El fin de los contactos profesionales es encontrar a gente con intereses comunes que pueden apoyarse mutuamente".

Recompensa

El objetivo de crear una red de contactos es encontrar personas con intereses afines que puedan ayudarse mutuamente. Si puedes hacer esto, serás buscado y tus conexiones tendrán un gran impacto en la vida de las personas.

Por ejemplo: El primer autor leyó un artículo en el periódico local sobre una investigación sobre la conducta humana que se estaba llevando a cabo en el aeropuerto. Usó Google y otros sitios de Internet para rastrear la compañía y la persona nombrada en el artículo. Luego llamó al investigador principal (búsqueda de contacto por Internet). Se concertó una cita para una reunión cara a cara y se estableció una conexión personal. Ello permitió que se hiciera una oferta para apoyar el trabajo de investigación. Bailey tenía un estudiante de posgrado que necesitaba un tema para la tesis y el estudiante se involucró en el proyecto. Después de varias reuniones se firmó el acuerdo. Tras muchos meses escribiendo propuestas para obtener el aprobado del *comité ético*, más muchos meses más y cientos de horas de observaciones directas, incluyendo un turno nocturno para la recolección de datos que terminó a las dos de la mañana. A medida que la investigación comenzó a dar resultados, se inició la creación de redes de contactos con otros profesionales del campo. Esto derivó en hacer contacto con una importante empresa de supervisión que llevó a cabo una investigación con fondos públicos. El director de la empresa resultó ser un viejo amigo de Bailey. Se invitó a esta persona a dar una conferencia en la universidad, donde tuvo lugar una conexión directa con el estudiante de postgrado (excelente oportunidad para crear un contacto cara a cara). Un año después, mientras el estudiante defendía su tesis, la empresa de supervisión tenía una oferta de trabajo para el nuevo doctorando. Las conexiones de todo tipo, desde hojear el periódico hasta enviar un correo electrónico y hacer llamadas telefónicas o hacer visitas en persona, produjeron la valiosa oportunidad de crear una increíble oportunidad de investigación y un trabajo de por vida.

Ética en la creación de redes profesionales

Desafortunadamente, algunas personas en este mundo son usuarios. Estas son las personas que se involucrarán en la creación de redes en entornos profesionales para que puedan tratar de acceder a sus propios reforzadores personales, como comidas gratis, vino o entradas a eventos deportivos o culturales. Este no es el propósito de las redes profesionales y debe evitarse.

RESUMEN

Podemos usar la creación de red de contactos para conocer nuevos colegas, avanzar en una carrera, obtener recursos y servicios para los clientes, introducir a personas no conductistas en nuestro campo (recuerde tener listo un discurso de 90 segundos) y promover una organización. Crear una red social es la habilidad que nos ayuda a ser parte de la comunidad conductual.

PARA LEER MÁS

Mariño Carrera, F. (2012). *Redes sociales y networking: Guía de supervivencia profesional para mejorar la comunicación y las redes de contactos con la web 2.0.* Profit.

5
Relaciones públicas

La conducta robótica, la falta de emoción y la incapacidad de usar habilidades entrenadas fuera del ámbito escolar son algunos de los defectos que los críticos atribuyen a ABA. Un niño que ha aprendido a jugar a los juegos de Nintendo en Alpine, por ejemplo, vuelve a encender y apagar el juego cuando está en casa.

El programa Celebrate the Children *enfatiza la expresión de la emoción y el pensamiento espontáneo. En lugar de enseñar una habilidad altamente específica, las actividades de desarrollo, de individualización y aquellas basadas en las relaciones, tienden a incluir interacciones sociales complejas que construyen muchas habilidades a la vez.*

Claudia Wallis

Las relaciones públicas, el medio por el cual manejamos el flujo de la información positiva y el análisis de conducta son prácticamente extraños. Como campo, hemos hecho un trabajo absolutamente atroz de llegar al público con nuestra historia. Las citas anteriores de un artículo de 2006 en *Time* muestran los resultados devastadores. Sin duda, *Time* es una de las revistas de noticias más conocidas de América. Además de su audiencia de más de 4 millones de lectores a la semana en los Estados Unidos, *el Time* llega a una audiencia global.

Aunque un programa conductual puede ser excelente, cuando una publicación de la revista *Time* informa que los analistas de conducta dan la impresión a nuestro público objetivo de ser fríos, con poca emoción y nuestros métodos de análisis de conducta crean robots, significa que algo está fallando.

Dejar que la comunidad sepa lo que hacemos, por supuesto, es de vital importancia para el avance de nuestra profesión. Necesitamos una amplia aceptación pública si queremos tener un verdadero impacto en la cultura. La próxima generación de analistas de conducta deben de estar preparados para aceptar el reto de aumentar nuestra exposición en los medios. Cada día, aparecen historias en periódicos y revistas, en la televisión y en Internet sobre otros enfoques de conducta humana que no están basados en datos y a menudo somos menospreciados o tergiversados por nuestra competencia. Esto es desde luego, nuestro detrimento. La percepción pública del análisis de conducta es de importancia crítica, porque la mayoría de la gente se entera de nosotros a través de los medios de comunicación y no a través de revistas académicas, libros de texto o cursos universitarios. Un solo artículo, como el de la edición de mayo de 2006 de *Time*, puede llegar a más de 4 millones de lectores, lo que resulta en 4 millones de personas que podrían tener ahora una idea totalmente errónea de nuestro campo y de lo que podemos ofrecer. Es hora de luchar, pero sólo podemos hacerlo si entendemos nuestro objetivo de relaciones públicas y si tenemos un plan para llegar a la ciudadanía.

La mayoría de los programas de postgrado no preparan a los estudiantes para la exposición a los medios ni explican cómo funciona el proceso de las relaciones públicas contemporáneas. Históricamente, los periodistas se mantenían atentos y buscaban temas interesantes que desarrollar en sus comunidades, buscaban historias, rastreaban fuentes y realizaban entrevistas y cuando encontraban algo que pensaban que interesaría a sus lectores o, más importante aún, encontraban una información intrigante que podría impactar o iluminar a la población, escribían sobre ello y salía a la luz a la atención del público.

> "Necesitamos una amplia aceptación del público si queremos tener impacto en la sociedad".

Esos días han terminado. El mundo real de la cobertura mediática es muy diferente. Los periodistas tienden a quedarse en sus oficinas, inundados por los comunicados de prensa y abrumados por las llamadas telefónicas y el correo electrónico que proporcionan pistas sobre las historias que han sido hábilmente manipulado por publicistas. Cuando los periodistas encuentran algo que se adapta a sus preferencias, pueden realizar entrevistas telefónicas o intercambiar e-mails. En raras ocasiones, podrían visitar un sitio, realizar entrevistas cara a cara y realmente indagar en una historia.

Para descifrar este sistema y correr la voz sobre lo que hacemos, el analista de conducta con éxito necesita tener un plan de acción. Dos analistas de conducta profesionales y académicos, Drs. Sharon y Ken Reeve, programa ABA de Caldwell College en New Jersey,[6] han tenido mucho éxito en obtener una cobertura mediática precisa para su programa y han publicado consejos excelentes para los analistas de conducta. El modelo de relaciones públicas para el análisis de conducta que desarrollaron es tan bueno que, con su permiso, incluimos aquí la mayoría de sus sugerencias en la lista siguiente. Comienzan recomendando el uso de una herramienta gratuita de internet disponible para todos, Google.

- Lo primero que debe hacer es configurar una alerta de Google (www. google.com/alerts). Este servicio proporcionado por Google te permite decir qué palabras clave quieres escuchar en las noticias, blogs o sitios web. Luego le enviará por correo electrónico los enlaces a cualquier mención de esas palabras clave en la Web. Muchas de nuestras estrategias descritas más adelante son ayudadas por la recepción de Alertas de Google.

- Haga una búsqueda en Google todos los días para ver si su programa o usted son mencionados. A veces nos encontraremos con que alguien está hablando en un blog de algo que escribimos o dijimos. Cuando lo encontra-

---

mos, podemos comentar lo que se dice en ese blog. En una ocasión, unos padres estaban debatiendo sobre los beneficios de la intervención ABA y surgió el programa ABA de Caldwell College. Desafortunadamente, recibió referencias, aunque no mezquinas (aunque no mezquinas). Luego escribimos nuestros propios comentarios aclarando lo que se decía. Esto llevó directamente a que dos padres decidieran inscribirse en nuestro programa.

- Involúcrese en los grupos locales de ABA y de autismo. Se sorprendería de la cantidad de contactos importantes que se pueden hacer mientras se atiende a grupos profesionales y de familiares. Por ejemplo, estos contactos pueden llevarle a formar parte de comités que pueden afectar la política pública en materia de intervención o puede que se entere de cómo acceder a fuentes de financiación.

- Si oyes que hay una conferencia sobre autismo (o te enteras a través de una alerta de Google), intenta que te inviten para que ABA esté representado. A menudo no hay nadie en estas reuniones que promueva intervenciones basadas en la evidencia. La gente querrá escuchar lo que tiene que decir. Por supuesto, si tiene otras áreas de interés especial, como la seguridad conductual, adaptarás esta estrategia para hacer un seguimiento de tu área de interés.

- Acuda a conferencias de prensa representantes públicos. Preséntese a los asistentes importantes. A menudo puede obtener invitaciones presentando sus credenciales a la persona adecuada. Actualmente tenemos relaciones con varios funcionarios locales gracias a esta táctica.

- Si dirige un programa de calidad, como un aula de educación especial o un programa de intervención para el autismo, invite a representantes públicos.

- Vigile las páginas web de los políticos locales para ver si apoyan alguna legislación sobre el autismo. Si lo hacen, intente ponerse en contacto con ellos y ofrezca sus servicios como consultor o experto. Podría tener la oportunidad de cambiar las políticas públicas en esta materia. También ayuda el revisar las páginas web de organizaciones de defensa de la calidad, por ejemplo, *AppliedBehaviorAnalysisEdu.org* mantiene un repertorio actualizado de la legislación relacionada con ABA en su página web [7].

- Presente charlas en tantos grupos de padres y grupos de apoyo como le sea posible. Los padres suelen estar predispuestos a escuchar a un profesional y muchos de ellos tienen contactos con los medios de comunicación. Si demuestra que es digno de ello, puede que le recomienden que cuente su historia. Entregue una mini-biografía cuando haga estas presentaciones.

- Ofrézcase a dar una charla en la biblioteca local sobre intervención ABA para personas con autismo. Esta solicitud es especialmente probable que obtenga una respuesta positiva durante el mes de abril, que es el mes de la concientización sobre el autismo.

- Escriba un folleto con recursos para su biblioteca local. Después de hacer esto, nos pidieron que trabajáramos en una subvención con la biblioteca sobre cómo las personas con autismo podrían acceder mejor a los recursos de la biblioteca. Esto nos llevó a que nos pidieran dar charlas en esa biblioteca y otras en los pueblos de alrededor. Estas charlas fueron publicadas en el periódico local, lo que a su vez hizo que la gente llamase a la universidad interesándose por nuestro programa ABA.

- Dentro de su ciudad o pueblo, investigue los archivos de los periódicos para ver si hay algún artículo sobre ABA o el autismo. Si es así, contacte a los periodistas que escribieron estas publicaciones, felicítelos por ello y luego ofréceles historias nuevas (esto es lo que hicimos con éxito con un periodista del *New York Times*).

- Crea una página web o blog dirigido a un público amplio incluyendo enlaces a recursos gratuitos y descripciones

---

[7] https://www.appliedbehavioranalysisedu.org/state-by-state-guide-to-autism-insurance-laws/

sobre lo que es ABA. Incluye también una biografía actualizada para que la gente de los medios de comunicación interesados la vea (y la use para referirse a ti). Si pertenece a una universidad, puede que le permitan hacerlo en una página web institucional.

- Escribir artículos para revistas populares de autismo como *Autism Spectrum Quarterly* o *Autism Asperger's Digest Magazine.*

- Dar un taller en una universidad local. La mayoría de las universidades alquilan espacios y podrás conservar las ganancias después de impartir el taller. Algunas universidades pueden incluso dejarte usar el espacio gratis si les convences de que el taller es de servicio público, en tal caso no debes de cobrar a los asistentes.

- Sugiere un curso sobre ABA y autismo a la universidad local. Ofrézcase a diseñar el plan de estudios para la clase. Llévelo al jefe del departamento de psicología o de educación especial. Luego imparta la sesión y solicite a los estudiantes interesados (50 es un buen número) que escriban al rector de la universidad para que ofrezcan más formación en ABA. Si la universidad lo aprueba, pregunte sobre la posibilidad de formar parte del personal docente.

- Si trabaja en un colegio o universidad, establezca una relación con la persona de relaciones públicas o con la oficina de prensa para valorar cómo tratar el tema de la intervención en autismo. Organiza caminatas estudiantiles sobre el autismo. Escribe artículos sobre ABA o el autismo para el periódico de la universidad. Trabaja con asociaciones de psicología para que hagan proyectos dirigidos a niños y niñas con autismo en centros educativos o de intervención de tu medio cercano.

- Envíe e-mails masivos a colegas, amigos y familiares solicitando que pidan a un periódico local que cubra una historia, conferencia o evento en particular.

- Diríjase a *amazon.com* y cree listas de lecturas recomendadas. Un periodista con el que hablamos había leído la lista de lecturas recomendadas sobre ABA y autismo del Dr. Ken Reeve.

- Escriba una mini-biografía par el público en general con logros y declaraciones informativas sobre tu ámbito profesional: "Intervención eficaz para tratar el autismo", "Intervenciones-fraude o intervenciones reales" o "Descripción de la intervención basada en análisis de conducta".

- Los medios de comunicación nos han dicho que prefieren tener a personas con experiencia en medios de comunicación como entrevistados, por lo que deben incluir en su biografía detalles como: "Entrevistado por Arantxa Loizaga en Telemundo, en relación a la controversia del uso del castigo como estrategia de crianza".

- Una vez que se publique algo en un medio popular, se deben utilizar copias de ello para entregarlo a cualquier persona que esté interesada en lo que usted tiene que decir, pero que disponen de mucho tiempo que dedicarte (periodistas, políticos). Hicimos un artículo sobre el autismo y ABA para una revista de ex-alumnos y este se ha convertido en nuestro artículo estándar para estos casos, ya que menciona nuestro trabajo en el desarrollo del programa ABA de Caldwell.

- Para trabajar con periodistas, aprenda a hablar con frases cortas. Haga descripciones fáciles de usar, de 20 segundos, de lo que es el autismo, lo que es ABA, lo que significa la intervención basada en la evidencia, por qué ABA es médicamente necesario y por qué es un servicio que debe ser subvencionado. Por ejemplo, "En el análisis aplicado de conducta, dividimos las habilidades en partes fáciles de aprender, damos a los niños mucha guía y retroalimentación positiva mientras aprenden y hacemos observaciones frecuentes para asegurarnos de que lo que hacemos es efectivo". Grábate en vídeo y pide a amigos y colegas retroalimentación.

- Si un periodista le cita mal o le da un giro equivocado a su historia, no desista. Hemos aparecido en la prensa varias veces y nunca hemos estado completamente contentos con los resultados. Sin embargo, parece que cuanto más traduzcamos eficazmente ABA a la audiencia popular, menos probable es que se nos malinterprete.

- Cuando establezca una relación con los periodistas, ofrézcase a asesorarlos sobre otros contactos o recursos en el campo. A menudo alguien tiene un familiar con autismo.

- Los periodistas normalmente requieren una respuesta inmediata (de minutos o horas) cuando tienen que elaborar una historia. Responda rápido y *nunca* falte a una cita con un periodista o no volverán a llamarle.

El Dr. Bobby Newman es otro analista de conducta que tiene mucha experiencia en representar ABA ante la opinión pública.[8] Él nos ha cedido generosamente algunas sugerencias para las presentaciones para un público general que ofrecemos a continuación.

- Conozca a su público, actúe y vístase en consecuencia. El mismo traje que le ganará el respeto de un público ante un público, puede privarle de él ante otro. Por ejemplo, llevar vaqueros y hablar de las lesiones que ha recibido a lo largo de los años durante su trabajo clínico, a la vez que usa un vocabulario cotidiano es apropiado para una presentación con grupos de paraprofesionales.

- Esté preparado para exponer la literatura científica de manera profesional cuando sea apropiado, por ejemplo, cuando hable con padres que estén formados en ABA.

- Utilice historias y estudios de casos. Son más convin-

---

[8] El Dr. Bobby Newman puede ser contactado en www.room2grow.org

centes para los no profesionales que gráficos y datos. Cuando se presente a los padres, enfatice que usted trae la literatura y la metodología y ellos traen los detalles específicos sobre su hijo. Ya que se trata de un trabajo en equipo.

- Sea realista y no tenga miedo de mostrar sus emociones. Si da un ejemplo basado en las cosas que su difunto padre dijo, no tenga miedo de mostrar alguna emoción sobre el afecto que le guarda a su padre.

- No tenga miedo de compartir información personal sobre su vida. Debe entender que la audiencia va a hacerse una imagen de usted como persona de un modo u otro. No podrán hacerlo adecuadamente si les muestra solo una hoja en blanco.

- Tómese el tema en serio, pero no se tome a usted mismo en serio. Búrlese de si mismo si hace falta o mencione tonterías que ha hecho en su vida cotidiana.

- Enfatice los objetivos comunes y luego hable de ABA como una ciencia que permite alcanzarlos. Siempre manténgase atento a los intereses y objetivos comunes, no a las personalidades.

- Haga referencia con frecuencia al código ético. La gente necesita saber por qué está haciendo lo que está haciendo y que hay una autoridad ética que regula su práctica profesional. No tenga miedo de inyectar humor en los ejemplos (p.ej., ríase de sus propios reforzadores).

- Tenga en cuenta las objeciones y malentendidos comunes de los que ABA es objeto y prepárese para argumentar eficazmente en contra de ellos, haciendo hincapié en que ABA está dirigido a fomentar la autonomía y la elección individual.

- Hable con cariño de la gente que le formó y de otros profesionales en el campo a los que respetas. También de los consumidores y clientes a los que realmente aprecia.

- Intente representar el campo de una manera en la que

todos puedan sentirse orgullosos. Por ejemplo, todos los años organizamos un evento de recaudación de fondos con la *Fundación Make-A-Wish*. Necesitamos más acciones de este tipo para demostrar que somos miembros solidarios de la sociedad.

APOYO DE ASOCIACIONES PROFESIONALES

Aunque puede tener bastante éxito con sus propias estrategias de relaciones públicas, habrá momentos en los que el tema que la situación se le escapa de las manos. Recuerde que sus organizaciones profesionales nacionales e internacionales tienen la responsabilidad de ayudar con las relaciones públicas en el campo del análisis de conducta. Por ejemplo, *Association for professional behavior analysis* o *Association for behavior analysis international* pueden enviar notas de prensa a los medios de comunicación cuando se necesiten acciones de relaciones públicas a gran escala. Si es miembro de estas organizaciones, puede solicitar su ayuda.

RESUMEN

Como analistas de conducta, tenemos un gran desafío por delante. Nuestra competencia, los individuos y organizaciones que promueven intervenciones alternativas, prácticas cuestionables y engaños directos al público, están recibiendo mucho juego en los medios. En su mayoría, las ventajas que estos individuos y organizaciones tienen con la prensa es que son nuevos y no tienen reparos en ofrecer resultados sorprendentes y fantásticos. Para aclarar esta neblina de desinformación, tenemos que trabajar duro para llegar a los medios de comunicación utilizando todas las estrategias que Sharon y Ken Reeve y Bobby Newman sugirieron. Si tuviera un hijo con una discapacidad, piense en los servicios que buscaría y luego, elija. Aunque debemos seguir comprometidos con nuestro enfoque científico basado en la evidencia, necesitamos enfatizar nuestros objetivos de promover una mejor calidad de vida, más opciones y desligarnos del uso de consecuencias restrictivas y, sobre todo, promover la independencia y autonomía para nuestros clientes.

PARA LEER MÁS

Hall, P. (2007). *The new PR: An insider's guide to changing the face of public relations.* Potomac, MD: Larstan.

Laermer, R. (2004). *Relaciones públicas: Ataque integral.* Mc-Graw Hill Mexico.

6

Competencia y especialización en el análisis aplicado de conducta

A Miguel le salía sangre de una oreja y resbalaba por su mejilla. Fue entonces cuando me di cuenta de que la situación me sobrepasaba.

Un joven BCBA anónimo

El análisis de conducta nos ofrece un conjunto de principios básicos que explican un amplio rango de conductas. Nuestro campo es lo suficientemente robusto como para ofrecer intervenciones para un amplio abanico de clientes, desde bebés a ancianos, desde individuos con discapacidad intelectual grave o profunda hasta atletas de élite y directores ejecutivos de *Fortune 500*. La revista *Journal of Applied Behavior Analysis* (JABA) nos ha proporcionado más de 50 años de estudios bien controlados que apuntan a una metodología precisa para la medición, un sistema completo para el análisis funcional y un protocolo de intervención replicable y fiable que cumple con el sueño de B. F. Skinner de una ciencia validada de conducta que pueda ser puesta en servicio para el beneficio de la humanidad.

Esta base científica sólida obviamente nos pone en una situación ideal para poder contribuir de forma significativa a la sociedad. El inconveniente es que, en algunas circunstancias, podríamos elevar las expectativas de nuestros consumidores y no ser capaces de cumplirlas, no porque no tengamos la tecnología, sino porque nuestro personal no está suficientemente versado en los detalles para cada población.

En resumen, los problemas surgen cuando los analistas de conducta no son totalmente competentes en un área para la que se les pide que proporcionen intervención. Un analista de conducta especializado en intervenciones para el autismo en la universidad puede no saber exactamente cómo trabajar con pacientes con enfermedad de Alzheimer y alguien que obtuvo su formación práctica en un aula de primaria puede no saber cómo tratar a un adolescente con trastorno del desarrollo y con conductas autolesivas graves. Nuestro código ético deja claro que los analistas de conducta no deben ejercer fuera de su área de especialización, pero esto no impide que los administradores, supervisores, padres u otros pidan ayuda en tales casos[9]. El analista de conducta cuidadoso y compasivo puede tener dificultades para rechazar tales solicitudes, especialmente si no parece haber otros individuos calificados alrededor.

COMPETENCIA TOTAL EN EL ANÁLISIS APLICADO DE CONDUCTA

Ser totalmente competente en el análisis aplicado de conducta significa que has ido más allá de los requisitos mínimos para aprobar el examen de la Junta de Certificación de Analistas de Conducta (BACB). Mucho más allá. Es ampliamente reconocido que el examen es una prueba de competencia *mínima* para practicar en el campo. Se entiende que los analistas de conducta asistentes (BCaBA) deben ser supervisados por BCBA. Sin embargo, aprobar el examen de la BACB no significa que esté calificado para tomar *cualquier* caso que se presente. La expectativa de los líderes en este campo es que usted continúe leyendo por su cuenta y participando en la educación continua mientras sea miembro de esta nueva y orgullosa profesión.

Ampliar su conocimiento sobre análisis de conducta significa mantenerse al día de las novedades editoriales, ir a congresos nacionales o internacionales (p.ej., la de *Association for behavior analysis international, ABAI*) y asistir a sesiones tanto en su espe-

---

[9] Ver J.S. Bailey y M.R. Burch, *Ética para los analistas de conducta*. 2019, ABA España, págs. 227-252.

cialidad como en las áreas de mayor alcance. Por ejemplo, ABAI ha iniciado el ciclo de conferencias B. F. Skinner en la que académicos e investigadores indirectamente relacionados con el análisis de conducta presentan sus últimos datos y sus innovadoras teorías relacionadas con la conducta. Por ejemplo, en la conferencia de 2008, se podría asistir a las sesiones tituladas "Medidas empíricas del procesamiento de información social", "Neurobiología de la autoadministración de la cocaína" o "No sólo por los genes: cómo la cultura transformó la evolución humana". Cada una de estas sesiones fue una experiencia enriquecedora y que amplió nuestra mente, donde los analistas de conducta que asistieron fueron desafiados a formular una visión del mundo del análisis de conducta que es intrigante, compleja y emocionante. Pensar que nuestra perspectiva sobre la conducta es tomada en serio por los científicos de conducta de todo tipo es gratificante y comenzar a entender cómo todo encaja es un desafío, por decir algo. Ir a conferencias y sesiones hará avanzar su competencia a un nuevo nivel.

Otra forma de mantener la competencia en análisis de conducta es entablar diálogos regulares con los colegas sobre los temas del día. Puedes seguir el ejemplo de los artículos de *The Behavior Analyst*, *The Analysis of Verbal Behavior*, *JABA*, o *Behavior Analysis in Practice* y reunirse con tus colegas para discutir y debatir temas como "la naturaleza de la depresión clínica" o "la psicoterapia analítica funcional culturalmente sensible". Es a través de tales discusiones que se puede permanecer actualizado y hábil en las cuestiones teóricas que son fundamentales para nuestro campo. Mantenerse al día con la investigación aplicada implica revisar las notas de clase de sus métodos de investigación y tratar de digerir temas como la "utilidad de la variabilidad de la respuesta inducida por la extinción para la selección de los mandos". Los expertos en el campo leen las revistas profesionales regularmente, ponderan los artículos y piensan en formas de aplicar las teorías y los datos a sus prácticas cotidianas. Si quieres algún día ser reconocido entre los expertos, trabajarás para desarrollar este valioso hábito.

COMPETENCIA TOTAL EN SU ESPECIALIDAD

Dentro del análisis aplicado de conducta, hay un número de áreas de especialidad. Empezando con el autismo y pasando al trabajo que se hace en los zoológicos, podemos decir con precisión que las especialidades del análisis de conducta van de la A a la Z. Las áreas de especialidad dentro del análisis de conducta incluyen, pero no se limitan a áreas tan diversas como la conducta animal, el autismo, la gerontología de conducta, la medicina de la conducta, la seguridad de la conducta, el análisis clínico, el desarrollo de la conducta, los trastornos del desarrollo, la instrucción directa, la práctica basada en la evidencia, el análisis experimental de la conducta, los problemas de salud y deportivos, la gestión de conducta organizativa, el entrenamiento a padres, la gestión de la productividad, la terapia sexual y la conducta verbal.

> "Mantener la competencia profesional requiere de la realización de las necesarias lecturas y horas de formación continua a fin de mantenerte al día en tu especialidad".

La competencia total dentro de una especialidad significa que primero ha definido su área de especialización en relación con el trabajo del curso que ha tomado y la experiencia práctica que ha tenido. La competencia total también requiere que realice las horas de educación continua necesarias y que lea materiales adicionales que le ayuden a mantenerse al día con su especialidad. Si quiere ser competente dentro de un área de especialidad, probablemente necesitará suscribirse a dos o tres revistas de tu especialidad además de su lectura general continua. Por último, para desarrollar una competencia total, necesitará años de experiencia trabajando en el campo bajo una serie de circunstancias que van desde entornos clínicos bien controlados hasta el trabajo en la comunidad.

Dentro de su área de especialidad, a medida que vaya adquiriendo años de experiencia, podrá determinar qué casos puede atender con seguridad y cuáles necesita remitir a otro profesional.

La siguiente lista puede utilizarse para determinar si usted es totalmente competente en su área de especialidad:

- He leído los estudios más recientes en las mejores revistas sobre este tema.
- Tengo en mi estantería los libros que se consideran las obras de referencia en este tema y los he leído a fondo.
- He participado en talleres sobre este tema específico en el último año.
- Fui formado por un analista de conducta certificado por la BACB, que está bien formado en esta especialidad.
- Puedo identificar a los expertos en este tema. Los he conocido y puedo contactarlos por teléfono si es necesario.
- En mi práctica de supervisión, los colegas me consultan regularmente sobre los casos de mi especialidad.
- He realizado presentaciones sobre este tema en congresos de analistas de conducta.

EVALUAR LA PROPIA PRÁCTICA

Además de mantenerse al día con su lectura e ir a las conferencias, la siguiente forma más importante en que puede permanecer totalmente competente es registrar cuidadosamente su propia práctica. Esto implica realizar un control ético antes de aceptar cada caso (véase el capítulo 7) y cada paso del proceso de intervención. Debe recopilar datos desde la línea de base hasta el seguimiento para poder determinar si su programa conductual es efectivo. Este es un requisito único de nuestro campo (Directrices 2.09, 4.04) que nos separa claramente del resto de servicios sociosanitarios y queremos asegurarnos de que lo cumplimos con nuestra integridad. Buscar colegas que revisen sus datos es otro aspecto importante de la competencia. Esto entra en la categoría de revisión por pares. Una cosa es mirar tus propios datos y pronunciarlos "sólidos" y otra cosa es mostrárselos a un profesional independiente para que dé su opinión. Si tienes un comité de revisión por pares organizado en tu área, puedes usar la supervisión y retroalimentación de sus miembros para mantener tus habilidades. La revisión por pares por otros analistas de conducta competentes asegurará que te mantengas en la vanguardia de nuestro campo. Incluso puedes subir el listón formando a tus colegas sobre algunas nuevas técnicas que aprendiste en una conferencia o leíste en los últimos números de *JABA* o Behavior *Analysis in Practice*.

SABER CUÁNDO RECHAZAR UN CASO

En la cita inicial, "Anónimo" se dio cuenta de que la situación le sobrepasaba cuando observó que le salía sangre de la oreja a su cliente nuevo. Había aceptado un cliente con conductas autolesivas (CAL) sin darse cuenta de lo serio que era el tema. Situaciones peligrosas como esta pueden suceder cuando jóvenes y ansiosos analistas de conducta intentan probarse a sí mismos y aceptar un caso sin examinar la información y sin revisar objetivamente sus propias competencias.

Una práctica de un semestre en un hogar grupal para clientes ambulatorios con discapacidades graves no es suficiente preparación para tratar con personas que se encuentran en entornos residenciales de forma permanente. La CAL incluye desde clientes que a veces se muerden o amenazan con golpearse la cabeza. Pero cuando una persona está en entorno residencial de forma permanente, esto sugiere que los problemas de conducta son más pronunciados y que el cliente puede tener un historial de conductas extremas. El analista de conducta (la cita al principio de este capítulo) se enteró después de que Tim (el cliente) se golpear a la cabeza con el puño y metiese la cabeza por una ventana. Fue llevado a la sala de emergencias dónde le pusieron alrededor de una docena de puntos de sutura.

Nuestro analista de conducta novato se puso en una situación de responsabilidad donde, bajo algunas circunstancias, su carrera profesional podría haberse finalizado. Tener una *competencia total en tu especialidad* significa entender las complejidades de conducta para tu área de especialización. Esto incluye saber qué buscar en la carpeta de un cliente, incluyendo la sección médica y comprender lo suficiente la terminología médica para determinar la gravedad de la condición. El hecho de comprender la diferencia técnica entre *laceraciones, abrasiones* y *contusiones*, por ejemplo y tener los antecedentes profesionales para preguntar sobre los incidentes de conducta más recientes del cliente, así como las condiciones en las que se produjeron las lesiones, indica que usted es plenamente consciente dónde se está metiendo cuando toma este caso. Este nivel de competencia es necesario no sólo para sobrevivir profesionalmente hablando, sino también para proteger el interés del cliente. Si un cliente resulta herido bajo su supervisión, debe de asumir una parte de la responsabilidad. Si resulta que no estaba cualificado para llevar el caso, puede que ello te pese a largo plazo.

> "Si un cliente resulta herido bajo su supervisión, debe de asumir una parte de la responsabilidad. Si resulta que no estaba cualificado para llevar el caso, puede que ello te pese a largo plazo".

DESARROLLAR LA COMPETENCIA EN UN ÁREA NUEVA

En un caso relacionado con la competencia de gestión de la productividad, un BCBA nuevo con experiencia en este campo tuvo la oportunidad de ser entrevistado para un trabajo relacionado con la seguridad de conducta en la minería a cielo abierto y la industria del acero. El trabajo era en otro país y el BCBA pidió consejo a un profesor de su especialidad. "No sé nada sobre minería o producción de acero, pero siempre he querido viajar y este trabajo es perfecto para mí", dijo con entusiasmo. Después de revisar la descripción del trabajo, el profesor le preguntó: "Lo que buscan es alguien que aprenda rápidamente y que pueda comunicarse con personas que usen botas con punta de acero y cascos". ¿Puedes hacer eso?" "Absolutamente", fue la respuesta. "Bien, entonces acepta la entrevista y enfatiza que eres un estudiante que aprende rápido y que te encanta conocer gente. Habla de la experiencia que has tenido en diferentes empresas. Y no olvides mencionar que te preparaste durante 6 meses para competir en un maratón de recaudación de fondos, terminaste entre las 100 mejores corredoras y recaudaste más de 3.000 dólares para la caridad. Finalmente, no olvides hacer preguntas sobre cómo serás entrenado y la naturaleza de tu supervisión".

El BCBA consiguió el trabajo de sus sueños. Aunque no era competente en el área de la minería a cielo abierto, se sintió cómodo aceptando el trabajo porque su empresa supervisora dejó claro antes de empezar recibiría una amplia formación y supervisión. En 6 meses, era totalmente responsable de dos clientes y estaba listo para entrenar a otro nuevo supervisor de la empresa. Me dieron dos carpetas llenas de información y me dijeron que tenía que dominar el material en una semana. Pude demostrar que soy un estudiante que aprende rápido y mi formación universitaria me ayudo mucho en esta situación".

RESUMEN

Llegar a ser competente en el análisis aplicado de conducta y en su área de especialidad es de vital importancia para mantener los estándares de excelencia de nuestro campo. Leer la literatura, asistir a conferencias, interactuar con colegas conductuales, desarrollar sistemáticamente todas las habilidades relevantes para su área de especialidad y aprobar el examen de certificación de la BACB asegurará que usted siga siendo competente en su práctica profesional.

PARA LEER MÁS

Behavior Analysis in Practice. Kalamazoo, MI: Association for Behavior Analysis International.

Bailey, J. S., y M. R. Burch (2021). *Análisis de dilemas éticos propuestos por analistas de conducta.* ABA España.

Behavioral Interventions. New York: John Wiley y Sons.

Journal of Applied Behavior Analysis. Bloomington, IN: Society for the Experimental Analysis of Behavior.

Journal of Organizational Behavior Management. Philadelphia, PA: Taylor y Francis Group.

Skinner, B. F. (2021). *Ciencia y conducta humana.* ABA España (publicación original 1953).

7

La ética en la vida cotidiana

Después de unas semanas de trabajo, me quedó claro que los datos que el personal entregaba eran inventados. El supervisor negó que hubiera un problema y el administrador no ayudó en absoluto.

Anónimo, analista de conducta certificado con nivel de máster y un año de experiencia.

Cada día, los analistas de conducta, se enfrentan a problemas éticos y deben de tomar decisiones que pueden tener graves consecuencias para sus clientes, terceras personas y también para sí mismos.

Es posible que haya presenciado como un maestro pregunta información confidencial que pertenece a la familia de un alumno, que un colega facture habitualmente más horas de las que trabaja o que los padres de un cliente le regalen una botella de vino cara como agradecimiento por los servicios que le presta, o que haya descubierto que los datos (tomados por otros) utilizados para tomar decisiones importantes sobre el plan conductual de un cliente no son válidos. La forma en que responda a estas y a otras innumerables situaciones éticas que surgen a diario puede ponerle en una situación en la que se cuestione su principio ético de "primero no dañar".

En el libro de *Ética para Analistas de Conducta* (Bailey y Burch, 2019), proporcionamos explicaciones detalladas sobre las directrices del código ético de los analistas de conducta. Si se interpretan correctamente y se siguen fielmente, estas directrices deberían protegerle a usted y a sus clientes. Al realizar talleres de ética de un día en todo Estados Unidos, hemos observado algunas cuestiones éticas que se denuncian con frecuencia. Si no se manejan adecuadamente, estas cuestiones, que se enumeran a continuación, pueden dar lugar a graves complicaciones para el analista de conducta.

DESAFÍOS ÉTICOS COTIDIANOS

Integridad

Como se ha comentado en el capítulo 5, uno de los retos más importantes de la conducta diaria del analista de conducta es la integridad de los servicios prestados (código 1.05). Si queremos infundir confianza a nuestros consumidores, es esencial que lleguen a vernos como fuentes veraces y fiables de información sobre la conducta y cómo puede cambiarse. Los analistas de conducta con sentido ético no prometen lo que no pueden hacer, no maquillan la verdad, no hacen afirmaciones grandilocuentes y no se desdicen de sus compromisos. Desde luego, cumplen la ley. Las promesas son importantes y la medida en que un analista de conducta pueda cumplir exactamente lo prometido a tiempo y sin excusas, es la medida en que el analista de conducta será considerado ético. Una persona íntegra es aquella a la que no se puede convencer de que adopte una postura diferente sólo porque sea popular, fácil o incluso gratificante de manera inmediata.

Un dilema actual presenta un excelente ejemplo de desafío a la integridad de los servicios de análisis de conducta y es la plétora de servicios "alternativos" que se ofrecen a los padres de niños diagnosticados con autismo. Los analistas de conducta nos dicen que los padres o los profesores les preguntan casi a diario sobre el tratamiento con oxígeno hiperbárico, las dietas sin gluten y sin cafeína, la integración sensorial, auditiva y cosas similares. Los padres quieren su opinión y a menudo quieren que les diga que está bien contratar los servicios de alguien que ofrece estos tratamientos no basados en la evidencia. Sin embargo, nuestro código ético dice que hay que informar al cliente de nuestro firme compromiso con los enfoques basados en datos. *Integridad significa mantener unos principios morales elevados y* en este sentido tenemos tres: (a) una responsabilidad hacia todas las partes afectadas por nuestros servicios; (b) un compromiso con los tratamientos basados en la evidencia; y, por encima de todo, (c) no hacer daño.

Competencia

Como se describe en el capítulo 6, la principal preocupación de los analistas de conducta es que no ejerzan fuera de su ámbito de competencia (Códigos1.03, 3.04). En el código no se explica con detalle cómo se determinan los "límites de las competencias", pero se supone que lo mejor es un enfoque conservador. Si se siguen estas directrices al pie de la letra, los analistas de conducta cuidadosos no se arriesgarán a perjudicar a los clientes ni a su propia reputación profesional.

Confidencialidad

En el curso de las interacciones diarias con los clientes, el analista de conducta entra en contacto con una gran cantidad de información de carácter privado sobre ellos. A menudo, a través de conversaciones, revisando datos u observaciones directas en el hogar, el analista de conducta puede determinar detalles íntimos de la vida de una persona. Si se comparte con otros, este conocimiento podría destruir relaciones importantes o dañar la carrera o la reputación de una persona en la comunidad. Por esta y otras razones, se advierte a los analistas de conducta que "tomen precauciones razonables para respetar la confidencialidad" de los clientes con los que trabajan.

Relaciones duales

La propia naturaleza de nuestro trabajo con los clientes nos sitúa en medio de su vida. Ayudamos a las personas a adaptarse a entornos complejos, les enseñamos respuestas más apropiadas, organizamos contingencias para que saquen más provecho de la vida y mejoramos sus relaciones con los demás. Por ello, los clientes y sus familias y tutores suelen estar agradecidos y quieren mostrar su aprecio de forma tangible. Esto puede incluir el ofrecimiento de regalos o invitaciones para participar en eventos familiares, como fiestas de cumpleaños. Convertirse en amigo del cliente o de su familia suele ser el comienzo de una pendiente resbaladiza que puede acabar minando el juicio profesional del analista de conducta. El código 1.07 desaconseja entablar este tipo de relaciones duales debido a la posibilidad de que perjudique el juicio del analista de conducta o interfiera con "la capacidad del analista de conducta para desempeñar eficazmente sus funciones" (Bailey y Burch, 2019).

Evaluación funcional de la conducta

Un escenario ético que presentamos en nuestros seminarios que suele pillar a la gente desprevenida (Bailey y Burch, 2019) comienza con lo siguiente: "Kevin sigue golpeándose la cabeza cuando intenta buscar la atención de sus padres y profesores". A continuación, el escenario describe una serie de tratamientos alternativos que se han probado, incluida la "presión profunda" de un terapeuta ocupacional y el lenguaje de signos recomendado por el logopeda. Les preguntan a los analistas: "¿Cuánto tiempo deben continuar las intervenciones antes de considerar la medicación o la terapia de choque?"

En cierto sentido, se trata de una pregunta trampa, porque una lectura atenta indica que no conocemos la función de la conducta. "Cuando se intenta buscar atención" es sólo una descripción, por lo tanto, es inapropiado continuar con *cualquiera* de los tratamientos.

En la mayoría de los casos, la derivación viene acompañada de una intervención sugerida: "Mi hijo de 2 años grita y llora y nos estropea la cena cuando salimos con los amigos. ¿Qué puedo hacer para que deje de hacerlo?". En esta pregunta parece haber esperanza de que el analista de conducta pueda proporcionar alguna consecuencia mágica y fácil para que deje de lloriquear y llorar, aunque no se conozca la *causa* de la conducta. Decir: "Pruebe esto..." sería muy inapropiado y poco ético. El niño podría estar llorando para llamar la atención, las cenas podrían estar orientadas a los adultos y ser totalmente inapropiadas para el nivel de desarrollo de un niño de 2 años, o el niño podría estar intentando decir: "Estoy agotado de que me lleven a los restaurantes para hacer largas cenas".

Derecho a un tratamiento eficaz y no restrictivo

El enfoque de crear una intervención basada en datos utilizado en el análisis de conducta nos sitúa en una posición única en relación con otros servicios sociosanitarios o educativos. Casi a diario, el analista de conducta se enfrentará con una decisión relativa al tratamiento más apropiado para un cliente siendo las alternativas pseudoterapias, placebos o auténticos fraudes propuestos como si las buenas intenciones fuese lo único que importa. En nuestro campo, adoptamos una postura firme ante tales fórmulas, pócimas y elixires improvisados y nuestro código ético indica que "somos responsables de la revisión y evaluación de todos los tratamientos alternativos, incluidos los proporcionados por otras disciplinas" (Bailey y Burch, 2019, pág. 233). Como analistas de conducta, tenemos que asegurarnos de que nuestras intervenciones se basan en la investigación aplicada revisada por pares (Bailey y Burch, 2019) y tienen que ser evaluados constantemente mientras se aplica el tratamiento (código 4.04). El código especifica además que debemos evitar los reforzadores perjudiciales (código 4.03), recomendar el reforzamiento en lugar del castigo (código4.02) y eliminar aquellas condiciones que puedan dificultar la correcta aplicación de los programas conductuales(código3.02). Esta última directriz es una parte esencial de la conducta ética de los profesionales de nuestro campo. Dado que dependemos de los mediadores para llevar a cabo los programas que escribimos, tenemos que asegurarnos de que están cualificados para hacerlo (código 5.08). También tenemos que formarlos de manera competente y supervisar su actuación (Códigos 5.09, 5.10).

RECOGIDA CONTINUA DE DATOS

Nuestros orígenes en el análisis experimental de la conducta nos han dado una teoría de la conducta que dice que la mayor parte de la conducta se aprende a través de las consecuencias en el entorno. A partir de nuestras raíces experimentales, también hemos desarrollado una metodología de medición e intervención. Un aspecto distintivo de esta metodología es el requisito de la recogida continua de datos. Una vez que se ha recogido una líneabase estable y se ha iniciado la intervención, la recogida de datos no se detiene. La recogida continua de datos a lo largo de todo el programa conductual y en el seguimiento garantiza la evaluación para determinar si el programa es eficaz. La recopilación de una cantidad suficiente de datos resulta ser un desafío de forma regular para los analistas de conducta que trabajan en el campo, porque a menudo no tienen los recursos para hacer buenas evaluaciones en línea. A veces los analistas de conducta pueden dejarse llevar por las afirmaciones de los clientes de que están mejorando y de que su problema está desapareciendo, pero estas anécdotas no sustituyen a los datos fiables y objetivos. Como analista de conducta, puede argumentar que debe tomarse el tiempo y la molestia de seguir evaluando sus intervenciones porque así lo exige nuestro código deontológico (código4.04). Una cuestión estrechamente relacionada tiene que ver con la realización de modificaciones en un programa conductual. En este caso, las directrices exigen que cualquier cambio esté basado en datos (código

4.05). Estar al tanto de todos y cada uno de los programas que se escriben no sólo es una estrategia esencial para los analistas de conducta eficaces, sino que también lo exigen nuestras Directrices de Conducta Responsable.

LA FINALIZACIÓN DEL SERVICIO

Una cuestión que surge repetidamente en nuestros talleres de ética tiene que ver con la forma ética en que los analistas de conducta ponen fin a un caso. Por supuesto, no es ético abandonar a un cliente sin más (código 2.15). Lo más ético es derivar el cliente a otro profesional si no se puede continuar con el caso. Si ha completado sus objetivos con un cliente, es absolutamente apropiado terminar los servicios. Sin embargo, esto no debe ser una sorpresa para la persona. Debe estar contemplado en un plan de "servicios apropiados previos a la terminación" (código2.15d).

Una excepción a esta regla general es la "conducta del cliente", en la que se supone que ha habido algún cambio dramático en el estado de la relación que haría peligroso continuar. Hace poco nos describieron un caso que involucraba a una madre soltera de un niño con trastornos del desarrollo. El niño estaba recibiendo servicios conductuales en el hogar. La joven madre empezó con una relación y empezó a vivir con ella. Al parecer, era un traficante de drogas. Cuando el analista de conducta llegó a la casa, la madre estaba drogada, el novio se había encerrado en el dormitorio y chillaba a través de la puerta amenazando a cualquiera que estuviera cerca, y, además, había pruebas de actividad de drogas en la casa. La analista de conducta se marchó inmediatamente e informó a su supervisor de que no volvería a la casa. Entendiendo su obligación con su cliente y "con todas las partes" (código 2.02), recomendó que los servicios sociales investigaran la situación con el propósito de sacar al niño de ese hogar.

EL TRATO CON OTROS PROFESIONALES

Los analistas de conducta profesionales trabajan con colegas de dos categorías: otros analistas de conducta y personas de otras profesiones afines (médicos, enfermeros, profesores, trabajadores sociales, fisioterapeutas, etc.).

Colegas del ámbito conductual

Por inusual que parezca, de vez en cuando, los colegas analistas de conducta presentan desafíos. Por ejemplo, algunos analistas de conducta trabajan para una agencia en la que hay 10 o más analistas de conducta certificados® (BCBA) o analistas de conducta asistentes certificados (BCaBA). En la actualidad, estos analistas de conducta pueden tener una formación completamente diferente. Algunos de ellos pueden haber realizado sus cursos y prácticas en un programa de posgrado estándar de 2 a 3 años con un profesorado especialmente preparado para la tarea. Otros pueden haber realizado la mayor parte de su trabajo en línea y haber recibido sus horas de supervisión más tarde. La exposición a la formación ética para estos dos grupos de analistas de conducta podría variar desde unas pocas conferencias hasta un curso completo de 3 horas durante un semestre estándar de 15 semanas. Si usted fue un estudiante de posgrado que realizó tres clases semanales durante 15 semanas e intentó resolver escenarios éticos, uno tras otro, tratando de averiguar la solución más ética a un problema complejo y luego tuvo que defender su respuesta frente a sus colegas, puede ser más sensible a los dilemas éticos que un estudiante que sólo escuchó a un profesor a través del ordenador. En cualquier caso, debes saber que no todo el mundo se toma la tarea de preocuparse por la conducta ética tan en serio como tú.

Si estudia detenidamente las Directrices de Conducta Responsable, se dará cuenta de que éstas cubren las situaciones más frecuentes con las que se encontrará. Si trabaja cerca de otros analistas de conducta, es posible que vea violaciones ocasionales de las directrices y tendrá que decidir si toma medidas. Afortunadamente, elcódigo9.01 puede proporcionarle cierta ayuda, ya que le indica que "intente resolver la cuestión llamando la atención de esa persona" (Bailey y Burch, 2019, pág. 249). El límite de la violación ética no está claramente definido, pero el compromiso previo con la integridad (código1.05) sugiere que no es necesario cometer una infracción grave para responder. Dado que puede tratarse de un compañero de trabajo, lo mejor es empezar con una pregunta sencilla y no acusadora sobre lo que sabe o vio. Según elcódigo9.01, pida una reunión, explique su preocupación y busque una reacción. Es muy probable que la respuesta de la persona le satisfaga y pueda seguir adelante con su vida. Si todavía le preocupa que la persona represente una amenaza para el cliente, la empresa o la profesión, tendrá que dejar que su conciencia le guíe, porque las directrices no especifican ninguna otra acción por su parte. A veces será una buena idea pedir consejo a tu supervisor o al de la otra persona.

En un caso reciente, una BCBA creyó ver lo que parecía ser un conflicto de intereses entre un colega y un padre soltero. La apariencia era que la analista de conducta (mujer) tenía algo más que una relación profesional con un cliente (hombre recién divorciado con la custodia de un niño con diagnóstico autista). Se planteó la cuestión a la colega y ésta tomó inmediatamente medidas para derivar al cliente a otro BCBA.

En otro caso, un colega describió cómo recibió dos botellas de vino caro de un cliente que estaba muy agradecido por su consulta en una comparecencia ante el distrito escolar. De manera informal y sin amenazas, el personal planteó la cuestión de la situación resbaladiza de recibir regalos de los clientes. Se produjo un debate interesante, pero sin resolución y no se tomaron medidas.

En otro caso, una BCBA observó que un colega introducía datos falsos en una hoja de datos (sabía que los datos eran falsos porque eran del día anterior y el colega estaba fuera ese día). La BCBA se reunió con el colega y abordó el tema directamente. Describió la respuesta como "inquietante". "Pasa todo el tiempo", dijo. "Para que podamos facturar las horas, tenemos que mostrar los datos. El cliente estuvo aquí y sé lo que hizo. Lo que pasa es que nadie lo anotó. No veo cuál es el problema". La BCBA informó que el comentario "no veo cuál es el problema" fue lo que más le molestó y posteriormente comenzó a observar toda la gestión del servicio más de cerca. Pronto llegó a la conclusión de que se trataba de una práctica habitual en esta agencia. También era habitual que la agencia prestara servicios a clientes que no tenían derecho a las consultas. Los servicios se facturaban luego a otros clientes que tenían más horas aprobadas, "para ayudar a más gente". La BCBA lo puso en conocimiento de su supervisor y recibió un sermón sobre no "jugar en equipo" y "trabajar por el bien común". Unos días más tarde, esta analista de conducta con sentido ético presentó su renuncia con una antelación de 30 días y aceptó otro trabajo en otro estado por menos dinero.

Colegas que no son analistas de conducta

Tratar la conducta ética con colegas no conductuales supone un reto diferente porque no están obligados a suscribir *nuestras* directrices. Además, es muy probable que su profesión no esté tan comprometida como la nuestra con la toma de decisiones basada en datos. El mejor consejo es tratar con estos colegas cuidadosamente y tratar de establecer una relación de trabajo (código 2.03) en el mejor interés de su cliente. Si se ha convertido en un reforzador para este colega no conductual y si ha demostrado que es una persona íntegra, puede hacer preguntas o iniciar una charla sobre algunas acciones que considera poco éticas. Elija sus palabras con cuidado, asegúrese de empezar con algunas preguntas abiertas y evite las acusaciones directas. Es posible que esté equivocado o que haya interpretado mal alguna acción. No querrá ofender a esa persona. Lo ideal es que consiga que vea la situación como usted. Su esperanza es que la persona cambie de decisión o tome un camino diferente hacia un tratamiento eficaz.

> "Lidiar con la falta de sentido ético de colegas no conductuales es un tipo de reto diferente, ya que no están obligados a seguir nuestros estándares éticos".

El dilema ético "Anónimo" presentado al principio de este capítulo es difícil, pero debe resolverse mediante alguna acción directa por parte del analista de conducta. Él tiene la responsabilidad ética de resolver el conflicto (véase el código 6.06) y deberá tratar directamente con el administrador. Por lo general, aconsejamos a los analistas de conducta que lleven una copia del código ético a la reunión y señalen los puntos concretos que sean relevantes. En este caso, además de destacar el código 6.06 ("aclarar la naturaleza del conflicto... tratar de resolverlo") el analista de conducta podría señalar elcódigo1.05 (integridad) y la mejor parte del código 2.0 (responsabilidad ante los clientes). La mayoría de los centros reciben financiación pública y están sujetos a revisiones periódicas. Operar a sabiendas con información falsa es una forma de fraude que se castiga con multas y la anulación del permiso del centro. Es posible que un analista de conducta joven y algo tímido no esté dispuesto a llevar la cuestión tan lejos, pero está claro que podría y haría bien en hacerlo. El código deontológico de nuestro campo se diseñó específicamente para dar apoyo a los profesionales del sector que desean proteger el derecho de los clientes a un tratamiento eficaz. [10]

RESUMEN

En el día a día, los analistas de conducta deben adherirse al código ético de analistas de conducta de BACB u otras entidades relevantes. También es importante que los analistas de conducta sean íntegros y mantengan un nivel moral alto. Las personas íntegras no prometen lo que no pueden cumplir. No se les puede persuadir de que adopten una determinada postura solo porque sea popular o porque le deban un favor a alguien. Los analistas de conducta con sentido ético reconocerán que nuestra responsabilidad es con todas las partes afectadas por nuestros servicios y que, como campo, nuestro compromiso es con los tratamientos basados en la evidencia. Por encima de todo, "no haremos daño". Mantener un elevado sentido ético, tanto en nuestra vida profesional como en nuestra vida cotidiana, garantizará que se nos considere como profesionales veraces, fiables y dignos de confianza.

PARA LEER MÁS

Bailey, J. S., y Burch, M. R. (2019). *Ética para analistas de conducta* (J. Virués-Ortega, ed.). ABA España. (Original publicado en 2016).
Lattal, A. D., y Clark, R. W. (2005). *Ethics at work*. Atlanta, GA: Performance Management.

---

[10] Seis meses después de este incidente, el analista de conducta aceptó otro trabajo en otra ciudad.

Dos

Repertorio básico del profesional

8

Comunicación interpersonal

En una reunión inicial con un alumno de primaria que necesitaba servicios conductuales, José, el analista de conducta, fue excesivamente directo sobre cómo quería que se llevara a cabo la intervención, los datos que quería que tomaran los padres y los criterios que debían de cumplir los maestros y el resto del personal.

Los asistentes a la reunión se interpelaron con la mirada en estado de perplejidad, mientras que la madre del niño se separó de la mesa hundiéndose en su silla. José no se dio cuenta de que el director intentaba interrumpirle educadamente y siguió hablando. Totalmente insensible a las reacciones de la gente que le rodeaba, José estaba empeorando la situación por momentos.

Tras la reunión, el director llamó al supervisor de José y este tuvo que acudir a varias reuniones para deshacer el entuerto creado por José y sus deficientes habilidades de comunicación interpersonal.

Hace tiempo se consideraba a los analistas de conducta como personas frías e insensibles que se preocupaban más por los datos que por las personas cuyas vidas intentaban mejorar. Afortunadamente, esos días han pasado. Ahora reconocemos que tener una buena, e incluso *excelente*, comunicación interpersonal es fundamental para llegar a ser un analista de conducta eficaz.

A lo largo de su jornada laboral y también en su tiempo libre, se relacionará con su supervisor, colegas, subordinados directos, amigos y, sobre todo, clientes.[11] Todas y cada una de las interac-

---

[11] Sus subordinados directos son aquellos empleados que usted supervisa, que le reportan directamente y que reciben su dirección.

ciones con ellos suponen una oportunidad para aprender algo sobre ellos, para que te conozcan mejor y para que tengas alguna influencia o dejes una buena impresión. La base de una excelente capacidad de comunicación comienza con la *simpatía*.

¿QUÉ HACE QUE UNA PERSONA SEA SIMPÁTICA?

Las personas simpáticas proyectan una personalidad cálida. Son personas con las que todo el mundo quiere estar. Las personas simpáticas son amables y empáticas. Les gusta reír y contar historias. Son personas reales, no telefónicas, no amenazantes, que sonríen mucho y se interesan de verdad por los demás. Las personas simpáticas no parecen ser prepotentes, aceptan y perdonan.

Las personas rígidas, estiradas, intensas, testarudas, críticas y débiles no suelen caer bien y no les va bien en el mundo de la consultoría. Si no está seguro de cómo se presenta ante los demás, pida a un amigo que le haga una evaluación franca y sincera. Pídale una lista de conductas específicas en las que pueda centrarse para mejorarlas. Tómese en serio los comentarios y ponga en marcha un plan de superación personal.

HABILIDADES INTERPERSONALES PARA LOS CONTEXTOS HABITUALES DEL ANÁLISIS DE CONDUCTA

El análisis de conducta es una tecnología de cambio de conducta basada en la ciencia. La ciencia es fundamentalmente la base de lo que hacemos, pero la máxima eficacia de la tecnología depende de la comunicación interpersonal de sus practicantes.

> "La efectividad máxima de la tecnología conductual dependerá de las comunicaciones interpersonales de los profesionales que la utilizan".

Si usted es un analista de conducta principiante, las situaciones más comunes para utilizar las habilidades interpersonales estarán relacionadas con su papel en la ejecución y gestión de un programa conductual en entornos terapéuticos o un plan de consultoría en entornos empresariales.

Cuando los analistas de conducta aceptan un nuevo cliente (que puede ser un niño individual, una agencia o una empresa), pasan por siete etapas que van desde la aceptación inicial del cliente hasta la finalización de los servicios. En cada una de estas siete etapas, se necesitarán habilidades de comunicación interpersonal.

Comunicación interpersonal con los clientes

Toma de contacto inicial con el cliente El proceso de aceptación de un nuevo caso comienza con una entrevista o una reunión inicial. En la reunión, alguien solicitará servicios conductuales para el cliente. La solicitud podría haberse hecho antes y la reunión inicial será para establecer los servicios. La persona que ha solicitado los servicios puede ser el trabajador social, los padres, el profesor, el director, el consejero escolar o el vicepresidente de recursos humanos.

Esta reunión es muy importante para ti porque establecerá el tipo de relación que mantendrá con el cliente. Su objetivo es establecer rápidamente una buena relación (Bixler y Dugan, 2001, págs. 71-80). Para ganarse la confianza, debe establecer que respeta al cliente. Debe saber escuchar, mostrar confianza en su enfoque conductual, mostrar una actitud afectuosa y tener un comportamiento amistoso. Debe mantener un buen contacto visual con cada persona de la reunión. Lea el lenguaje corporal del cliente, de sus familiares (o de las personas relevantes en un entorno empresarial) y de los demás comensales (Bixler y Dugan, 2001, págs. 81-89). Si es necesario, dirija la conversación agradablemente hacia el tema si las personas empiezan a hablar durante mucho tiempo sobre temas ajenos a la tarea. Antes de que comience la reunión, unas pocas respuestas a "¿Has ido al partido de fútbol este fin de semana?" están bien, pero una charla de 30 minutos que retrase el comienzo de la reunión no es apropiada. Asegúrese de haber hecho los deberes para poder manejar las preguntas con facilidad. Es un gran trabajo, sin duda. Tendrá que utilizar sus habilidades de asertividad (capítulo 2) y de liderazgo (capítulo 3) y establecer su base de ética sólida demostrando su integridad. Es una buena idea repasar algunas de sus habilidades sociales básicas antes de continuar. Sonría, utilice el nombre de la persona en la conversación y sea un buen oyente.

Presente su análisis Tras la reunión inicial, realizará una revisión sistemática de toda la información relacionada con el caso, revisará las investigaciones publicadas sobre el tema y realizará algunas observaciones informales. A continuación, realizará una evaluación funcional para determinar las variables causales relacionadas con la conducta que se ha derivado. En algunos casos, esto puede llevar unos días o hasta 3 o 4 semanas. Su siguiente paso es una reunión con el cliente, el tutor, el jefe de departamento, el vicepresidente de recursos humanos u otras personas adecuadas. Deberías estar en contacto con estas personas por teléfono o correo electrónico al menos una vez a la semana (o en algún otro horario preestablecido según su preferencia). Mientras tanto, continúe desarrollando la relación con ellos y hágales saber que está trabajando en el caso.

La reunión inicial cara a cara es una de las interacciones más importantes que tendrá con su cliente. Es el momento en el que la primera impresión cuenta y puede dejar a los demás con una gran impresión de usted, o puede dejarlos sentados en la mesa preguntándose cómo reemplazarle.

En esta reunión, empieza de manera informal y haga que la gente se sienta cómoda. Ahora es el momento de presentar sus conclusiones. Sobre la base de sus observaciones informales, la evaluación funcional y la revisión de la carpeta, presenta sus recomendaciones. En este momento debe seguir el código 1.06 de las Directrices de Conducta Responsable, hablando en un lenguaje sencillo y poco técnico. Es esencial mantener un buen contacto visual y una voz firme y fuerte que muestre a su cliente que sabe lo que está haciendo. Haga una propuesta convincente justificando sus recomendaciones, utilice los consejos del capítulo 9 ("Persuasión e influencia") y esté preparado para negociar si es necesario (véase el capítulo 10).

Recuerde que la lógica que utiliza para hacer su propuesta conductual suele estar en desacuerdo con

"Recuerda que la lógica que estás utilizando al realizar tu propuesta conductual con frecuencia entrará en conflicto con lo que la gente piensa sobre cómo funciona la conducta humana".

lo que la gente piensa sobre cómo abordar la conducta humana. Por este motivo, es probable que tenga que ir construyendo su caso poco a poco, observando los signos reveladores de que los demás no te siguen o no están de acuerdo. Entre las señales inequívocas de que la gente no se cree lo que tiene podrá verlo cuando eviten el contacto visual con usted, que se muevan en la silla o que se aparten de la mesa. Si nota que alguien parece tener un problema con lo que está diciendo, lo mejor es tratar inmediatamente estos signos de desacuerdo diciendo: "Vamos a hacer una pausa por un segundo y veamos si tiene alguna preocupación". No señale las conductas que indican que no están de acuerdo con usted. Decir: "Me doy cuenta, por el hecho de que ha puesto los ojos en blanco y he escuchado, de que podría tener alguna preocupación" avergonzará a algunas personas y no ayudará a su caso.

Si tiene datos que mostrar, hágalos fáciles de leer y visualmente atractivos. Recuerde que la mayoría de las personas que no son profesionales de la salud pueden no ser muy buenas leyendo tablas y gráficos, por lo que estos deben ser convincentes y no confusos.

Tenga en cuenta que durante la reunión quiere que el cliente o el tutor acepte la propuesta. Si utiliza la técnica de comenzar con las premisas que el cliente sigue actualmente y construir gradualmente sobre esa base, debería tener éxito. Si la premisa inicial del cliente es una terapia alternativa que no está basada en la evidencia, probablemente tendrá que explicar su postura, responder a preguntas y manejar las objeciones que puedan plantearse a lo largo de la conversación. Para empezar con buen pie, tenga en cuenta que algo en lo que todo el mundo suele estar de acuerdo es que todos quieren que el cliente mejore (o que se resuelva un problema empresarial). Comience con eso y vaya introduciendo su enfoque analítico conductual.

> "La mayoría de las personas que no son analistas de conducta responden a historias personales, anécdotas y analogías mejor que a los datos".

Una estrategia útil es utilizar anécdotas e historias de su propia experiencia. Si las historias involucran a otros clientes, asegúrese de no violar la confidencialidad. La mayoría de las personas que no son analistas de conducta responden mejor a las historias, anécdotas y analogías que a los datos y a menudo será de ayuda si puede describir un caso similar a éste que haya intervenido con éxito. Estas historias también demuestran que usted es una persona con la que la gente puede hablar y no un "analista de conductual de manual" que quiere controlar a su hijo o apoderarse de su empresa.

Si no hay preguntas o preocupaciones significativas, pedirá a su cliente que firme un plan de intervención(o, en algunos casos, un contrato comercial). Asegúrese de tener preparada toda la documentación necesaria. Habrá algunos casos en los que las preocupaciones expresadas en la reunión le obliguen a volver a la mesa de trabajo. En estos casos, la firma formal del plan de intervención o del documento comercial tendrá que esperar unos días hasta que se hayan completado las correcciones necesarias.

Presentar el plan de intervención para su aprobación Si ha hecho un buen trabajo estableciendo una relación con su cliente para que confíe en usted, la presentación del plan conductual para su aprobación final debe ser discreta y bastante breve. Utilizando todas sus habilidades relevantes de Dale Carnegie, como ser un buen oyente y ayudar a la cliente a alcanzar sus objetivos, su siguiente paso es firmar un acuerdo para su propuesta. Deberá solicitar explícitamente el consentimiento y la cooperación del cliente (código4.01). Dependiendo de las circunstancias, puede querer que el cliente o su tutor firme una copia del plan de tratamiento. En los entornos terapéuticos, todo el equipo de profesionales firmará el plan, indicando su consentimiento.

> "En el análisis de conducta, el mayor esfuerzo lo realizan las personas próximas al cliente".

Preparación y formación del mediador En el análisis de conducta, gran parte del trabajo pesado lo realiza una persona cercana al cliente. Esta persona puede ser un padre, un profesor o un profesional de otro ámbito (véase el capítulo 6). A estas personas se las denomina a veces "mediadores" y es muy probable que, como analista de conducta, sea usted el responsable de formarlos.

En el ámbito empresarial, formará a supervisores o gerentes para que analicen la conducta y lleven a cabo nuevas contingencias en el entorno de trabajo. Esto puede ser todo un reto y sus habilidades interpersonales tendrán que ser muy agudas. Lo primero que debe reconocer es que conseguir que los adultos cambien su conducta es bastante difícil. Los adultos suelen resistirse a hacer las cosas de una manera nueva y a muchos no les gusta que les digan lo que tienen que hacer. Algunos adultos se sienten inseguros y carecen de confianza en sus nuevas conductas y pueden intentar resistirse o mostrar un cambio de actitud. Aunque no se suele ver así, ser capaz de descomponer una tarea en elementos más pequeños para que sea fácil de enseñar (el conocido "análisis de tareas") es en realidad una importante habilidad interpersonal que todo analista de conducta debe tener en su repertorio. Explicar cómo quieres que se haga algo, como dar instrucciones para realizar una tarea, requiere paciencia por su parte y la capacidad de modelar claramente la conducta.

Utilizar cantidades generosas de comentarios positivos y de aprobación es otra habilidad interpersonal esencial en esta etapa del proceso. Si no tiene mucha experiencia en la formación de adultos, quizá quiera dirigirse a su jefe o supervisor y señalarle esto para que no acepte su primer caso sin la formación adecuada. Para asegurarse de que su mediador está a la altura de la tarea de presentar ayudas, administrar los reforzadores y gestionar las contingencias de forma coherente, establezca varias observaciones y situaciones de práctica de juego de roles antes de la transición del mediador a un nuevo papel.[12]Que los alumnos le observen realizar la tarea es fundamental para que adquieran la habilidad rápidamente y para darles una base para las preguntas que puedan tener. Como técnica de formación para adultos, el juego de roles *les* da confianza y a *usted* la oportunidad de reforzar copiosamente.

---

[12] En el ámbito escolar, cuando se trata con maestros veteranos que no han solicitado ayuda, sino que han sido derivados por el director del centro, es posible que haya que adaptarse a las circunstancias para no ofender a estas personas que se creen competentes y piensan que no necesitan cambiar su conducta porque "el problema es del niño", no mío.

Preste atención al *lenguaje corporal* de las personas a las que entrena y fíjese en las señales de que se están cansando o aburriendo. Prepárese para cambiar de tarea, deles un respiro o finalice antes de tiempo. Es posible que no pueda formar a su mediador en una sola sesión, así que deje tiempo en su calendario para dos o tres sesiones o días. Tomar datos durante la formación y mostrárselo a las personas formadas es un buen método para motivarlas a dominar las tareas. Sin embargo, en estas circunstancias hay que tener mucho criterio. Consulte con su supervisor si cree que está recibiendo "empujones" del profesor o de otro mediador.

La hora del espectáculo: Habilidades interpersonales cuando la intervención ha comenzado.

Cuando llega el día de la intervención, se requiere un nuevo conjunto de habilidades interpersonales. Ahora, debe vigilar de cerca para asegurarse de que su mediador recién formado sigue realmente el protocolo que se ha descrito en el plan. Este es el protocolo que usted modeló, representó y practicó con tanto empeño. Cuando observe a un mediador recién formado que está demostrando un procedimiento, busque situaciones dónde el mediador haya sido inflexible o poco espontáneo en lugar de interacciones genuinas. Este tipo de actuación es común al principio, pero puede empezar a moldear esto presentando una ayuda para la conducta correcta.

> La habilidad de usar reforzamiento descriptivo… es una habilidad interpersonal crucial de todo analista de conducta".

La capacidad de utilizar el reforzamiento descriptivo, como cuando un profesor pide a un estudiante que esté más atento a la tarea o cuando un supervisor comenta a su empleado que debe utilizar el casco de seguridad con más frecuencia, es una habilidad interpersonal importante del analista de conducta. También tendrá que estar preparado para *solucionar problemas*. A menudo sucede que no podemos predecir del todo el resultado de una intervención y tenemos que hacer cambios en el plan sobre la marcha. Si los cambios son menores, por lo general se pueden resolver sobre la marcha diciendo:

"Lo siento, no lo había pensado antes, pero déjeme mostrarle otra forma de dar estas ayudas"[13]. Admitir que ha cometido un error o que ha olvidado incluir algún detalle está bien y demuestra al cliente que, después de todo, eres humano.

Una última habilidad interpersonal es moldear la ejecución *del mediador*. Su trabajo como analista de conducta es supervisar todo de cerca y proporcionar reforzadores para ayudar fomentar la confianza y la fuerza del mediador. También es importante empezar a subir el listón gradualmente, de modo que cada vez se le exija más para ganarse su aprobación. Además del moldeamiento, aligerará el programa de reforzamiento para que el mediador acabe entrando en contacto con las consecuencias naturales.

Seguimiento, evaluación y mantenimiento en línea Si ha realizado con éxito los cinco primeros pasos, está preparado para el siguiente. Es ahora cuando empieza a retirarse gradualmente mientras sigue evaluando el rendimiento del mediador y el efecto de la intervención.

En esta fase de mantenimiento, debe pasar de vez en cuando para comprobar el caso, proporcionar alguna información, revisar los datos con el mediador y asegurarse de que los datos se registran correctamente. En general, aquí no se necesitan nuevas habilidades interpersonales. Su trabajo consiste en dar ánimos, hacer saber al mediador lo orgulloso que está y empezar a pensar en considerar este caso como un éxito. Sus comentarios pasarán de "Estás haciendo un gran trabajo" a "Qué gran mejora puedo ver. *¿Qué te parece?*" Dar al mediador el reconocimiento por el éxito del proyecto es la habilidad más importante que tendrá que ejercitar en esta fase.

Finalización Con el objetivo de analizar las habilidades de comunicación interpersonal, supondremos por el momento que el caso que tomó hace varios meses ha ido bien; que tuvo éxito en su búsqueda de variables funcionales en el aula, el hogar, la clínica o la fábrica; y que tuvo éxito en la formación del mediador (profesor, ayudante, padre, supervisor de turno) sobre cómo lidiar con el problema.

---

[13] En su análisis general del entorno, debe determinar el grado de control que desea sobre los planes de cambio de conducta. Algunos quieren estar al tanto y recibir actualizaciones periódicas; otros quieren aprobar cualquier pequeño cambio. Deberemos de saber esto de antemano.

Ahora está listo para terminar. Si se ha desvanecido gradualmente en el paso anterior, esto no debería ser demasiado difícil. Su mediador ya no debería depender de usted para recibir elogios y comentarios y debería sentir confianza con sus nuevas habilidades para cambiar de conducta. Puede empezar a considerar a esta persona más como un colega que como un cliente y hacerle saber que es hora de seguir adelante, es su único reto importante. A algunos analistas de conducta les gusta hacer algún tipo de celebración, como una fiesta o una comida cuando les parece apropiado decir adiós. Tendrás que decidir por si mismo cuál es el mejor método para despedirse en su entorno. Una reunión final de despedida puede ser suficiente, pero habrá ocasiones en las que los clientes o los miembros del personal hayan superado muchos obstáculos y puede ser apropiado algo más (como una comida en grupo). Sea como sea, recomendamos algún tipo de final simbólico del proceso de cambio de conducta que incluya una buena dosis de agradecimiento por su parte y por el trabajo duro realizado por el mediador.

> "Recomendamos una dosis generosa de aprecio hacia el trabajo duro de las personas que hacen posible el proceso de cambio de conducta".

LA COMUNICACIÓN INTERPERSONAL CON OTROS ROLES PROFESIONALES

Comunicación con su jefe o supervisor

Cuando se comunique con su jefe o supervisor, siempre es una buena idea tener cuidado con lo que dice. No hable de otros empleados, no desvele información personal en un momento de debilidad, ni deje que la persona le vea como un individuo tímido, paranoico o amenazado. Su principal forma de comunicación con su supervisor será en las reuniones individuales en las que reciba instrucciones, comentarios y, tal vez, si le aceptan como colega, haga una lluvia de ideas sobre los problemas y busque soluciones. Su objetivo en estas situaciones es ser abierto, constructivo, flexible y creativo. Sobretodo, debe prestar mucha atención para asegurarse de que entiende el problema y lo que su jefe requiere de usted. En algunos casos, los supervisores no buscan acciones, sino simplemente un grupo de expertos. En otras situaciones, quieren que alguien se ocupe de un problema y les alivie una carga. En la medida en que pueda satisfacer estas necesidades, podrá obtener apoyo y promover sus propias ambiciones profesionales.

Comunicación con los colegas

Regla 1: No cotillees Por mucho que crea que puede confiar en la gente del entorno laboral, recuerde que no pueden guardar secretos y cualquier cosa que diga sobre otro empleado se volverá en su contra, normalmente más pronto que tarde. Cuando la gente quiere contarle algún chisme, es un indicio de que les gusta hablar de los detalles personales de la vida de otra persona. Si hablan de otra persona, es probable que hablen de ti. Algunas personas utilizan los cotilleos como señuelo para conseguir que les des algo a cambio de los jugosos trapos sucios que acaba de escuchar. *No lo haga.* Se arrepentirá cuando la persona objeto del chisme empiece a darle la espalda.

Si alguien empieza a contarle un rumor, corte la conversación o cambie de tema. Decir: "No quiero oír eso" es una forma directa de manejar los chismes. Un método menos directo, es decir: "Volvamos al plan conductual de Billy".

En el entorno laboral, cuanto menos se sepa de los detalles íntimos de los demás, mejor será. Aunque no está contemplado en la "confidencialidad" del código ético, los chismes pueden tener el mismo tipo de efecto devastador que la información obtenida de un expediente escolar si se difunden.

Sabiendo que otros empleados pueden estar tan interesados en difundir información, puede utilizar esta tendencia para hacer algo bueno. Si ha tenido muy buena suerte con un determinado profesor, asegúrese de contárselo a los demás. Con la forma en que a la gente le gusta hablar, hay muchas posibilidades de que llegue al profesor. Lo mismo ocurre con tu jefe u otros empleados. Una frase como "Jayne me ayudó mucho ayer. Estaba en un aprieto y lo dejó todo para ayudarme" circulará por la oficina en uno o dos días y lo siguiente que sabrá es que Jayne se ofrecerá a ayudar de otras maneras también.

Ganarse una reputación en tu círculo de colegas como alguien que habla con amabilidad de los demás, que admira a los demás por su dedicación y su valor y que está dispuesto a dar crédito a los demás es mucho mejor que ser conocido como un propagador de rumores y cotilleos.

Regla 2: *No hablar del salario ni de otras compensaciones* La forma en que una empresa determina el salario de cada empleado y los beneficios que recibe es un asunto privado entre el empleador y cada empleado. Los acuerdos se hacen en función del valor de una persona para la empresa y manteniendo la confidencialidad, los directivos pueden evitar que las duras aristas de las diferencias salariales causen fricciones innecesarias entre los empleados. Si su empresa tiene una norma escrita sobre la discusión de la paga y los beneficios, se le informará cuando firme. Sino hay ninguna norma escrita, sepa que discutir su salario o el de otros con personas que no tienen por qué conocer esta información no es en absoluto apropiado.

> "Establecer una relación demasiado familiar con tus colegas puede ser contraproducente".

Regla 3: *Desconfíe de las relaciones duales* La mayoría de las empresas quieren que haya un sentimiento de camaradería entre sus empleados y algunas llegan a fomentar actividades como la participación en un equipo de sóftbol de la empresa, una liga de bolos o una maratón benéfica. El objetivo es crear un grupo de personas que se ayuden mutuamente a alcanzar un objetivo común de la empresa o de la organización. Ser amigable, cooperativo y amable con los demás en lugar de reñir y criticar es, sin duda, un objetivo digno. Para ser un analista de conducta con éxito, necesitará que los demás miembros de su grupo le apoyen y usted tendrá que corresponder. Sin embargo, intimar demasiado con sus colegas puede tener inconvenientes. Convertirse en compañeros de copas o compañeros constantes puede tener el efecto negativo de provocar celos. Los celos dan lugar a rumores sobre amiguismo, favoritismo o sospechas de relaciones sexuales en la oficina. Las relaciones sexuales entre oficinas, por supuesto, pueden tener graves repercusiones y se desaconsejan encarecidamente.

COMUNICACIÓN CON LOS SUBORDINADOS DIRECTOS

Muchas de las empresas que contratan a analistas de conducta son organizaciones en las que el organigrama de roles dentro de la empresa tiene pocos niveles. Pero es probable que los analistas de conducta adquieran pronto responsabilidades de supervisión de otros.

¿Cómo debe comunicarse con estas personas? Básicamente, tráteles como le gustaría que le tratasen a usted: con respeto. Es posible que haya tenido alguna mala experiencia con un supervisor que era impreciso a la hora de dar instrucciones, que no le escuchaba, que le hablaba con desprecio o que nunca daba opiniones positivas, sino que se apresuraba a criticar. Ahora es el momento de corregir todo eso con las personas que supervisa: Intente ser el supervisor que siempre quiso pero que nunca tuvo. Afortunadamente, nuestros principios básicos de la conducta resultan útiles en esta circunstancia. Asegúrese de tener un buen

> "¡Intenta llegar a ser el supervisor que siempre quisiste tener y nunca tuviste!".

control de los estímulos cuando describa las metas y los objetivos y utilice descripciones claras de las conductas deseadas. Sea preciso a la hora de indicar los plazos y las fechas límite. Si busca la opinión de sus supervisados, asegúrese de que saben que escuchará y reforzará las buenas ideas. Si se encuentra con alguien que no presta atención o no sigue las instrucciones, analice la situación antes de empezar a criticar. Tal vez no fue claro en sus instrucciones, o tal vez fue impreciso sobre cuándo quería que se hiciera algo o cómo quería exactamente que se llevara a cabo.

Y, por último, no olvide lo que sabe sobre el reforzamiento. Asegúrese de describir siempre el reforzador para realizar una tarea. Como mínimo, siempre debe haber un entendimiento implícito, si no explícito, de que sus elogios y su aprobación social siempre están ahí para los empleados que trabajan duro, que son creativos y que demuestran ser miembros valiosos del equipo.

RESUMEN

Además de ser técnicamente competentes, los analistas de conducta que quieran maximizar su eficacia tendrán que tener una excelente comunicación interpersonal. Para empezar, el analista de conducta debe ser una persona simpática. Si el analista de conducta tiene algunos déficits en el área de la simpatía, el primer paso para mejorar es recibir comentarios de amigos y colegas sinceros. Los profesionales con buenas habilidades interpersonales saben cómo establecer una buena relación, mostrar una actitud afectuosa y actuar de forma amistosa (pero profesional) con los demás. Se preparan bien las reuniones y transmiten el contenido de manera que los demás puedan entenderlo, adecuando su lenguaje a la situación según sea necesario. Son pacientes y dan mucha retroalimentación positiva. Desde la reunión inicial en la que se decide que un cliente va a recibir servicios conductuales hasta la finalización del programa cuando se han cumplido los objetivos, la comunicación interpersonal eficaz desempeñará un papel crucial en el éxito continuado del analista de conducta.

PARA LEER MÁS

Bixler, S., y Dugan, L. S. (2001). *5 steps to professional presence.* Adams Media.

Carnegie, D. (2008). *Como ganar amigos e influir sobre las personas.* Elipse. (Original publicado en 1936)

Hardvard Business School (2004). *Comunicaciones cara a cara para lograr claridad e impacto.* Gestión 2000.

9

Persuasión e influencia

Cuando la maestra de Cristina, una niña de 12 años con TDAH y problemas de conducta, pidió que le realizasen una evaluación conductual, estaba tan preocupada por la niña como por su madre. La madre comenzó la reunión diciéndonos que estaba segura de que Cristina se comportaba así sólo para irritar a la gente: "Ella sabe exactamente lo que está haciendo; lo sabe muy bien". Sabía que, si insistía mucho sobre la necesidad de un programa conductual que incluyera la recogida de datos en casa, una líneabase y un análisis funcional, perdería el apoyo de la mamá. Tenía que presentar mi postura con calma, reconociendo primero los sentimientos de esta madre. Sólo entonces podría influir en ella para que probara un enfoque conductual con el fin de ayudar a su hija.

Ramón era el consultor de productividad de una gran empresa. Eran tiempos difíciles en el negocio, la nueva competencia que le quitaba clientes y el aumento de los costes de funcionamiento de la empresa estaban ocasionando severos recortes presupuestarios y reducción de personal. En medio de todo ello, Ramón quería proponer un nuevo programa dirigido a ganar nuevos clientes y generar ingresos. Ramón aseveró con orgullo:

> *Nadie podía creer que hubiera logrado convencer al presidente y a la junta directiva para que apoyasen mi plan cuando llevaban tiempo diciendo que "no habría nuevas iniciativas". Diseñé algunos materiales para que estuvieran listos para ser impresos, lo que hizo que mi nuevo programa pareciera real. Entonces, empecé mi discurso recordando a todos el éxito de mis otros programas. Sabía que el objetivo principal de la junta directiva es ganar dinero, por lo que añadí muchos datos financieros en la presentación. Hubo algunas preguntas y objeciones iniciales, pero estaba preparado para ellas. Convencí a todos de que me dejaran poner en marcha mi nuevo programa en un plazo de seis meses.*

Ya sea en aulas o en empresas, los analistas de conducta usan la persuasión y la influencia la mayor parte del tiempo. Lo que ofrecemos en el tratamiento es contrario a las tendencias naturales de muchos padres, profesores y supervisores. Por eso, además de utilizar nuestras habilidades técnicas, como la evaluación funcional, tenemos que ser capaces de persuadir e influir a los demás. Un niño con conductas desafiantes que se niega a limpiar su habitación, a acostarse a tiempo y a levantarse cuando se le llama por la mañana pone en cuestión el "poder" de sus padres, por lo que esta desobediencia suele recibir una reacción contundente. Desgraciadamente, el padre que grita: "¡He dicho que te levantes ya! ¡ESTOY HARTO! ¡VUELVES A ESTAR CASTIGADO!" ejemplifica una reacción más común que la de no reaccionar e iniciar un análisis funcional para determinar *por qué* el niño se niega a levantarse de la cama por la mañana.

Aunque el análisis de conducta ofrece claramente un enfoque más racional, humano y eficaz para el cambio de la conducta, nuestro enfoque no es intuitivo para la mayoría de la gente. Por sus aparentes consecuencias a corto plazo, la presentación de amenazas es una conducta que ha sido reforzada en muchas personas. Esta historia de reforzamiento puede hacer que la gente reaccione inmediatamente al aparecer el problema de conducta. Otro aspecto de la historia de reforzamiento es que la mayoría de las personas que buscan ayuda se han frustrado por su falta de habilidades de trato con los demás, ya sean sus hijos, estudiantes o empleados. Esta frustración indica a las personas que están a punto de perder el control y el miedo resultante puede dar lugar a acciones irracionales. Aquí es donde entran en juego la influencia y la persuasión. Nuestro trabajo como analistas de conducta es sacar a estas personas frustradas del abismo, ponerlas en un estado de ánimo tranquilo y reflexivo y convencerlas de que prueben un enfoque diferente. Tenemos que cambiar *sus* conductas y sus actitudes, antes de llegar a cambiar la conducta del niño o del empleado en cuestión.

Las actitudes son, en gran medida, repertorios verbales que están en cierto modo conectados con las conductas de las personas, no necesariamente por relaciones causa-efecto, aunque sí nos sugieren la conducta probable de la persona en determinadas situaciones. Un padre frustrado que está a punto de utilizar el castigo físico con un niño va a necesitar algo de persuasión para retroceder, calmarse y atender a razones. Como analista de conducta, verá que su primer reto es encontrar el entorno adecuado para hablar con una persona enfadada mientras utiliza palabras reconfortantes y gestos tranquilizadores. Ello ayudará a una madre que llora o un jefe que se niega a escuchar y considerar lo que le ha de decir como analista de conducta.

INFLUENCIA

La influencia consiste en cambiar las actitudes y conductas de otras personas sin utilizar la fuerza ni la demostración de poder (Harvard Business School Press, 2005). Al utilizar la influencia como herramienta, los analistas de conducta ponen en marcha sus mejores habilidades de escucha activa, dan un poco de forma a los comentarios que se inclinan hacia la dirección que ellos quieren y utilizan

> "Influir significa cambiar las actitudes y las conductas de otras personas sin usar la fuerza o el poder".

la reflexión para asegurarse de que se mantienen en contacto: "Así que, Sra. Phillips, lo que le oigo decir es que su frustración es tan grande que a veces realmente la pierde y siente que está a un paso de pegar a su hija. Esto tiene que ser molesto para usted". Una vez que el padre se haya desprendido de su conducta verbal de agitación, irritación y enfado, podrá discutir el problema de forma más racional. Sólo entonces el analista de conducta podrá avanzar en la búsqueda de variables causales. En este caso concreto, es posible que tenga que enseñar a un padre que dice: "Es una niña maleducada y creo que en realidad disfruta sacarme de mis casillas" a ayudarle en la búsqueda de condiciones antecedentes, operaciones motivadoras, historia del reforzamiento y contingencias actuales.

Uno de los objetivos de la entrevista inicial con su cliente es determinar cómo proceder con su presentación. Rara vez se trata de alguien que está totalmente abierto a lo que usted diga. Antes de entrar en materia y abordar el problema del niño, es posible que tenga que lidiar con lo que el padre haya escuchado sobre usted, su empresa o el campo del análisis de conducta.

Además, tendrá que determinar cuál es el mejor enfoque para afrontar lo que le acaban de decir. Algunas personas llegan a la mesa con un fuerte prejuicio contra cualquier

> "Cuando se compara con un servicio de *counselling*, el enfoque conductual parece requerir un trabajo mucho más intensivo".

tipo de recompensa, o pueden ser explícitas en cuanto a no querer enfrentarse a su hijo. Si algunos padres tuvieran sus propios derechos, estarían perfectamente contentos de ir al centro comercial después de dejar al niño en un consejero de terapia de conversación que podría decir algunas palabras mágicas y declarar al niño "curado" después de unas pocas sesiones. Cuando se pone al lado del asesoramiento, un enfoque conductual suena como un enfoque de trabajo intensivo para muchos padres. Con algunos padres, es posible que tengan una tarea extensa y tengan que utilizar sus habilidades de influencia.

TÁCTICAS DE INFLUENCIA

Para influir en la forma de pensar de alguien, como el padre con el niño que necesita un programa conductual en casa, deberá tener en cuenta algunas tácticas de influencia. Estas tácticas incluyen *formular el tema, utilizar la información e influir a través de su experiencia como analista de conducta* (Harvard Business School Press, 2005).

Formular el tema

Formular o enmarcar un tema consiste en presentar la conversación en un formato o contexto con el que nos sintamos cómodos. En el caso presentado anteriormente, el marco más probable consistiría en presentar el problema como una "conducta aprendida". Es más probable que tenga éxito al proponer un programa conductual para este niño, en lugar de simplemente aprobar el castigo, si puede cambiar la opinión de la madre dando ejemplos de casos similares en los que usted haya trabajado y en los que la conducta resultó ser aprendida. Casos en los que pudo analizar la conducta y enseñar una conducta alternativa más apropiada. También debe incluir la noción de que el padre podrá retomar el control, establecer límites y hacer uso de reglas y consecuencias.

Recuerde que al influir no debemos usar la fuerza. Si quiere utilizar la influencia al interactuar con un padre, evite entrar en discusiones difíciles sobre las teorías extravagantes que el padre pueda tener sobre el funcionamiento de la conducta infantil. Entrar en una confrontación con el padre no será una buena manera de conseguir que se acepte su enfoque.

Información

Una segunda estrategia para tener influencia es reunir y utilizar información objetiva relevante en su presentación. En el caso presentado anteriormente, además de las historias y anécdotas que puede ofrecer a los padres, puede presentar representaciones gráficas fácilmente comprensibles de proyectos de cambio de conducta a partir de su propio trabajo o de la literatura publicada. Muchas personas intentan basarse únicamente en la presentación de los datos. Esto es un error. Muchos consumidores no entienden o no se fían de los datos. Incluso pueden decir: "Oh, he oído que cualquiera puede mentir con las estadísticas. No me lo creo". En este caso, querrá retroceder a toda prisa. Por supuesto, tener datos es el punto fuerte de un analista de conducta. Pero para mucha gente, un argumento de venta más fuerte que el hecho de que tengas datos será el hecho de que confíen en ti. Si dice que puede ayudar a los padres, parece una persona honesta que se ha interesado personalmente por ellos y por su hijo y, lo más importante, da la impresión de ser un profesional atento y responsable, podrá convencerles de que le den una oportunidad.

> "Muchos clientes no entienden o no confían en los datos".

Experiencia práctica

Una última táctica de influencia consiste en utilizar su experiencia práctica en el análisis de conducta para convencer al responsable de la toma de decisiones de que realmente entiende el problema y de que está preparado y dispone de la experiencia necesaria para resolver el caso. Esta táctica no se utiliza en todos los casos, pero puede ser relevante cuando la conducta es poco común. Un ejemplo de un problema de conducta poco común es un trastorno alimentario, en el que la conducta es muy grave o puede poner en peligro la vida. Si realiza unas prácticas en el Instituto Kennedy Krieger y trabaja en el *Programa de trastornos alimentarios infantiles* durante un semestre o trabajas a las órdenes del Dr. Brian Iwata en su laboratorio de conducta autolesiva en la Universidad de Florida, podría presumir de experiencia en el tratamiento de problemas de conducta muy graves. Este nivel de experiencia aumenta en gran medida su capacidad de influir en un padre para intervenir en un cambio de conducta poco común.

PERSUASIÓN

La persuasión es un tema muy popular. Los autores han utilizado el término *persuasión suave* al tratar de convertir a la gente a una religión o al referirse a lo que nos hacen los medios de comunicación. A pesar de la popularidad de este término, creemos que *persuasión suave* es una expresión algo redundante, porque por definición, la persuasión es siempre suave. De lo contrario, sería *manipulación* o *soborno.*

Para nuestros fines, definiremos la persuasión como el proceso de presentar lógicamente nuestro punto de vista a un grupo que es responsable de tomar una decisión importante. La persuasión se diferencia de la influencia en que ésta implica producir un efecto sin usar la fuerza y la persuasión implica cambiar una opinión presentando nuestro punto de vista, a veces usando argumentos o debates.

Un ejemplo de cuándo necesitaría utilizar la persuasión se da cuando a usted, como analista de conducta de un centro escolar, se le pide que presente un plan al director con el fin de cambiar totalmente los procedimientos disciplinarios del centro. O también se puede utilizar la persuasión si fuera el consultor de productividad asignado a una compañía de seguros y su trabajo consistiera en presentar al director general el plan de la empresa para poner en marcha un nuevo programa de formación para incrementar el rendimiento.

Los cuatro elementos de la persuasión son tener credibilidad, entender a tu audiencia, presentar un caso sólido y comunicar con eficacia (Harvard Business School Press, 2005).

Tener credibilidad

Si va a asumir la responsabilidad de una importante iniciativa en tu organización, debe primero preguntarse si dispone de la credibilidad para llevarla a buen puerto. Con esta gran responsabilidad, necesita la confianza tanto de su empresa como de los líderes de la organización. Este tipo de confianza sólo se consigue cuando se adquiere una experiencia considerable en diversos puestos de liderazgo. Antes de asumir la responsabilidad de hacer una presentación importante o de dirigir un gran proyecto, habrá ascendido en la organización y habrá demostrado que puede cumplir los objetivos. Esto significa que ha demostrado su capacidad para llevar a cabo proyectos a tiempo y dentro del presupuesto.

> "Si va a asumir la responsabilidad de una importante iniciativa en tu organización, debe primero preguntarse si dispone de la credibilidad para llevarla a buen puerto".

Si es sincero, honesto y fiable y ha demostrado a sus colegas y a la dirección que es íntegro, desarrollará la credibilidad que necesita para ser una persona persuasiva. Si combina esto con la experiencia y la eficacia demostrada, se creará la imagen de que es una persona con la que se puede contar. La fórmula de la credibilidad: Credibilidad = Confianza + Experiencia (Harvard Business School Press, 2005), es una buena fórmula para adoptar como objetivo personal.

> "Credibilidad = confianza + experiencia".

Entender a su público

Otro elemento de persuasión es comprender a los profesionales con los que habla y cómo suelen tomar las decisiones. Reúna toda la información que pueda sobre el proceso que utilizan los profesionales que conoce e intente hacerse una idea de quién toma las decisiones y quién es el líder del equipo. Evalúe la influencia del líder en el grupo y analice las decisiones recientes que haya tomado. Recuerde que el dicho "el mejor predictor de la conducta futura es la conducta pasada" se aplica tanto para grupos como para personas individuales. Aunque le guste pensar que la decisión sobre su propuesta se basará únicamente en sus méritos, lo cierto es que los miembros del órgano responsable pueden tener sus propios intereses ocultos, pueden estar compitiendo por su puesto en el comité o pueden intentar utilizar su propuesta para alcanzar algún otro objetivo no especificado.

Cuando presente su caso, observe atentamente las reacciones de los miembros del comité, evalúe su lenguaje corporal y esté preparado para hacer pausas para preguntas o aclaraciones. Además de tener en cuenta los distintos motivos de los miembros del comité, también debes considerar hasta qué punto son receptivos a tu plan. La respuesta de los miembros del comité puede ir desde la hostilidad hasta el apoyo (Harvard Business School Press, 2005) y tendrá que reaccionar en consecuencia.

Cómo presentar un caso

El núcleo de su estrategia de persuasión reposa en los argumentos que presente a favor de su proyecto. Debe ser lógico, responder a las necesidades de la empresa y de quienes van a tomar la decisión y tener en cuenta la política de la organización (Harvard Business School Press, 2005).

Siguiendo un consejo de los griegos, puede considerar un enfoque de cinco partes para construir su caso: (a) empezar con una historia convincente; (b) ir directamente al corazón de su propuesta esbozando sus ideas (mostrando algunas fotos o vídeos, por ejemplo) de lo que quiere que suceda; (c) presente sus pruebas objetivas, apoyándolas con gráficos, tablas o diagramas fáciles de leer; (d) anticipe y responda a cualquier objeción que probablemente surja; y (e) finalmente, termine con una declaración clara de lo que quiere que haga el panel o el comité (Heinrichs, 2007).

Entre los recursos retóricos que pueden utilizarse de forma persuasiva en su presentación se encuentran las preguntas retóricas para llamar la atención de los responsables de la toma de decisiones; la variación del ritmo, el tono y el volumen de la voz; y el uso de pausas dramáticas para enfatizar determinadas partes de la presentación.

Comunicarse de forma eficaz

Está claro que la forma de presentar el caso es la clave de la persuasión. Hay varias maneras de presentar un caso. Una forma de empezar es con algo dramático. Una estadística impactante, una historia convincente o un ejemplo humorístico de algo que ha salido terriblemente mal (o maravillosamente bien, según el caso) atraerán la atención del comité. Una vez que haya captado la atención del comité, siga con su plan y demuestre cómo resolverá el problema. Siga utilizando historias y metáforas para pintar una imagen de un mundo mejor si se adoptara su propuesta. Otra estrategia consiste en empezar (después de utilizar algún gancho para llamar la atención) analizando un problema (de forma parecida a como haríamos un análisis funcional) y presentando después su plan de intervención como la solución. Si utiliza esta estrategia, asegúrese de que la solución se ajusta a las dimensiones y características del análisis. En cualquiera de los casos, es fundamental que recuerde centrar su plan en cómo beneficiará a los miembros del comité de forma individual y colectiva. Puede hacer hincapié en las mejoras que se producirán si se adopta su enfoque: "Deberíamos ser capaces de aumentar la productividad en un 5%, con un rendimiento analizado de más de 3 millones de dólares". O puede hablar de lo que ocurrirá si no se aprueba: "Seguiremos perdiendo nuestra participación de mercado frente a nuestra competencia internacional y esto podría suponer una pérdida de más de 5 millones de dólares en los próximos 5 años".

Los analistas de conducta a menudo se ven tan atrapados en su estrategia basada en datos y centrada en la evidencia que se olvidan de tener en cuenta que la mayoría de las decisiones no se toman sólo con la lógica. Las decisiones las toman personas que tienen sentimientos y usted puede recurrir a este lado emocional. Si has empezado tu presentación con una gran historia o una anécdota humorística, puedes seguirla con otro ejemplo que ampare la idea de que su propuesta sí va a resolver el problema.

Las palabras que utilice son muy importantes y, cuando redacte su presentación, debe buscar formas de añadir color y emoción. Presentar su idea con palabras o acompañar sus palabras con imágenes, animaciones o vídeos puede vender mejor su propuesta. Decir cosas como "Los empleados no darán lo mejor de sí mismos si no se les reconoce". ¿Cree que los atletas olímpicos competirían si no hubiera medallas de oro?" es una buena manera de enmarcar su argumento y conseguir que su audiencia entienda su punto de vista. La motivación es importante para todos.

Por último, para convencer a alguien de algo, hay que ser capaz de contar una buena historia, que sea relevante, que sea rica en detalles, que exponga un elemento emocional que atraiga a todos y que tenga una conclusión que sea satisfactoria y que ate todos los cabos sueltos.

> "Para convencer a alguien de algo, debe ser capaz de contar historias".

Se pidió a una analista de conducta que hiciera una presentación sobre su trabajo con niños de primaria. Al principio empezó con tablas y gráficos que mostraban la prevalencia de ciertos tipos de conducta inapropiada y luego describió categorías de intervenciones basadas en la vida. Era descriptivo, preciso y relevante, pero carecía de vida.

Le preguntaron: "Recuerde algunos de sus casos recientes y cuéntenos un cambio significativo que provocó una de sus intervenciones". Pensó un momento y luego empezó a describir a Lucy. Lucy estaba volviendo loca a su profesora, hasta el punto de que ésta abandonó el aula y pidió ayuda al analista de conducta: "No sé qué hacer. No puedo dormir y me estoy planteando dejar la enseñanza". Esta es una historia convincente, que hay que contar de la forma adecuada para convencer a los estudiantes universitarios a que se planteen la profesión de analista de conducta. A la ponente se le sugirió que empezara su presentación con esta historia, que pasara a describir qué es el análisis aplicado de conducta y cómo se utiliza en el ámbito escolar y que terminara con el final de la historia, en la que Lucy se convirtió en una alumna de sobresaliente y la profesora decidió seguir enseñando.

RESUMEN

Como buen analista de conducta que se esfuerza por ser eficaz, debe trabajar para perfeccionar sus habilidades de influencia, su capacidad de persuasión y su capacidad de presentación (véase el capítulo 11). Aprender a influir en la gente sin parecer pesado sólo puede aprenderse con la práctica y prestando cuidadosa atención a los resultados. Al igual que la influencia, la persuasión es un área que merece ser estudiada más a fondo por quienes quieren avanzar en el análisis de conducta. Confiamos en que otras personas adopten y pongan en práctica nuestros procedimientos conductuales basados en la evidencia. Persuadirles para que utilicen los procedimientos y protocolos de análisis de conducta depende a menudo de nuestra capacidad para utilizar hábilmente la influencia y la persuasión.

PARA LEER MÁS

Beckwith, H. (2007). *El arte de venderse.* Norma. (Original publicado en 1997)

Goldstein, J. J., Martín, S. J., y Cialdini, R. B. (2008). *¡Sí! 50 modos probados científicamente de ser persuasivos.* LID Editorial Empresarial.

Harvard Business School Press. (2005). *Power, influence, and persuasion.* Boston: Autor.

Heinrichs, J. (2007). *Thank you for arguing: What Aristotle, Lincoln, and Homer Simpson can teach us about the art of persuasion.* Random House.

10
Negociación y presión

Cuando empecé a trabajar en el análisis de conducta, siempre iba a cualquier reunión decidido a salirme con la mía sin importar lo que pasara: "O se hace a mi manera o nada", pensaba. Sólo cuando tuve más experiencia me di cuenta de que mi objetivo en una reunión no era sólo negociar para conseguir lo que quería, sino también contribuir a que la otra parte consiguiera algo. Ganar significa que ambas partes logran algo y eso contribuye en gran medida a construir tu reputación y jugará a tu favor en el futuro.

Un analista de conducta reconocido internacionalmente

En el ámbito terapéutico, los servicios conductuales de calidad ofrecen tratamientos e intervenciones basados en la evidencia que, cuando se aplican correctamente, producen cambios drásticos en la conducta.

En el transcurso del trabajo de un analista de conducta, se darán muchas ocasiones en las que habrá que convencer a alguien de que un determinado enfoque terapéutico es el mejor o de que hay que poner en práctica un nuevo programa. Cuando se encuentre en la situación de ser la persona que tiene que convencer a otros de que un enfoque específico es el mejor, necesitará tener habilidades de negociación y presión, además de sus habilidades técnicas, para maximizar su eficacia.

La negociación y la presión también serán relevantes cuando llegue el momento de pedir un aumento de sueldo o mejores condiciones de trabajo, cuando necesite contratar más personal o mejorar los recursos para su programa, o cuando quiera adoptar un enfoque diferente sobre la forma en que un centro educativo u otra institución manejan un asunto importante como la disciplina en el aula.

NEGOCIACIÓN

Existen numerosos libros sobre negociación y docenas de modelos para negociar cualquier cosa, desde aumentar el sueldo hasta conseguir un divorcio, reducir los intereses de las tarjetas de crédito, comprar un coche usado y conseguir el trabajo de tus sueños. Los autores han descrito diferentes pasos críticos para la negociación, dependiendo del entorno, que van desde no dejarse llevar por la ciencia (un consejo no tan bueno para nuestro campo) hasta asumir el control de la reunión en el momento en que se entra en la sala. Aunque "asumir el control" podría ser el tipo de consejo que se da a un abogado corporativo de alto nivel que va a intentar cerrar un acuerdo de fusión y adquisición, pero no es el mejor enfoque para los analistas de conducta que forman parte de un equipo terapéutico.

Para los analistas de conducta que vayan a negociar en una reunión, ofrecemos las siguientes pautas.

Negociación: La vía conductual
Conductas previas a la reunión

Identifique sus objetivos ¿Qué quiere obtener de esta reunión? ¿Quiere que se recojan datos cada hora? ¿Quiere que se le asigne un ayudante conductual a su cliente? ¿Quiere que el director le permita registrar una línea base antes de iniciar un nuevo programa en todo el centro?

Haz los deberes Conoce quiénes van a estar en la reunión y qué posturas van a adoptar. ¿Se va a resistir otro profesional a su planteamiento? ¿Se está preparando para proponer la contratación de servicios que no están en el presupuesto del director? ¿Se resiste la profesora con la que trabajas a tomar datos porque cree que tiene demasiado trabajo que hacer? Conozca cómo funciona el organismo o la empresa en la va a intervenir. Si está tratando con personas de un grupo sin ánimo de lucro con un presupuesto limitado, es posible que se sienta apurado cuando les sugiera que contraten a un analista de conducta con grado de doctor a tiempo completo. A medida que desarrolle habilidades de consultoría avanzadas, una parte de "hacer los deberes" puede consistir en tener habilidad para presionar y conseguir lo que quiere. El tema de los grupos de presión se trata más adelante en este capítulo.

Acude *a la reunión preparado* Si trabajas con un cliente infantil, diseña gráficamente los datos pertinentes y listos para una breve presentación. Si piensa sugerir la compra de equipos, averigüe de antemano cuáles son los costes y las opciones. Si se trata de un niño con un problema de conducta, observe al niño previamente, si es posible y hable con todos los miembros del equipo que pueda que hayan trabajado con el niño.

Como comportarse en la reunión

Identifique a la persona responsable No es necesario que lo anuncie, por supuesto, pero debería mirar alrededor de la mesa y determinar quién tiene la capacidad de tomar decisiones. Muchas veces, durante las reuniones y fuera de ellas, la gente pierde el tiempo hablando con la persona equivocada. Por ejemplo, hablarán y hablarán y hablarán con un director ejecutivo que no tiene ninguna autoridad y que simplemente está al servicio del consejo de administración. Si la gente quiere ser eficaz, debe dirigirse al presidente o a la junta directiva de la organización. Como analista de conducta, debe interactuar con todos los miembros de un equipo, pero debe tener en cuenta quién tiene la última palabra en los asuntos que se tratan. Habrá ocasiones en las que, en lugar de intentar resolver algo a nivel del equipo de tratamiento, sea mejor que el propietario de la consultora para la que trabajas se reúna con el administrador del distrito o el propietario de la empresa.

Presenta tu punto de vista Cuando sea tu turno, haz un resumen muy breve de la situación y luego expón tu postura. Por ejemplo,

Nos reunimos hoy porque Shawn ha lesionado a otros dos niños de su clase y como equipo tenemos que elaborar un plan. Creo que debemos empezar un análisis funcional inmediatamente y hasta que sepamos qué está pasando, Shawn necesita supervisión individual.

O bien,

El equipo de análisis de conducta ha recibido el encargo de elaborar una serie de planes de modificación de conducta para nuestros clientes adultos. Nos parece que los problemas conductuales son el resultado de que los clientes no tienen nada que hacer durante la hora anterior al almuerzo. Nos gustaría proponer que el centro ponga en marcha un programa de gestión del ocio antes de la comida.

Comprender la postura de la "otra parte" En la reunión, cuando los demás digan que no están de acuerdo con tu propuesta, que no quieren tomar datos, que no creen que sea necesario un enfoque conductual o que no tienen los recursos para hacer lo que sugieres (ya te haces una idea de a lo que refiero), asegúrate de comprender la postura de la otra parte: "Debbie, has dicho que no es práctico que tomemos datos en tu clase. ¿Puedes indicarme cuáles son los problemas?".

Identifique los puntos en los que ambas partes están de acuerdo Deje los desacuerdos a un lado de momento y hable de los puntos en los que sí está de acuerdo: "¿Podemos volver al punto anterior por un minuto? Debbie, ¿tengo razón en que Shawn está pegando a otros niños de tu clase y en que necesitamos algún tipo de intervención?"

Comprometerse cuando sea posible Los analistas de conducta deben considerarse parte del equipo de tratamiento. Recuerde que su objetivo es mantener sus altos estándares y seguir las Directrices de Conducta Responsable, pero debe colaborar con

> "Recuerda que tu objetivo es mantener los elevados estándares del Código ético, mientras trabajas con otros miembros del equipo".

los demás miembros del equipo. A veces esto significará que ayude con las observaciones, acepte tomar datos con menos frecuencia (siempre que no afecte a la calidad del tratamiento), cambie un horario, cambie de espacio para ayudar a la organización, etc.

Resumir el acuerdo negociado Alguien en la reunión debe documentar lo que los miembros del equipo acordaron hacer. Este resumen debe hacerse verbalmente y presentarse también por escrito (puede ser el acta de la reunión o en sus propias notas).

Sepa cuándo retirarse Como analista de conducta, se espera que se esfuerce por ser un jugador del equipo. Pero habrá ocasiones en las que se le pida que haga algo poco ético, que firme servicios que son sencillamente inadecuados o que aplique un programa que no va a ser eficaz. Cuando esto ocurre, su mejor respuesta ética es negarse a prestar servicios. Si trabajas para una empresa de consultoría o eres un estudiante de posgrado en prácticas, siempre debes buscar orientación (para eso están los teléfonos móviles). Ponte en contacto con tu supervisor y comenta la situación para asegurarte de que vas por buen camino.

LA NECESIDAD DE NEGOCIAR Y HACER PRESIÓN

Para describir mejor la necesidad del analista de conducta de tener habilidades de negociación y presión, consideremos una situación en la que se le llama para un caso de un niño en un centro educativo público.

En el proceso de interacción con un mediador o un programa de educación individualizada o un equipo interdisciplinar de tratamiento, puede descubrir de repente que su diligente trabajo de investigación y desarrollo está a punto de verse echado abajo por alguien, o por un grupo de personas, normalmente no formadas en el análisis de conductas. Para que los procedimientos conductuales sean eficaces, nosotros, como grupo, tenemos pruebas de que son necesarias ciertas condiciones. Por ejemplo, la consistencia (que nadie está dando reforzamiento intermitente por conductas inapropiadas) es extremadamente importante en los programas de reducción de conducta. En la práctica, lo que queremos decir aquí es que probablemente su trabajo sea convencer a un equipo de que todos, incluidos los padres, profesores y otros profesionales, deben seguir el plan conductual establecido.

De manera que has hecho tu mejor trabajo y has llegado a la reunión de personal sólo para descubrir que el comité está a punto de frustrar tu plan o de modificarlo significativamente. "Reducir" suele ser una forma educada de decirte que no te vas a salir con la tuya en esto y que alguien en la mesa no cree que la intervención conductual sea una parte significativa del tratamiento. En algunos casos, la "escasez de recursos" puede ser la razón que se aduce para no aplicar la intervención que propones. En otros, la persona mediadora puede rechazar el programa porque simplemente no quiere "dedicar tanto tiempo" a la formación o a la gestión de contingencias que usted ha diseñado tan cuidadosamente. Cuando esto ocurra, tendrás que recurrir a tus habilidades de negociación para conseguir los mejores servicios para tu cliente.

¿Dónde encaja el análisis de conducta? ¿Por qué tenemos que negociar?

Entonces, ¿por qué no todo el mundo aprecia lo que hacemos? Retrocedamos un minuto y veamos cómo encaja el análisis de conducta en el sistema más amplio de prestación de servicios socio sanitarios. En primer lugar, tenemos que admitir que llegamos a la mesa de negociación mucho más tarde que las demás profesiones. Los niños llevan años presentando graves problemas de conducta en las aulas. Durante al menos 30 años, ha habido una literatura documentada sobre el tratamiento de estos problemas y esa literatura surgió del ámbito de la educación, no del análisis de conducta. Los centros escolares primero atendieron a los niños que tenían necesidades educativas especiales creando "aulas especiales". La primera explicación que hubo sobre los niños con problemas de conducta en el aula era que podría ser culpa de los propios niños. Para que los profesores pudieran hacer su trabajo cotidiano y estos niños no les interrumpieran constantemente, se recurría a un psicólogo escolar para que los evaluaran y los enviaran a un "aula especial" al final del pasillo o al aula portátil detrás del edificio principal.

Otro modelo erróneo para abordar los problemas de conducta en el aula consistía en intentar hablar con los niños sobre su conducta inadecuada. Los niños que por alguna razón no podían ser examinados fuera del aula (p.ej., su coeficiente intelectual era demasiado alto) eran enviados a un orientador escolar. A menudo, el asesoramiento era sólo una "terapia de conversación" diluida. Una vez más, la teoría era que había algo inapropiado en estos niños que debía arreglarse.

Es sorprendente que en algunos centros educativos referir a un estudiante a un aula de educación especial o a la oficina del orientador escolar sigan siendo los métodos de elección para tratar a los niños con problemas de conducta. Aunque las clases especiales y la orientación escolar están bien establecidos en el sistema educativo como soluciones, estas intervenciones no cuentan con una base de datos sólida que demuestre que realmente funcionan, excepto al retirar al niño del aula original, con lo que se resuelve inmediatamente el problema para el profesor que se puede quedar más tranquilo. El evidente efecto de reforzamiento negativo de este modelo explica su popularidad en los sistemas escolares. La culpa del problema se traslada al niño, víctima impotente de una burocracia bien arraigada.

Ahora, desde hace unos 10 años, cuando hay un problema relacionado con la conducta de un niño, se consulta a un analista de conducta. En lugar de hacer pruebas al niño, el analista de conducta entra en el aula para observar lo que ocurre e intenta encontrar las variables causales de la conducta disruptiva. Lo que el analista de conducta descubre es que este alumno no está bien atendido por el profesor, el contenido escolar es demasiado difícil para él, se le exige que esté sentado durante largos periodos de tiempo prestando mucha atención a textos que le resultan poco interesantes y sólo recibe atención ("vuelve a tu asiento") del profesor cuando se levanta y se pasea por el aula o molesta a otro alumno. Este niño no necesita que le hagan pruebas y le envíen a otra clase, ni tampoco necesita asesoramiento psicológico. Necesita una nueva serie de tareas académicas interesantes por las que pueda ganarse el reforzamiento. El reforzamiento vendrá de la mano de un profesor que entienda su necesidad de elogios. Todo esto suena maravilloso, pero hay que tener en cuenta que esta serie de recomendaciones probablemente no hará que el analista de conducta sea muy popular entre los profesores que están enrocados en el modelo negativo del reforzamiento.

¿Qué debe hacer un buen analista de conducta en estas circunstancias? En primer lugar, debe reconocer que un centro educativo tiene su propia estructura de poder, reglas no escritas y códigos de conducta. Un colegio o escuela es diferente de casi cualquier otra institución en nuestra cultura porque el profesor tiene total autonomía en su aula. Dicta las normas y lleva la voz cantante. Incluso el director, los padres y el consejo escolar son reacios a tomar medidas cuando un profesor con muchos años de antigüedad está en desacuerdo.

Usted es el analista de conducta que trabaja en este centro. Acaba de recibir una propuesta del director para trabajar con un niño disruptivo en la clase de la Sra. Baker. Hace las observaciones y saca las conclusiones descritas anteriormente. ¿Qué hacer a continuación? ¿Decirle a la Sra. Baker que tiene que cambiar de conducta? ¿Decirle que tiene que dejar sus apuntes amarillentos y tratar al alumno de una forma completamente diferente a la que ha estado enseñando durante los últimos 25 años? ¿Y decirle que tiene que dedicar mucho tiempo a reforzar a un niño que le cae mal? Ya se puede imaginar cómo va a ser la conversación. Para los principiantes, esto puede parecer una tarea absolutamente desalentadora. Si consigues darle la vuelta y convencer a un profesor que no estaba comprometido con un enfoque del análisis de conducta, se correrá la voz y tendrás a otras personas haciendo cola para solicitar tus servicios.

Para empezar, un primer curso rápido de "Negociación y Presión 101" te ayudará a avanzar en beneficio de tus clientes.

LOBBYING (**GRUPOS DE PRESIÓN**)

Tal y como lo conoce la mayoría de la gente, el término *lobby se refiere a los intentos organizados de* grupos de intereses especiales para influir en los legisladores que están considerando determinados proyectos de ley en el Congreso. Las características clave son los intentos organizados y el lugar donde se producen, que es fuera de la cámara de deliberación real. El término *lobby* se originó cuando los representantes de los grupos de interés especial acorralaron a los legisladores en el pasillo del Congreso y trataron de influir en ellos fuera de una reunión oficial.

Utilizamos la idea del *lobby* para sugerir un método por el cual usted, el recién llegado a la organización, podría trabajar éticamente para influir en las acciones de otros y obtener un resultado positivo. El interés especial que usted representa es el del estudiante que necesita un defensor para mejorar sus posibilidades de éxito en el centro educativo. Como analista de conducta consultor, usted no se limita a argumentar que el profesor tiene que ser más tolerante con el alumno. Por el contrario, está recomendando una serie de cambios muy específicos que, según su revisión de la literatura, sus observaciones directas en el aula y sus años de experiencia, serán la mejor manera de ayudar al niño.

Entonces, ¿cómo debe proceder? Sabiendo lo que sabes sobre el poder del maestro de hacer valer su parecer, tendrás que actuar para defender los intereses del niño y los tuyos propios. Deberás hacerlo *antes* de sentarte con el profesor en la reunión en la que le presentarás tu propuesta.

Sé el reforzador

El primer paso es constituirte a ti mismo como un reforzador. Busca algún momento en el que puedas reunirte con el profesor para conocerlo. Utilizando lo que has aprendido en los capítulos 8 y 9, preséntate como una persona no amenazante que ama a los niños, que se siente maravillada por los profesores que hacen el trabajo duro con ellos cada día y que simpatiza con su situación. Esto debe ser sincero. Probablemente requerirá dos o tres conversaciones en la sala de profesores, la cafetería, el pasillo (vestíbulo) o cualquier otro lugar que no sea el aula. Esté atento a cualquier cosa que indique cuáles son los reforzadores potenciales para profesor y vea si puede proporcionárselos. Por ejemplo, si observas que tiene un tablón de anuncios con el tema de las mariposas, puedes llevarle un libro sobre mariposas que pueda sacar de la biblioteca. Si te enteras de que a la profesora le gusta cierto tipo de música, puedes dejarle un folleto sobre un próximo concierto o un recorte del periódico sobre su músico favorito. O puedes ofrecerte a ayudar a hacer algo con la clase, como leer a los alumnos, ayudarles con una próxima tarea o proporcionarles una copia de un programa informático que han estado buscando. Hay que tener en cuenta que, de acuerdo con la buena práctica ética, no debes llevarle al profesor regalos ni obsequios.

Hacer preguntas para obtener información

A continuación, después de conocer un poco mejor al profesor, puedes empezar a hacerle algunas preguntas tras una sesión de observación en su aula: "Me he dado cuenta de que William se pone nervioso cuando le asignas problemas de matemáticas. ¿Cuál es tu opinión al respecto?". Aquí no importa cuál sea su respuesta, la actitud adecuada de tu parte es decirle: "Gracias, eso me ayuda mucho a entender a Guillermo. Se lo agradezco".

A medida que vayas interactuando con la profesora, podrás hacerte una idea de cuál es la mejor manera de presentarle tus ideas para el programa. En el momento en que finalmente te sientes con ella en una reunión, será muy útil que le caigas bien a la profesora, que confíe en ti y que sepa que no le vas a pedir que haga nada que no pueda hacer. Además, sabrás cómo se siente esta profesora en particular respecto a cambiar su forma de hacer las cosas en el aula y cambiar su conducta.

Evaluar la respuesta

Dado que su programa va a implicar probablemente algún aspecto de reordenación académica (un conjunto diferente de tareas, un horario diferente, más reforzamiento), tiene que sondear a la Sra. Baker para determinar cómo responde a estas ideas. Algunas personas en este mundo son rígidas. Cuando se traba-

> "Hay gente en este mundo que es rígida. Cuando trabajes con ellos, ya sabes lo que te toca hacer. El esfuerzo para defender los intereses de tu cliente y convencerles puede llegar a ser importante".

ja con ellos, hay que esforzarse mucho. La *presión* podría llevar un tiempo. No te precipites. Si te mueves demasiado deprisa con una persona a la que no le gustan los cambios, probablemente recibirás un rechazo. Debes saber que una vez que la gente ha rechazado una idea, es difícil hacer que la reconsidere.

Si trabajas con un comité en lugar de con un individuo, lo que necesitas hacer para lograr influirles se multiplica por el número de personas que haya en el comité. Hay una cosa que los observadores de la actividad legislativa saben desde hace mucho tiempo: si quieres que tu propuesta sea recibida positivamente, debes conocer a los miembros individualmente, charlar con ellos antes de tu presentación si es posible y hacerles llegar algunas ideas para tener entender su posicionamiento.

En los últimos años, la actividad de los grupos de presión en el Congreso ha adquirido mala reputación. Esto se debe en parte a que los grupos de presión que han ido mucho más allá de conocer a los legisladores e instruirlos sobre ciertos proyectos de ley. Estos grupos de presión poco éticos también han ofrecido sobornos, comisiones, viajes para jugar al golf en Escocia o a Hawai'i. Está claro que los analistas de conducta que ejercen presión en nombre de un niño deben de actuar dentro de los límites éticos y legales. Entender con quién se está hablando para poder abordar cualquier problema con antelación es una estrategia prudente para ser un profesional eficaz.

CONSEJOS PARA NEGOCIAR

Negociación es otro término empresarial que puede parecer fuera de lugar en la práctica efectiva de este análisis. La mayoría de las personas que escuchan el término *negociación* se imaginan una mesa de caoba del tamaño de Cincinnati con los representantes de la dirección a un lado y los líderes sindicales al otro mientras negocian un convenio colectivo de cinco años para los trabajadores de la cadena de montaje de General Motors. Es una gran imagen, pero no es de eso de lo que estamos hablando. La definición más común de negociación tiene el sentido de lo que tenemos en mente. La negociación es una discusión que tiene lugar para llegar a un acuerdo. De la cita que aparece al principio de este capítulo se desprende un escenario demasiado común que se da cada día en

Estados Unidos. Un analista de conducta ha presentado su caso para aplicar un programa conductual que mejorará en gran medida la vida de un cliente: niño, estudiante o grupo de empleados. Y, a pesar de los mejores intentos de *negociación* de la analista de conducta, la propuesta ha tropezado con una importante resistencia por parte de una o varias de las partes o incluso del propio mediador. Ha utilizado todos los consejos que ofrecimos en el capítulo 9 sobre la persuasión, pero las cabezas se balancean y la gente dice: "No tenemos tiempo para hacer ese tipo de programa", "Va a requerir recursos que no tenemos" o incluso "No me siento cómodo haciendo que todos sus reforzadores, cómo se dice, sean 'contingentes'. Creo que le va a dar un ataque allí mismo, en el supermercado y entonces ¿qué voy a hacer?". El analista de conducta inteligente (¡ese sería usted!) Habrá previsto esta posibilidad y tendrá listo un plan B. Es el momento de negociar.

Primero tienes que *soñar* a lo grande con tu propuesta: "Pida más de lo que espera obtener" (Dawson, 2006, pág. 13). En nuestro campo, la mayoría de los planes de conducta son *escalables*, es decir, pueden implicar un tratamiento que abarque la mayor parte de las horas de vigilia del cliente o tan sólo una o dos horas al día. Todo lo que sea menos carece esencialmente de valor y esto sería el punto no negociable. El trabajo original de Lovaas (1987) demostró que, en aproximadamente la mitad de los casos, 40 horas semanales de entrenamiento individual, codo con codo y con entrenamiento con ensayos discretos con niños con autismo podía producir resultados sorprendentes después de un período de dos años. Los niños del estudio de Lovaas parecían haberse "recuperado" del autismo y podían incorporarse a clases de educación regular en las que no se podían diferenciar de los alumnos "típicos". Investigaciones posteriores han demostrado que, con 20 horas semanales de la misma intensidad de tratamiento, más algún trabajo de grupo menos intensivo, se pueden conseguir aproximadamente los mismos resultados.

Si usted propusiera a los padres de un niño 30 horas de terapia a la semana y ellos negociaran con usted 20 horas semanales, podría aceptarlo. Sin embargo, si se propone un programa de tratamiento de 20 horas semanales y los padres intentan reducirlo a 10 horas, lo que podría estar por debajo del umbral de eficacia, habría que decidir si se deben prestar los servicios, o no.

Otra estrategia que recomendó Dawson (Dawson, 2006, págs. 34-36) es la fórmula *"Feel, Felt, Found"* (sientes, sentido, descubierto), que parece bastante apropiada para el enfoque personal que adoptamos con los padres, los profesores y otros cuidadores. En esta estrategia, cuando se negocia, se utilizan palabras para transmitir el concepto: "Entiendo cómo *te sientes*, otras personas se han *sentido* igual, pero ¿sabes lo que hemos *descubierto*?..." Este método de evitar la confrontación en cuestiones clave y reconocer las preocupaciones de la otra persona puede disipar un momento difícil y permitirle avanzar hacia la puesta en práctica de un programa conductual de calidad.

RESUMEN

El campo de la negociación tiene muchas otras estrategias, tácticas y recursos que ofrecer a profesionales que trabajan duro para conseguir un contrato, vender sus servicios o alcanzar acuerdos inmobiliarios. La mayoría de estas otras estrategias no son apropiadas para proveer servicios clínicos. Sin embargo, es importante darse cuenta de que, en el curso de la prestación de un tratamiento valioso y sofisticado para el cliente, el analista de conducta eficaz deberá estar al tanto de las estrategias de presión y negociación. Está claro que estas habilidades merecen la pena si se traducen en la prestación de servicios de calidad para niños y adultos con necesidades especiales que, de otro modo, podrían recibir servicios limitados con un impacto nulo o negativo.

PARA LEER MÁS

Dawson, R. (2006). *El arte de la negociación.* Selector.

Greenwood, M. (2006). *How to negotiate like a pro: 41 rules for resolving disputes.* New York: iUniverse.

Lovaas, O. I. (1987). Behavioral treatment and normal educational and intellectual functioning in young autistic children. *Journal of Clinical and Consulting Psychology, 55,* 3–9. https://doi.org/10.1037//0022-006x.55.1.3

Oliver, D. (1997). *101 caminos para negociar con eficacia.* Libérica.

11

Hablar en público

La presentación oral debe ser sencilla, equilibrada y hermosa.

Garr Reynolds (2009)

Sudando profusamente y con el corazón latiendo tan fuerte que el público puede oírlo, la oradora con fobia a hablar en público sabe que su vida tal y como la conoce se acabará en cuanto abra la boca. La ensalada de palabras comenzará a brotar, mientras que sus tartamudeos y lapsus la hacen sentir cada vez más avergonzada y humillada. El público conservará eternamente la clara impresión de que es inútil e incompetente.

El miedo a hablar en público es la segunda fobia más común, entre la aracnofobia (miedo a las arañas) en el puesto número uno y la aerofobia (miedo a volar) en el tercero. Se calcula que las "fobias sociales", incluidas las fobias a hablar en público, afectan a 5,3 millones de personas solo en EEUU y están relacionadas con el miedo a ser evaluado negativamente en situaciones sociales.

> "La habilidad de dirigirse a un grupo es esencial para analistas de conducta".

Si usted pertenece a la clase de personas que tienen miedo a hablar en público, con síntomas que van desde el dolor de estómago hasta los ataques de pánico en toda regla, la buena noticia es que se trata de una habilidad que puede aprenderse con un enfoque sistemático. La capacidad de hablar ante un grupo es una habilidad fundamental para los analistas de conducta. Hacer presentaciones a grupos de ciudadanos o profesionales es probablemente la mejor manera de difundir el análisis de conducta. Con la práctica y el entrenamiento, llegará al punto de poder dirigirse a una gran audiencia que percibirá su interés y sinceridad. Su entusiasmo por el análisis de conducta se percibirá con claridad y podrá aclarar cualquier idea errónea que los demás tengan sobre nuestro campo. La sección 10.0 de las Directrices de Conducta Responsable es la "Responsabilidad Ética del Analista de conducta ante la Sociedad" y esta sección de nuestro código ético subraya la importancia de promover nuestro campo. Además de cumplir con nuestra responsabilidad ética, hay muchos trabajos para analistas de conducta profesionales que requerirán que usted tenga habilidades para hablar en público.

LA NECESIDAD DE HABLAR EN PÚBLICO

Nuestras entrevistas con asesores conductuales sugieren que una de las estrategias más habituales consiste en realizar reuniones de formación informales (en las que los asistentes están de pie en su entorno de trabajo). Describieron situaciones en las que, en algunos casos, hasta tres veces por semana, tenían que dirigirse a un grupo de personas para hablar de la teoría o las técnicas del análisis de conducta. En ocasiones, los consultores se limitaban a familiarizarse con términos de uso común o conceptos básicos; en otras charlas, realizaban seminarios de formación completos con personal de atención directa, charlas de motivación para profesores, sesiones informativas para administradores de nivel medio o sesiones de juegos de rol y prácticas con trabajadores en entornos industriales. Los consultores describieron a menudo que tenían que preparar una charla con poca antelación. Por ejemplo, el consultor de análisis de conducta en un entorno de gestión del rendimiento podría recibir un manual informativo el miércoles junto con las instrucciones para impartir una charla de una hora de duración sobre seguridad conductual el lunes siguiente para encargados de minas a cielo abierto.

Muchas personas simplemente no pueden imaginarse a sí mismas de pie frente a un grupo de desconocidos y dando una charla. Al igual que el orador fóbico del principio de este capítulo, empiezan a pensar en todos los desastres que podrían ocurrir durante una presentación: "¿Y si me atraganto y me olvido de lo que tengo que decir? ¿Y si no les gusto? ¿Y si el proyector no funciona? ¿Y si me hacen una pregunta y no sé la respuesta?". Sepa que esta línea de pensamiento suele ser común para los oradores principiantes. Una vez que tenga práctica y experiencia, es posible que tenga un ligero nerviosismo antes de iniciar una charla, pero el pánico intenso desaparecerá. Para que pueda iniciar el camino para convertirse en un gran orador en público, nos gustaría ofrecerle algunas sugerencias útiles. Para los oradores experimentados y seguros de sí mismos que ya han dado charlas y quieren repasar sus habilidades, tenemos algunos consejos para actualizarse con la próxima ola tecnológica y teoría de hablar en público.

CÓMO EMPEZAR

Si te sientes cómodo hablando de tú a tú con la gente, es un buen comienzo. Si eres capaz de pensar que dar una charla es mantener una conversación sobre un tema con el que estás familiarizado y te entusiasma, te irá bien. Para empezar, deberías aprovechar algunas oportunidades para mantener conversaciones cortas primero con grupos pequeños y ampliarlas gradualmente a otros más grandes. Esto podría llevar unas semanas y durante ese tiempo podrías leer algunos de los buenos libros sobre cómo hablar en público (p.ej., Gelb, 1988; Harvard Business School Press, 2007; Henderson y Henderson, 2007; Hoff, 1998).

Si, por el contrario, no eres un simple principiante, sino una persona que tiene un leve miedo real a hablar en público, puede abordarlo como si se tratara de una fobia; el tratamiento más conocido de los miedos en la terapia de conducta es la desensibilización *in vivo*. Como analista de conducta, probablemente esté familiarizado con esta técnica. Al igual que se puede tratar el miedo a las alturas empezando por subir un tramo de escaleras, se puede trabajar la oratoria con un entrenamiento de relajación. Te imaginas dando una charla con un pequeño grupo de amigos, luego te relajas, te imaginas a otra persona del grupo, te vuelves a relajar y así sucesivamente, añadiendo gente gradualmente (Martín y Pear, 1998). Cuando no tengas miedo en estas circunstancias, es el momento de intentar una charla real sobre un tema muy familiar con un grupo de personas que conozcas bien. La desensibilización funciona mediante la exposición gradual

> "A fin de maximizar tu efectividad como analista de conducta, debes de ser capaz de dirigirte a cualquier tipo de audiencia sin aviso previo pudiendo contar tu historia con confianza y entusiasmo".

al estímulo que produce el miedo, de modo que la ansiedad se va extinguiendo poco a poco; el tiempo que se tarda depende de la frecuencia con la que se practique y variará de una persona a otra. Si parece que no estás haciendo ningún progreso por ti mismo, puedes considerar la posibilidad de buscar un terapeuta de conducta para que te ayude. Merece la pena hacer lo que sea necesario para superar tu miedo. Para ser más eficiente como analista de conducta, tienes que esforzarte hasta el punto de poder dirigirte a casi cualquier público en poco tiempo y contar tu historia con confianza y entusiasmo.

TÉCNICAS ESTÁNDAR PARA HABLAR EN PÚBLICO

Preparación de la charla

Toda charla tiene dos partes: (a) el *contenido* (el mensaje) y (b) la *presentación*. La mayoría de las personas se preocupan más por la presentación y por lo que van a hacer con las manos, cómo van a proyectar su voz y cómo se van a mover por la sala o el escenario. Pero es imposible ser un gran orador sin tener un mensaje convincente que transmitir. Tienes que empezar con una historia con la que te sientas cómodo y te entusiasme contar. Debe ser una historia que conozcas tan bien que no necesites un guion.

Paso 1: Identifique los puntos clave de su charla No tendrá tiempo para cubrir un sinfín de detalles, así que empiece por esbozar su presentación para determinar qué es razonable cubrir en el tiempo asignado. La mayoría de los oradores intentan incluir demasiado contenido y luego se sienten apurados por cubrirlo todo. Gran error. Te irá mejor si reduces tu charla a una media docena de puntos importantes en una charla de 30 minutos. Una vez que tengas tus puntos clave, determina el orden en el que se presentarán. Es muy útil pensar en términos de un "arco argumental" con un principio, una sección intermedia y un final.

Paso 2: *Encontrar el gancho* Otro consejo para desarrollar la presentación perfecta es empezar con el siguiente mandato: "Tengo que dar a mi público una razón para escucharme. ¿Por qué debería importarles?". Esta es la pregunta que un gran orador responderá en los primeros 90 segundos de una presentación. Hay que empezar con una idea-fuerza *(gancho)* para despertar el interés del público. Un gancho puede ser una pregunta a la audiencia ("¿Cuántos de ustedes han tenido que soportar que alguien sentado a su lado hable en voz alta por su teléfono móvil?"), una historia humorística, una cita bien elegida, alguna estadística dramática o un "vistazo" que hará que su audiencia quiera escuchar más. Un ejemplo de comienzo que hará que el público piense: "¿Qué pasó después?"; la siguiente introducción fue utilizada por un consultor analista de conducta: "La pequeña Jenny, de 7 años, se acercó a su escritorio a trompicones, sacó su cuaderno y escribió "Ayúdame" en letras grandes con un rotulador. Luego bajó la cabeza y empezó a sollozar". Este fue un comienzo dramático bien elegido para una presentación ante los profesores del colegio. Esta única anécdota hizo que todos los presentes prestaran mucha atención al orador, que estaba dando una charla sobre programas de educación individualizada que, de otro modo, podría haber sido rutinaria y aburrida.

Paso 3: *Presentar el contenido* Has empezado con un gran gancho diseñado para captar la atención de todos. Una vez que tengas la atención del público, puedes pasar al contenido de tu presentación. Este será el grueso de la presentación, aunque debes resistir el impulso de poner demasiado material en esta sección intermedia. Tu objetivo en la sección de contenido de la charla es familiarizar a la audiencia con el tema, mostrarles su relevancia y motivarles para que aprendan más. En lugar de presentar diapositiva tras diapositiva con viñetas que lee en voz alta, deberá centrarse en los aspectos más destacados como una progresión.[14]Asegúrate de que el material se presenta de forma organizada y de que explicas adecuadamente los conceptos sin enterrar a la audiencia en los detalles.

Paso 4: ¡termina con un BANG! Para el final de su presentación, vuelva al principio del rompecabezas y termine esa historia o proporcione una última anécdota que dé a su charla un final memorable. Puede ser una foto dramática en la pantalla que cuente una historia en sí misma, una anécdota humorística final, o una cita que envuelva la esencia de tu charla. Parece que existe un efecto de *primacía* y un efecto de *recencia* (Gelb, 1988) con el público. Si se pregunta a la gente más tarde sobre la charla, es más probable que recuerden el principio y el final que la parte central. Esta es otra buena razón para presentar sólo unos pocos puntos clave y seguirlos con un folleto que se distribuya al final de la charla.

PREPARACIÓN DE LA SALA Y COMPROBACIÓN DEL EQUIPO

Los oradores experimentados llegan a la sala de conferencias entre 30 minutos y una hora antes de su charla. Lo hacen porque comprenden la importancia de crear un entorno cómodo para su conversación con el público. Hay que saber algunas cosas sobre la sala en la que se va a hablar. En primer lugar, la sala no ha sido preparada por una persona que hace presentaciones públicas. Lo más probable es que haya sido preparada por el equipo de restauración del hotel la noche anterior. Los hoteles tienen unos cuantos montajes estándar; el equipo se limitará a seguir las instrucciones y es muy probable que la sala no esté preparada como tú quieres.[15] En segundo lugar, quizás puedas pedir cambios para

---

[14] Si su charla tiene mucho contenido, es mejor que prepare algo de material impreso y lo ponga a disposición de la audiencia al final de la presentación.

[15] Una de las mejores prácticas de los oradores experimentados es enviar con antelación al planificador de la conferencia un plano que muestre cómo quiere que esté dispuesta la sala. Esto debe hacerse al menos dos semanas antes de la conferencia. También puede especificar en ese momento sus necesidades de equipos audiovisuales, por ejemplo, un micrófono inalámbrico, el tamaño de la pantalla y el tipo de proyector. Si va a llevar música, deberá indicar al organizador de la conferencia que desea conectarse al sistema de sonido del hotel o de la sala.

asegurarte de que la sala se adapta a *tus* necesidades y requisitos. Muchas salas están equipadas con una tarima (un pequeño escenario que está entre 30 y 60 centímetros por encima del suelo de la sala) y un podio. Esto es adecuado para un público numeroso, pero para grupos más pequeños puedes pedir que el podio se coloque en el suelo para estar más cerca del público. O, mejor aún, comunique al organizador de la conferencia si desea utilizar un micrófono inalámbrico y no va a usar el podio. En el caso de oradores principiantes, puede ser conveniente hacer la presentación desde el podio. Estar de pie en un lugar y aferrarse al podio para salvar la vida puede darle una sensación extra de seguridad. Pero si tu objetivo es llegar a ser un orador de fama reconocida, debes saber que los oradores hábiles se alejan del podio, ¿por qué pone una barrera física entre ellos y su público? Los grandes oradores conectan directamente con su público.

> **"Tienes la prerrogativa de pedir cambios a fin de que la sala se adecúe a tus necesidades y criterios".**

Iluminación y temperatura

Si vas a hacer una presentación en una pantalla, asegúrate de que sabes cómo controlar la iluminación de la sala antes de que empiece la presentación. Así, cuando estés listo para que se atenúen las luces, podrás decir: "¿Puede alguien reducir la intensidad de las luces de delante? Es el tercer interruptor de la pared del fondo". Esto da la impresión de que estás al mando de la sala y evita que se pierda tiempo mientras la gente corretea por la habitación encendiendo y apagando las luces equivocadas. Lo mismo ocurre con la temperatura; como presentador, tú estás al mando. Si la sala está demasiado caliente, sobre todo cuando la gente ha estado escuchando presentaciones todo el día, aumentan mucho las posibilidades de que tu audiencia se quede dormida tranquilamente durante tu charla. Si la sala está helada, los asistentes se pasarán todo el tiempo que dure tu esclarecedora presentación pensando en el frío que tienen; los que no sean miembros del *Club del oso polar* se levantarán y se irán.

Los asientos del público

Habrá ocasiones en las que tenga que dar una charla en una sala demasiado grande para su presentación. Su charla está prevista para 50 participantes y usted está en un salón de baile con asientos para 1.000 personas. Siempre habrá miembros del público que decidan sentarse en el fondo de la sala, aunque estén a 3 kilómetros del orador y haya cientos de asientos vacíos. Como presentador, estás dentro del rango de conducta aceptable para pedirle a la gente, con diplomacia y buen humor, que se pongan más cerca. Si estás haciendo un taller para el que la gente necesita mesas y escritorios y te han asignado una sala con una configuración tipo teatro (sólo sillas), es muy apropiado que localices a la organizadora de la conferencia y le preguntes cómo puede ayudarte a resolver este problema. Es posible que un equipo venga a reordenar las sillas o a añadir mesas o a trasladarse a otra sala. Sin embargo, sólo podrá resolver problemas importantes si ha seguido la sugerencia de presentarse con 30 minutos o una hora de antelación para comprobar su sala.

Comprobar el equipo técnico

Micrófonos Una vez que tengas a alguien trabajando para cambiar la sala a tu gusto, es el momento de comprobar el equipo. Empieza por el micrófono para asegurarte de que funciona. Pídele a alguien que responda a tu pregunta: "¿Me oyes ahí detrás?". Si utilizas un micrófono inalámbrico en una sala muy grande, el equipo de montaje debe explicarte las limitaciones del equipo antes de que comience tu presentación. Por ejemplo, después de encenderse, algunos micrófonos inalámbricos tienen un retraso de varios segundos antes de estar operativos. Sin ser consciente de este retraso, los oradores nerviosos suelen encender el micrófono y decir algo y, cuando no ocurre nada, lo apagan, declarando que no funciona. Algunos micrófonos no funcionan si la persona que habla está delante o cerca de los altavoces. Practicar unos segundos con el equipo antes de empezar tu presentación hará que estés fresco, tranquilo y bien preparado.

Equipo de proyección A continuación, comprueba el equipo de proyección. La mayoría de la gente utiliza alguna versión de una presentación de diapositivas. Las presentaciones de diapositivas actuales (que solían ser diapositivas reales proyectadas a través de un proyector de carrusel) se proyectan utilizando software como Microsoft PowerPoint o Apple Keynote y un ordenador portátil. Para empezar a comprobar el equipo de proyección, conecta el portátil al proyector y asegúrate de que funciona. Avanza algunas diapositivas para asegurarte de que todo funciona. Es una buena idea tener una diapositiva en la pantalla cuando la gente entre en la sala; esta diapositiva debe tener el título de tu charla, tu nombre y afiliación y el nombre del grupo que te ha invitado.

Uso de la música para llegar a ser un orador de élite

Añadir música a su presentación y a la ambientación de la sala hará que todo sea un poco más complicado, pero la música es insuperable a la hora de crear el ambiente y calentar el entorno mientras el público entra en la sala. Puedes llevar tu propia música en un reproductor MP3 o en un teléfono móvil. Se puede programar con antelación para que produzca el efecto que usted desea para su charla y su público. Por ejemplo, la música clásica tranquila relajará a todo el mundo, mientras que el jazz de Nueva Orleans hará que el público se anime y se emocione. En los talleres que hemos realizado, uno de los comentarios más habituales es: "¡Me ha encantado la música!"

Encuentro y saludo

Si llegas a tu sala con una hora de antelación y solucionas todos los problemas del equipo, tendrás unos 15 o 20 minutos de sobra. La gente entrará, tomará su café y se sentará. Aproveche esta oportunidad para conocer a algunas de las personas que han acudido a escucharle, sobre todo a las de las primeras filas, a las que se dirigirá cuando empiece su presentación.

Prepararse para la presentación

La primera recomendación para un buen discurso es practicar, practicar y practicar; esto proviene de innumerables libros sobre cómo hablar en público y de *Toastmasters International*, la principal organización de Estados Unidos que enseña y promueve la buena oratoria.[16] Practica frente a un espejo, practica con un amigo y, por último, si es posible, practica en la sala donde vas a hablar. Grabar tus charlas de práctica y revisarlas en la intimidad de tu despacho te permitirá analizar objetivamente cómo se ve tu presentación desde el ángulo desde el que te verá el público. Los vídeos le mostrarán si su lenguaje corporal es rígido y pueden proporcionarle la información que necesita para probar un estilo de presentación diferente, como alejarse del podio, utilizar un micrófono inalámbrico o caminar por el pasillo central y alrededor del público, donde puede ver a la gente de cerca y hablarles directamente.[17]

Después de asegurarnos de tener los bolsillos vacíos de objetos que puedan hacer ruiditos, la segunda práctica recomendada es relajarse. Esto puede parecer muy difícil dado el estrés asociado a hablar ante grandes multitudes, pero funciona. Justo antes de salir al escenario y mientras está fuera de la vista, respire profundamente varias veces. Recuerda que estás manteniendo una conversación sobre un tema que conoces bien y que estás aquí sólo para contar tu historia. Estas personas no te habrían invitado si no quisieran escuchar tu historia. Estarás bien.

La última recomendación para una buena presentación es asegurarse de darle un aire coloquial a su discurso y que se siente cómodo cambiando su tono de voz, de suave a fuerte y viceversa, utilizando pausas para conseguir un efecto en el público. Si te has visto en una grabación y sabes que tienes tendencia a una voz monótona, asegúrate de evitarla como evitarías un bache gigante delante de tu casa. En una conversación normal con gente, te ríes, cuentas chistes y anécdotas. Todo

> "Recuerda que estás teniendo una conversación sobre un tema que conoces bien y que has venido únicamente a contar tu experiencia".

---

[16] Visite www.toastmasters.org para obtener un conjunto completo de recomendaciones sobre cómo hablar en público

[17] También necesitarás un mando a distancia inalámbrico si vas a desplazarte y mostrar diapositivas al mismo tiempo.

esto es perfectamente aceptable en tus presentaciones, siempre y cuando lo hagas con claridad y las bromas e historias sean relevantes para tu mensaje. En una conferencia reciente ante 500 personas, uno de los ponentes invitados comenzó su charla así "Me han dicho que soy un orador bastante seco y que debería empezar mi charla con un chiste. Bien, pues este es el chiste..." Por desgracia, no era bueno; no estaba relacionado con el tema y a nadie le hizo gracia. Le costó recuperarse y aunque era un experto reconocido en su campo, seguramente no tuvo el impacto que podría haber tenido. En su favor, hay que decir que tenía fotocopias con todos los puntos clave y referencias para que la gente las recogiera en el podio cuando terminara la charla.

LA PRESENTACIÓN DE DIAPOSITIVAS

Muy pocas personas pueden mantener la atención del público durante mucho tiempo sin una presentación de diapositivas para ilustrar sus puntos y exponer sus argumentos. La gente se ha acostumbrado a ver la televisión de alta calidad y con gran velocidad a esperar ver y oír al mismo tiempo. En muchos casos, el público que acude a nuestras presentaciones en las conferencias está tan acostumbrado a los altos valores de producción de la televisión y el cine que, en comparación, escuchar una charla es simplemente aburrido. Los ponentes tienen que darse cuenta de esto y compensar no sólo mejorando la presentación de sus charlas, sino también la calidad de sus presentaciones con diapositivas. Los que tenemos cierta edad recordamos cuando las presentaciones de conferencias se hacían con retro proyectores y transparencias. A menudo, las transparencias no eran más que una página tras otra de notas que escribíamos con una letra pequeña en un viejo artilugio llamado máquina de escribir. Los presentadores más afanosos empezaron entonces a mostrar imágenes y gráficos durante las presentaciones y lo hacían utilizando diapositivas, bandejas de diapositivas y proyectores de carrusel. Avanzamos rápidamente hasta la llegada de una tecnología para realizar presentaciones que todos conocemos: el uso de ordenadores portátiles y programas como PowerPoint. Esto supone una clara mejora con respecto a los proyectores de diapositivas y los retro proyectores. En lugar de seguir presentando una página de texto mecanografiado, todos hemos aprendido las reglas de PowerPoint. No hay que abrumar al público con demasiadas letras. No debe haber más de seis palabras por línea y seis líneas de texto por página. Si te sientes actualizado porque conoces todas estas pautas para preparar una presentación, ¡agárrate! Los tiempos cambian más rápido de lo que puedes parpadear y los presentadores de vanguardia han dejado de lado el estilo de presentación en PowerPoint que todos conocimos y amamos alguna vez.

Actualmente se está produciendo una revolución contra las presentaciones estándar, omnipresentes y *aburridas* del tipo PowerPoint. Descrito como una reacción a la "muerte por PowerPoint", este movimiento pretende revolucionar las presentaciones empezando de nuevo con un nuevo objetivo. En lugar de preguntarse: "¿Cuánto texto puedo meter en una página?", el grupo de diseñadores creativos que lidera la nueva ola propone: "Las grandes presentaciones de diapositivas contienen el contenido adecuado, dispuesto de la manera más eficiente y elegante, sin decoración superflua. La presentación es sencilla, equilibrada y bella" (Reynolds, 2008, pág. 25). Reynolds continuó diciendo: "Las charlas en directo potenciadas por la multimedia tratan de contar historias y tienen más en común con el arte del cine documental que con la lectura de un documento en papel. Hoy en día, las charlas en directo deben contar una historia reforzada por imágenes y otras formas de multimedia adecuadas" (p. 25).

> "Hay actualmente una contra-revolución en contra de las presentaciones de PowerPoint típicas y aburridas".

Este nuevo enfoque, denominado por Reynolds *presentación zen*, toma su significado de los diseños japoneses limpios y sencillos de sus productos. De hecho, Reynolds se refiere a una experiencia que tuvo hace muchos años cuando almorzaba con un *bento* (un tipo de fiambrera japonesa) en una estación de tren de

Tokio. Vio por casualidad a un hombre de negocios que hojeaba una página tras otra de diapositivas de PowerPoint impresas de dos en dos. Estaban repletas de encabezados y viñetas, lo que contrastaba con su *bento*, que era "bellamente eficiente, bien diseñado... nada superfluo" (Reynolds, 2008,p. 6). Reynolds llegó a la conclusión de que las presentaciones técnicas también pueden hacerse de forma sencilla y bella. El libro de Reynolds es una lectura obligada para cualquier persona que tenga que hacer una presentación o que quiera mejorar su forma de hablar en público. Un concepto esencial es usar el texto de forma minimalista, introduciendo pocas palabras en cada diapositiva y evitando el uso de listas con muchos puntos. En su lugar, utiliza fotos seductoras o gráficos atractivos para contar tu historia. Para una charla de 20 minutos, no se recomiendan más de 20 diapositivas. Para ver un ejemplo de presentaciones sencillas y elegantes, visita www.ted.com. "TED[18] se dedica a dar a millones de buscadores de conocimiento de todo el mundo acceso directo a los mejores pensadores y maestros del mundo", junto con sugerencias para unirse a las conversaciones de TED, está en la página web.

RESUMEN

Cuando llegue el momento de hacer una presentación, no pienses que tienes que "dar una clase magistral". La alternativa a es compartir ese momento con tu público. Si has diseñado una gran presentación, te has tomado unos minutos para conocer a algunos de los miembros de la audiencia, has practicado a fondo tu charla y estás preparado para centrarte totalmente en tu audiencia y compartir tu historia durante los próximos 30 minutos sin prestar atención a lo que ha ocurrido antes o lo que sucederá después (sin pensar en dónde vas a comer o cuándo tomarás tu próximo avión), estarás en el momento y listo para disfrutar de esta experiencia con este maravilloso público, aquí y ahora. Si puedes hacerlo, todos reconocerán tu trabajo y querrán escuchar cada una de tus palabras.

---

[18] TED son las siglas de *Tecnología, Entretenimiento y Diseño.*

PARA LEER MÁS

Atkinson, C. (2008). *Beyond bullet points.* RMicrosoft Press.

Duarte, N. (2008). *Slide:ology: Arte y ciencia para crear presentaciones.* Conecta.

Gelb, M. J. (1988). *Present yourself: Transforming fear, knowing your audience, setting the stage, making them remember.* Jalmar Press.

Harvard Business Press. (2007). *Cómo hacer presetnaciones.* Serie Pocket Mentor.

Henderson, J., & Henderson, R. (2007). *There's no such thing as public speaking.* Prentice Hall.

Hoff, R. (1998). *Puedo verlo desnudo.* Granica.

Martin, G., & Pear, J. (1998). *Modificación de conducta: Qué es y cómo aplicarla.* Prentice Hall.

Reynolds, G. (2009). *Presentation zen: Ideas sencillas para el diseño de presentaciones.* Prentice-Hall.

www.ted.com (Technology, Entertainment, Design)

Sección

Tres

La aplicación del conocimiento conductual

12
Cómo tratar con personas difíciles

¿Qué tienen en común la secretaria gruñona de la recepción, el colega obstinado de su equipo de intervención, el empleado desafiante y sarcástico al que tiene que supervisar, el supervisor egocéntrico que no escucha y el director general que se siente amenazado por cualquier idea que no sea suya? Respuesta: Todos ellos entran en la categoría de "difíciles".

Cualquiera que trabaje el tiempo suficiente se encontrará con personas con las que es difícil tratar. "Difícil", por supuesto, significa cosas diferentes para cada persona. Son difíciles de tratar aquellas personas que ponen obstáculos a las personas que les rodean. En el caso del consultor de análisis de conducta, una persona difícil es alguien que frena o descarrila nuestro intento de aplicar eficazmente nuestros planes analítico-conductuales. Nuestro *plan* puede ser desde un programa conductual de un cliente individual hasta un plan de reestructuración masiva de una gran empresa.

En este capítulo notarás que utilizamos etiquetas comúnmente reconocidas como *perezoso*, *desafiante* o *egocéntrico*. Lo hacemos porque estas palabras pueden evocar inmediatamente una imagen vívida para el lector. Sin embargo, en el entorno de trabajo, como analista de conducta, tendrá que ir rápidamente más allá de las etiquetas y de cualquier emoción que esté sintiendo, ponerse el traje de analista de conducta y empezar a buscar *conductas medibles* y sus causas para poder trabajar con una persona difícil.

Las personas difíciles tienen una gran variedad de conductas y respuestas que las hacen difíciles. Oponerse a las nuevas ideas, resistirse a la retroalimentación, mentir, tergiversar quién hizo realmente el trabajo, ser manipulador, socavar y sabotear a los demás, intimidar, dramatizar cada asunto, quejarse, no cumplir con los plazos y protocolos, criticar a los demás y su trabajo, discutir sobre todo, señalar por qué cualquier nueva sugerencia no funcionará, provocar realmente los problemas para poder parecer el héroe que los resuelve y negarse a ayudar, como en el caso de "No es mi trabajo", son sólo algunas de las características que pueden verse en las personas difíciles. Son personas que impiden que el entorno de trabajo sea un lugar tranquilo, organizado y eficaz. Pueden llevar a los buenos trabajadores al límite y hacer que se enfaden, se frustren o se depriman. Pueden hacer descarrilar los proyectos y socavar su moral.

La naturaleza de la relación laboral que tiene con una persona difícil o el lugar que ocupa en el organigrama tiene mucho que ver con la forma de abordar este problema. Por ejemplo, si está presentando una idea al vicepresidente de fabricación para implantar un nuevo sistema de retroalimentación e incentivos y encuentra resistencia, esta persona podría ser difícil de una manera totalmente diferente a la forma en que un colega critica su forma de vestir o si se recorta la barba. Si tiene un analista de conducta auxiliar certificado por la junta directiva que trabaja para usted y que se queja constantemente, hace su trabajo de manera descuidada o siempre se retrasa en la presentación de sus horas facturables, esto presenta un tipo de dificultad diferente.

Las personas difíciles en el lugar de trabajo se encuentran en todos los niveles y es importante que el consultor analista de conducta sea capaz de tratar con compañeros de trabajo que van desde los voluntarios hasta el director general.

TRATO CON VOLUNTARIOS O MEDIADORES

Un rasgo distintivo del análisis de conducta es que trabajamos con otros para lograr nuestro objetivo de provocar un cambio socialmente significativo en la conducta de un número bastante grande de clientes. Un analista de conducta que trabaje en el ámbito de la educación primaria no se conformaría con uno o dos éxitos al mes. Por el contrario, deseará poner en marcha programas con docenas de niños y tener un impacto que se note hasta el despacho del director. Para conseguirlo, el analista de conducta tendrá que trabajar con los profesores, los ayudantes, los orientadores, los conductores de autobús e, incluso, con los conserjes y los trabajadores de la cafetería. Las personas no conductuales a las que recluta para que le ayuden en la programación conductual se denominan "mediadores". Los padres entran en esta categoría si vas a confiar en ellos para llevar a cabo un plan conductual.

Como se describe en el capítulo 6, los analistas de conducta deben ser expertos en la realización de análisis funcionales en cualquier entorno, con cualquier cliente que sea remitido, con el objetivo de descubrir las variables de control. La evaluación funcional es el primer paso para resolver cualquier problema de conducta. Esta evaluación conduce al desarrollo de una propuesta de programa conductual que alterará la conducta del niño en edad escolar. El objetivo subyacente del plan conductual es ayudar al niño a adaptarse al entorno del aula y convertirse en un estudiante feliz, cooperativo y productivo. Una vez señaladas las variables funcionales, se identifican las consecuencias que se manipularán en el plan conducta. A continuación, se identifica a una persona que pueda mantener y aplicar las consecuencias de forma consistente para dar forma a las conductas objetivo, tales como mejorar la conducta en la tarea, completar las tareas, reducir la tasa de errores, aumentar la escritura creativa o eliminar el acoso escolar. En muchos programas conductuales, la persona clave que participará en la aplicación de las consecuencias (incluidos los reforzadores) puede ser alguien como el conductor del autobús o una secretaria de la oficina principal. Para ser eficaz, el analista de conducta tiene que encontrar la manera de involucrar a estas personas y de reforzamiento con la perspectiva de ayudar a un niño a cambiar su conducta. Aquí es donde entra en juego la comprensión de las personas difíciles. Habrá momentos en los que el conductor del autobús diga: "Tengo que conducir. No tengo tiempo para andar con niños". En un entorno empresarial, habrá supervisores que se resistan a reforzar a los empleados porque, por ejemplo, "se *supone* que hacen su trabajo. Yo no recibo recompensas especiales por hacer mi trabajo".

¿Recuerdas lo que dijimos sobre que la evaluación funcional es el primer paso para resolver un problema de conducta? Esto también se aplica a las personas difíciles. Tendrás que preguntarte por la causa de sus conductas. ¿No están recibiendo suficiente reforzamiento? ¿No han recibido la formación adecuada y, por tanto, se sienten incómodos realizando el procedimiento? ¿Ayudarte significa que tienen que hacer su trabajo además de lo que tú necesitas que hagan?

Pero, en consonancia con nuestro mensaje en este libro, tendrás que ir más allá de las habilidades técnicas de análisis de conducta (como el análisis funcional) y comprender el clima político y la relación de todos los actores y utilizar todas las 25 habilidades que son esenciales para los consultores profesionales.

Afortunadamente, cada vez se reconoce más en la literatura empresarial que centrarse en *la conducta* en lugar de en la personalidad del individuo es un enfoque más productivo frente a otros tradicionales (Harvard Business School Press, 2004). Las conductas de las personas que necesitan su apoyo para que su programa tenga éxito serán el objetivo; la conducta de un maestro, de un maestro sombra, del director del colegio. Si sus ayudantes son difíciles en el sentido de que, aunque aceptaron ayudar, no cumplen, no son precisos en sus acciones o no son capaces de proporcionar la calidad o la consistencia necesaria, la programación conduc-

> "Hay un reconocimiento cada vez mayor en la literatura empresarial hacia los factores conductuales (frente a los de personalidad) como base de estrategias productivas".

tual no será efectiva. ¿Quién iba a pensar que un conductor de autobús o un trabajador de la cafetería podían hacer que un programa conductual fuera eficaz o no?

Hay que decir desde el principio que ayudar a un analista de conducta a poner en práctica un programa puede ser una tarea desalentadora. Pedir a un conductor de autobús que utilice el reforzamiento diferencial con un niño que está sentado tranquilamente implica no sólo atender a esta conducta, sino también actuar oportunamente para reforzarla. Y la conducta debe ser reforzada *sin que el mediador cometa ningún error*. No importa que la conductora del autobús fuera la que pidiera ayuda con sus revoltosos jinetes; probablemente tenía en mente algo un poco diferente, como prohibir a los pequeños malhechores el sistema de transporte escolar por completo. Decir: "Creo que tengo una solución que te funcionará" suena bien al principio, pero cuando la conductora del autobús se entera de que eso significa elogiar a los niños que están sentados en silencio, incluidos los que la insultaron ayer, la cosa cambia por completo. Esta persona difícil está diciendo esencialmente: "No estoy segura de estar a la altura" cuando no sigue el plan conductual. Una solución es facilitar la tarea proporcionando un ayudante de autobús durante las dos primeras semanas para ayudar a poner en marcha el plan de intervención conductual. Y, sin duda, habrá que reservar algo de tiempo para practicar, con mucho reforzamiento para participar en estas nuevas conductas mientras se conduce un autobús escolar de 12 metros de largo y 12 toneladas que está totalmente cargado de estudiantes de secundaria gritones.

La cuestión fundamental a la hora de tratar con mediadores o voluntarios es que, como asesor conductual, se le exige que primero los "califique" en el sentido de que determine que realmente son capaces de llevar a cabo su parte de la intervención de forma fiable, con precisión y durante el tiempo necesario. Una vez hecho esto, hay que motivar a estas personas para que participen y formarlas como miembros del equipo de intervención. Un último paso consiste en supervisar su rendimiento y proporcionarles retroalimentación en caso de que haya alguna desviación de las especificaciones establecidas inicialmente. Si se ha hecho todo correctamente, la retroalimentación será positiva y debería poder desaparecer gradualmente de la escena. Es decir, si, como consultor conductual, has aplicado lo que sabes sobre la formación del personal y has utilizado eficazmente tus habilidades de persuasión (véase el capítulo 9), básicamente evitarás tener una persona difícil a tu alrededor. Si no has cualificado adecuadamente a la persona o tu formación ha sido insuficiente, o si la persona se encuentra con alguna reacción negativa o aversión en el camino, puedes encontrarte con que ahora tienes que lidiar con esa persona difícil.

Una de las quejas más persistentes de los analistas de conducta que trabajan en hogares de niños autistas es que uno de los padres sabotea el plan de tratamiento. Esto, por supuesto, puede suponer un golpe fatal para el éxito con el niño. El padre difícil puede incurrir en conductas pasivo-agresivas de estar de acuerdo con el plan, pero no seguirlo realmente, "olvidarse" de llevar a cabo una sesión de entrenamiento, o discutir con usted sobre la necesidad del entrenamiento en absoluto: "¿No cree que se le pasará esto?" Utilizar la declaración de servicios profesionales cuando se está decidiendo si se va a aceptar un caso debería ayudar a descartar a los padres que probablemente no vayan a cooperar.[19] Una vez en el caso, es posible que descubra que a algunos no les resulta fácil seguir una rutina específica día tras día y que se lo piense mejor. O puede que uno de los padres hable con otra familia y empiece a preguntar por tratamientos alternativos, pero potencialmente peligrosos, como el tratamiento con oxígeno hiperbárico o dietas especiales que pueden parecer más fáciles que los rigurosos regímenes de entrenamiento conductual. La mejor solución para estos escenarios es anticiparse a los problemas y te-

> "Utilizar una declaración de servicios profesionales… ayudará a filtrar a familias que tienen poca probabilidad de cooperar".

---

[19] La declaración de servicios profesionales es un documento de varias páginas que detalla el papel del analista de conducta y de los cuidadores en el tratamiento del niño. Se ofrecen detalles que dejan claro desde el principio que es necesaria la plena cooperación para el éxito y que explican exactamente lo que se espera que hagan los padres. Todas las partes firman la declaración, que tiene un lenguaje contractual y los padres se quedan con una copia para futuras consultas.

ner sesiones de revisión regulares con los padres para asegurarse de que siguen a bordo y comprometidos con el programa conductual. Si surgen conductas difíciles (como el incumplimiento), tendrá que invertir la marcha y volver a empezar desde el principio y asegurarse de que esta vez hay una cantidad suficiente de retroalimentación y reforzamiento para mantener su apoyo.

Como consultor de análisis de conducta, descubrirá que habrá muchas ocasiones en las que tendrá que trabajar con mediadores y voluntarios para proporcionar a un niño servicios en distintos entornos y a lo largo del día. Como consultor conductual, también necesitarás tener habilidades para supervisar a los empleados remunerados que te darán información en el entorno de trabajo.

EL TRATO CON TRABAJADORES A NUESTRO CARGO

Las personas a las que usted supervisa se denominan en el mundo empresarial "subordinados directos", es decir, aquellas personas que dependen de usted y que son evaluadas por usted. En teoría, hacen lo que se les dice, pero no siempre es así. Pueden ser perezosos o discutidores, estar a la defensiva, ser pasivo-agresivos o ser extremadamente negativos. En otras palabras, pueden ser difíciles. *Cómo tratar con gente difícil* (Harvard Business Review Press, 2019) y *Handling Difficult People* (Bloch, 2005) describen cómo manejar a las personas difíciles en el lugar de trabajo, pero como es habitual en muchos libros sobre este tema, las sugerencias de estas obras populares no son conductuales. Como supervisor con formación en análisis de conductas, su trabajo debería resultarle mucho más fácil que a alguien con un máster en administración de empresas o un trabajo en recursos humanos que no tiene ni idea de cómo funciona la conducta. La literatura empresarial suena algo conductual con la recomendación general de "diagnosticar y recetar" (Harvard Business Review Press, 2019), pero se queda muy lejos de lo que usted puede hacer como analista de conducta. Usted sabe, por ejemplo, que es mucho más probable que los empleados rindan al máximo si saben lo que se espera de ellos y si están debidamente formados para el trabajo. También sabe que es esencial proporcionar una retroalimentación periódica sobre el rendimiento, más que un mero método para responsabilizar a los empleados (véase más sobre esto en el capítulo 16, "Gestión del rendimiento").

Como ejemplo, consideremos a uno de sus supervisados cuyo trabajo no es satisfactorio. En términos generales, se trata de un empleado que evita o se resiste a las asignaciones de trabajo, a menudo poniendo excusas, olvidándose convenientemente, discutiendo, trabajando de forma ineficaz y postergando la mayoría de las asignaciones. En lugar de decirle abiertamente: "No quiero hacer esto", las acciones de este empleado hablan por él y así evitar una confrontación inicial. Cuando se le cuestiona, él (y otros como él) suele negar que su conducta tenga este propósito y puede darle la vuelta al asunto para que el supervisor (en este caso usted) parezca culpable de ser exigente o controlador. Como analista de conducta, usted no consideraría que se trata de un trastorno de la personalidad, sino que primero querría saber cuáles son los estímulos discriminativos de la conducta. También querría examinar las *operaciones de establecimiento* relacionadas con este tipo de conducta. Otras consideraciones a tener en cuenta son el entrenamiento adecuado para la tarea, el tipo de reforzador disponible para completar la tarea y el programa del reforzamiento. Es bastante obvio que una persona a la que usted supervisa y que realiza este tipo de conducta pasivo-agresiva probablemente lleva tiempo haciéndolo y probablemente ha sido reforzada muchas veces por comportarse así. Podrías preguntarte: "Si quiero producir alguna conducta de trabajo adecuada en esta persona, ¿por dónde puedo empezar?". Lo más probable es que esto te lleve a un programa de moldeamiento y desvanecimiento con un programa de reforzamiento bastante denso.

Si hay algo bueno en un problema con un subordinado directo, es que usted puede estar en condiciones de controlar los reforzadores y las consecuencias para esta persona. Pero a veces, como consultor de análisis de conducta, tendrás que tratar con personas difíciles que no supervisas, como tus colegas y compañeros.

EL TRATO CON COLEGAS Y COMPAÑEROS

La relación con tus compañeros y colegas puede suponer un reto si alguna de estas personas es difícil. Tu principal consideración debe ser protegerte del daño que supone la asociación con personas negativas, discutidoras, quemadas, excesivamente dramáticas o con dos caras. Y, por supuesto, tendrás que diseñar tu vida profesional de forma que no dependas de personas así. Son personas que pueden suponer un retroceso en tu desarrollo profesional. Partimos de la base de que tu asociación con estos compañeros es voluntaria por tu parte. Todo cambia si tu supervisor o tu jefe te juntan y esperan que trabajes en equipo.

> "Tu consideración principal debe ser la de protegerte de cualquier daño por asociación con gente que es negativa, conflictiva, esta quemada o es dramática o hipócrita".

Puede ser útil utilizar habilidades conductuales, como reforzar a la persona por sus buenas ideas y aportaciones. También es una buena idea mantener a su jefe al tanto e informar objetivamente de las reuniones que tenga con la persona difícil; por ejemplo: "Estaré encantado de redactar el acta de nuestra reunión y enviarla al director de nuestra unidad". Al principio de los grandes proyectos debes establecer qué persona es responsable de qué tareas y documentarlo por escrito. También es una buena idea celebrar reuniones breves y periódicas para ponerse al día sobre los avances, en las que la persona difícil tenga la oportunidad de exponer sus preocupaciones. Tener testigos de sus interacciones puede ser útil si el colega o compañero es realmente un problema. Si está claro que te has topado con una persona difícil que parece estar intentando hacerte daño, debes saber que este tipo de persona difícil puede ser fatal si no se trata con eficacia. Puede que tengas que involucrar a tus supervisores para que las cosas no se te vayan de las manos.

TRATO CON DIRECTIVOS: PRESIDENTES, VICEPRESIDENTES Y DIRECTORES GENERALES

Si la persona difícil en tu trabajo está en la alta dirección, se aplican todas las habilidades conductuales que hemos comentado antes. Además de utilizar estas habilidades, puedes organizar una reunión con la persona y preguntarle si hay algo que puedas hacer para mejorar esta relación laboral. Explica tu postura de forma tranquila y profesional. Si la persona es un gerente, director, jefe de sección o vicepresidente y hay otras personas en la agencia con el mismo cargo, ¿puede uno de ellos abogar por ti o proporcionarte apoyo en las reuniones? Asegúrate de pedir la opinión de los demás para asegurarte de que, efectivamente, vas por el buen camino.

Si la persona difícil está en lo más alto de la cadena de mando, como el presidente de la empresa, el director general o el propietario de la agencia, intente todo lo que se ha sugerido anteriormente. Pide también una reunión y haz todo lo posible para que las cosas vayan por el buen camino. Si procede, puede que su supervisor tenga que ser quien se reúna con la alta dirección en su nombre.

Lamentablemente, a veces ocurre que un buen consultor conductual y una empresa no hacen buena pareja. Si al director general o al propietario no le gusta tu trabajo, hagas lo que hagas y tu supervisor no puede ayudarte, quizá debas seguir la pista de la canción de Kenny Rogers "The Gambler": *"Tienes que saber cuándo aguantar, saber cuándo parar, saber cuándo retirarte, saber cuándo huir..."* Esperamos que sepas cuándo pedir ayuda y seas capaz de solucionar cualquier problema que encuentres en el entorno laboral. Si los problemas con las personas difíciles en tu entorno laboral no se pueden resolver, recuerda que, como consultor de análisis de conducta, tus habilidades se demandan. Te mereces tener una vida feliz y un trabajo en el que se te aprecie a ti y a tus habilidades.

¿ES USTED UNA PERSONA DIFÍCIL?

Antes de dejar este capítulo, es importante que nos pidamos que hagamos una autocomprobación para determinar si realmente puede ser una persona difícil de vez en cuando. Si se encuentra con otras personas que se resisten constantemente a sus ideas, que discuten con usted sobre sus estrategias o que parecen tratar de disminuir su impacto en un grupo de trabajo, es el momento de determinar si tal vez usted está provocando estas reacciones por su propia conducta. La mejor manera de averiguarlo es buscar a un colega de

> "Es posible que en tu intento de se ayudar a otros, avances demasiado rápido sin atender a objeciones o dando apoyo o reforzamiento insuficientes"

confianza que te lo diga directamente. Prepárate para recibir una respuesta incómoda y no te resistas ni discutas. Existe la posibilidad de que, en su afán por ayudar a los demás, se mueva con demasiada rapidez, no escuche las objeciones o proporcione muy poco apoyo y reforzamiento. Recuérdate a ti mismo que, aunque la aplicación de programas conductuales es fácil para ti, puede ser muy difícil para los demás. Es posible que usted no tenga ningún reparo o preocupación por utilizar la extinción o hacer que los reforzadores sean contingentes, pero otras personas sí y necesitan sentirse muy cómodas con esos métodos antes de comprometerse plenamente. Una reacción frecuente de los que no son analistas de conducta es que las consecuencias de aplicar la extinción o incluso el reforzamiento contingente es que sienten pena por el individuo y quieren simplemente ceder. Una reacción común de los cuidadores ante la aplicación de un programa de moldeamiento con un niño pequeño que tiene berrinches es: "¿No sería más fácil levantarlo cuando llora?". Esto no es sorprendente, pero, por supuesto, socavará totalmente su intento de moldear al niño pequeño para convertirlo en un niño agradable y cooperativo que escuche a sus padres.

Si se encuentra con resistencia, discusiones, sabotaje o evasivas, considere la posibilidad de que esta reacción a su forma de tratar con colegas, voluntarios o clientes sea básicamente culpa *suya*; necesita hacer nuestra autocomprobación para determinar si hay alguna otra forma de tratar con la gente.[20]Puede que te estés moviendo demasiado rápido o que no te tomes en serio las preguntas o las preocupaciones, o puede que asumas que la gente sabe más

---

[20] Véase el apéndice al final de este libro.

de lo que sabe sobre cómo aplicar tus programas. Con los colegas, puede que no estés dando suficiente reforzamiento para que mantengan el contacto contigo. En el tiempo que pasa con ellos, ¿se esfuerza demasiado por ser el centro de atención? Si se centra en los demás y les proporciona el reforzamiento, puede descubrir que están mucho más dispuestos a escucharle después. Y si trabajas con colegas en un proyecto de equipo, ¿tienes que tener siempre todo a tu manera? Tal vez ser más transigente disminuiría la tensión y eliminaría algunas de las conductas difíciles con las que te encuentras cada semana.

LAS PERSONAS DIFÍCILES, SON DIFÍCILES DE VERDAD

Sería increíblemente ingenuo suponer que se puede simplemente empezar a reforzar conductas seleccionadas de todas las personas difíciles y darle la vuelta a toda prisa. Algunos de estos individuos han estado perfeccionando sus conductas inadaptadas durante años. Algunas personas difíciles mienten sobre su trabajo, sobre ti y sobre todos los que les rodean. Se aprovechan del personal inocente (a menudo de rango inferior al suyo) y lo utilizan como peones que pueden ser fácilmente manipulados. Toman las ideas de otros y las presentan como propias. Te sonríen en la cara en las reuniones y luego corren por el edificio e intentan socavar y deshacer tus proyectos. Siempre hay alguien que tienen como objetivo para "*liquidarlo*". El objetivo suele ser alguien con excelentes habilidades que la persona difícil considera amenazante. El objetivo puedes ser tú.

NO SE PUEDE GANAR A TODOS

Conocimos a una consultora de análisis de conducta que trabajaba en un entorno corporativo. Era increíblemente competente, tenía grandes habilidades sociales y caía bien a todo el mundo. Todo el mundo, excepto un vicepresidente, que no la soportaba. Era amable y optimista cuando se relacionaba con él. Intentaba utilizar sus mejores habilidades conductuales y reforzarle sus buenas ideas en las reuniones. Habíamos visto a esta persona en acción y sus palabras de reforzamiento y aprecio siempre parecían sinceras. Al cabo de un tiempo, el consultor se dio cuenta de que el vicepresidente (un antiguo militar) interpretaba la conducta amistosa y alegre como *"ligera"*, sobre todo cuando el comportamiento alegre lo exhibía una mujer. Tras reflexionar un poco, la consultora bajó el tono de sus habilidades sociales cuando estaba en presencia de este vicepresidente. Se acabaron las conversaciones triviales. Nunca mencionó el tiempo ni le preguntó cómo estaba o cómo estaba su familia y sólo habló de las cosas del trabajo. Se esforzó por sonreír menos en su presencia. Esto dio lugar a una cierta mejora en las interacciones, pero había otro problema. El vicepresidente quería que alguien, un amigo íntimo de su mujer, ocupara el puesto del consultor. Le preguntamos a la consultora cómo había conseguido sobrevivir tanto tiempo. Ella respondió,

> Puede que al final lo consiga. Pero una vez que me di cuenta de que nunca le voy a gustar, necesité un nuevo plan. Me aseguro de que mi trabajo sea excelente, aunque tenga que dedicarle horas en casa por la noche. Copio a mi jefe en todo, así que, si él dice que no estoy produciendo, mi jefe sabe lo que está pasando. No me detengo ahí. Envío informes mensuales al presidente y a otros empleados clave. Así, si el vicepresidente va a una reunión y dice que no estoy haciendo nada, queda como un idiota desinformado porque todos los demás en la mesa han visto mi productividad durante el último mes. También mencioné a unas cuantas personas clave de que él iba a por mí. Sólo lo hice una vez y luego lo dejé. No sería profesional ir por ahí actuando como si estuviera obsesionado con el tema, pero hice saber a la gente que tenía sus propios intereses ocultos. Si recibo un cumplido por escrito de un cliente o proveedor, lo transmito a la cadena de mando para que las personas por encima de mí sepan que soy un activo para la empresa. Me ofrezco como voluntaria para realizar trabajos que otras personas no tienen la capacidad de hacer. Me aseguro de que mi trabajo esté bien documentado, desde los grandes proyectos hasta los numerosos correos electrónicos y llamadas telefónicas que atiendo. Soy extremadamente respetuosa con el vicepresidente en las reuniones, aunque me sienta tentada de poner los *ojos en blanco* y decir "¡que rollo!" cuando está hablando. Cada día me esfuerzo por convertirme en una profesional que mi empresa quiera conservar.

RESUMEN

La mayoría de las veces, tratar con personas difíciles no difiere en realidad de tratar con cualquier otra persona: su conducta está bajo algún tipo de control de estímulos, las operaciones de establecimiento están ahí para ser disimuladas, acuden a la mesa de reuniones con su propio historial de reforzamiento (probablemente desconocido) que puede suponerse a partir de las propiedades dinámicas de su conducta y, lo que es más importante, su conducta difícil es modificable a través del moldeamiento. En situaciones como el caso que acabamos de exponer, las 25 habilidades esenciales presentadas en este libro, junto con unas sólidas habilidades conductuales, ayudarán al consultor a desarrollar una estrategia para tratar con personas difíciles.

> "La mayoría de las veces, lidiar con gente difícil no se diferencia de lidiar con cualquier otra persona".

En lugar de alterarse emocionalmente y etiquetar a la persona difícil como "imbécil" u otros términos impresentables, el consultor analista de conducta competente puede utilizar las 25 habilidades esenciales junto con las técnicas derivadas de 40 años de investigación aplicada para realizar algunos cambios sorprendentes en la conducta.

PARA LEER MÁS

Bloch, J. P. (2005). *Handling difficult people*. Avon, MA: Adams Media.

Carnegie, D. (2008). *Cómo ganar amigos e influir sobre las personas.* Elipse. (Original publicado en 1936)

Harvard Business Review Press. (2019). *Tratar con gente difícil.* Autor.

Hunsaker, P. L., y Alessandra, A. J. (1980). *El nuevo arte de gestionar equipos.* Deusto.

13
Piensa en la función

Para muchas personas, uno de los aspectos más frustrantes de la vida es no poder entender la conducta de los demás.

Richard Carlson

No me traigo el trabajo a casa. Mi tiempo es mi tiempo. Dejo los asuntos del trabajo en la oficina. Algunas personas separan su trabajo del resto de su vida. Esto tiene sentido sobre todo para los abogados de empresa, los ingenieros aeronáuticos y los neurocirujanos, para quienes llevar el trabajo a casa se consideraría una conducta ciertamente inapropiada si, aparte de hablar con confianza sobre un caso con su cónyuge, consideramos que el neurocirujano se lleve el trabajo literalmente a casa.

Otros profesionales podrían llevar su trabajo a casa y no se consideraría nada raro. Carpinteros, fontaneros y enfermeros podrían utilizar fácilmente sus habilidades en casa para mejorar la vida de sus familiares. Colocar armarios nuevos en la cocina, instalar grifos modernos en el baño o vendar una rodilla lesionada es algo que tiene sentido. ¿Y los analistas de conducta profesionales comprometidos? ¿Tiene sentido que se lleven a casa sus conocimientos y habilidades sobre la conducta? ¿Deben los analistas de conducta aplicar lo que aprendieron en la universidad en su vida diaria? ¿Y qué pasa con los compañeros de trabajo en la oficina?

Ciertamente, parece que la naturaleza de nuestra tecnología de la conducta es aplicable en todos estos entornos y que los analistas de conducta deberían aplicar lo que saben sobre la conducta humana cuando surjan oportunidades. Esto no significa que el analista de conducta vaya a entrar siempre en acción y se dedique a moldear conductas a diestro y siniestro. A veces, involucrarse en los asuntos de otras personas no es apropiado. Sin embargo, el analista de conducta certificado debería ser capaz de observar la conducta de una persona en el entorno natural y, en una medida razonable, determinar las variables causales que todos los demás parecen pasar por alto. Aunque la mayoría de los compradores de una tienda miren a un niño que grita y piensen "¡mocoso malcriado!", el analista de conducta es testigo de la misma conducta y comprende que la madre ha estado reforzando al niño de forma intermitente por las rabietas en el supermercado: "Toma un caramelo. Por favor y deja de gritar".

PROBLEMAS EN EL CENTRO COMERCIAL

Amy y Amanda, hermanas gemelas ya mayores, viven en la misma ciudad. Aunque ambas tienen una vida profesional muy ocupada, intentan reunirse al menos una vez al mes. Amy, directora de oficina, tiene un niño de 2 años y medio, Jayden. Jayden es un niño muy exigente. Empezó a caminar cuando tenía 18 meses y lleva varias semanas balbuceando y hablando. Amanda, que es analista de conducta certificada y está embarazada de tres meses, ha pensado que podrá aprender de su hermana algunas cosas sobre la convivencia con un niño pequeño. Para sorpresa de Amanda, lo que está aprendiendo es que Amy no tiene ni idea sobre la conducta humana. Las hermanas pasan una tarde con Jayden en el centro comercial. Están recorriendo el amplio pasillo del centro comercial con Jayden en el cochecito y se escucha un grito agudo; Jayden señala un quiosco en el que se exhiben helados y el vendedor ofrece muestras gratuitas. Amy se desvía bruscamente hacia la izquierda y, casi chocando con el joven vendedor, dice: "Vale, vale. Vamos a por el helado. Deja de gritar, Jayden". Mientras Amy intenta volver al pasillo del centro comercial, Jayden empieza a tener una rabieta. Grita a pleno pulmón, se pone rojo y se agita en su cochecito, Amy dice: "Quiere más helado. Es así todo el tiempo. Es terrible". Amanda se sorprende de que Amy no entiendo lo que acaba de hacer y no tiene ningún problema en comprender lo que le ha llevado a esta situación tan incómoda.

Mirando la que ha pasado desde el punto de vista de un analista de conducta, Amanda piensa para sí misma,

> Esto es lo que pasó. Probablemente vienen aquí con bastante frecuencia, porque el centro comercial está cerca de la casa de Amy. La primera vez que Amy vio al vendedor que daba muestras gratuitas del "helado de la era espacial", pensó que sería estupendo que Jayden lo probara. Amy cogió una muestra para Jayden, se lo pasaron en grande hablando del "helado de la era espacial" y se fueron. Ahora, cuando Amy tiene prisa y no quiere parar, Jayden protesta. Para acabar con los gritos, Amy le da a Jayden lo que quiere, como ha hecho hoy. El resto es historia.

Amanda aplicaba el lema "piensa en la función de la conducta" cuando no estaba trabajando. Si no fuera analista de conducta, probablemente estaría de acuerdo con Amy en que Jayden sólo estaba pasando por una etapa de desarrollo comúnmente llamada los "terribles dos años". La explicación alternativa de que Amy está aprendiendo alguna conducta espantosa no es algo tan agradable para su hermana. Y a los padres ciertamente no les gusta pensar esto sobre ellos mismos. Pero así son las cosas a veces. Recordamos que nuestro código ético recomienda no trabajar con familiares, Amanda no le dice nada a Amy, pero si le preguntan, le explicará que los "terribles dos años" son un mito.

Innumerables estudios bien controlados sobre las interacciones entre niños y padres apuntan en la dirección de las contingencias de reforzamiento mal diseñadas (no planificadas, por cierto) por un padre que no tiene ni idea de cómo funciona realmente la conducta son responsable de la misma. Amy tiene una excusa; *no* es analista de conducta, es gerente de una oficina y no sabe hacerlo mejor. En nuestra cultura la educación de parental no suele tener en cuenta cómo funciona la conducta infantil. Las grandes contingencias culturales de dos padres ocupados y niños en edad preescolar que se ven sometidos al estrés de múltiples viajes de ida y vuelta a la guardería mientras están sentados solos en el asiento trasero de un Volvo no ayudan en nada. Si los padres buscan asistencia conductual, podemos ayudarles a entender que las instrucciones vagas, las amenazas y el reforzamiento inconsistente e intermitente por conductas inapropiadas son susceptibles de producir respuestas emocionales desafiantes que serán bastante exigentes. Un niño con rabietas (que ha sido moldeado para realizar esta conducta) normalmente se iniciará rápidamente en algunas conductas negativas para su calidad de vida rápidamente. Gritos. Azotes. Restricciones. En poco tiempo, estas consecuencias comenzarán a sumarse para generar un niño con una actitud hostil hacia sus padres y quizás hacia los adultos en general. No hace falta una psicoterapia o una terapia familiar para llegar a la raíz de este problema y un analista de conducta que sea capaz de aplicar el análisis funcional con lógica podrá encontrar una explicación conductual para estas situaciones.

> "Numerosísimos estudios bien controlados sobre la interacción padre-hijo sugieren que los padres no diseñan contingencias de reforzamiento adecuadas y no tienen ni idea de cómo funciona la conducta"

Toda conducta tiene una función. La función está ahí mismo, en el entorno y puede ser reconocida por un analista de conducta bien entrenado con la misma claridad que un búho moteado del norte puede ser detectado en un bosque por un ornitólogo con unos prismáticos. Al igual que los biólogos están entrenados para encontrar especies raras, los analistas de conducta están entrenados para ver y comprender las contingencias de reforzamiento. Cuando aplicamos nuestra formación profesional a la conducta que ocurre a nuestro alrededor, podemos detectar los antecedentes, imaginar las operaciones de establecimiento y comprender las consecuencias. Lo que no solemos conocer son las historias del reforzamiento ni los programas; esto requiere más de observación.

Pero un analista de conducta que puede aplicar el análisis funcional tiene una enorme ventaja sobre cualquier otra profesión; es fácil mantener la calma y la objetividad si se entiende cómo funciona el comportamiento. Incluso si alguien te lanza una crítica envenenada, no es tan malo. "Hmm", te dices a ti mismo. "Este tipo debe estar teniendo una muy mal día. No siempre es amable, pero este grito es inusual. Me pregunto qué le habrá pasado esta mañana". Como analista de conducta, tienes una ventaja muy poderosa sobre el indignado. Sabes que responder con cualquier cosa que no sea una mirada inocua lo reforzará y también sabes que en cuanto salga a tomar aire, puedes cambiar de tema a algo un poco más agradable. Ser un consultor conductual eficaz significa llevar tus herramientas conductuales contigo a todas partes, analizar cada situación a la que te enfrentas durante el día y estar preparado para aplicar los procedimientos más adecuados cuando sea necesario.

> "El ser un asesor conductual efectivo significa llevar contigo tu caja de herramientas conductual allá donde vayas, analizando cada situación con la que te encuentres, permaneciendo atento y aplicando dichas herramientas cuando se necesite".

PIENSA SIEMPRE EN LA FUNCIÓN

Entonces, ¿qué ocurre cuando la misma analista de conducta va a la oficina, al trabajo, o a su casa? ¿Puede seguir aplicando el análisis funcional para tratar eficazmente a sus pesimistas colegas, a sus amigos entrometidos, a una madre mandona, a sus clientes difíciles de complacer o a su novio odioso y de cabeza dura? Por supuesto.

Carol trabaja en una empresa de consultoría conductual que presta servicios a centros y aulas de educación especial. Al final del día, se pasa por la oficina para redactar informes, contabilizar su facturación y revisar el correo electrónico. Janice es otra consultora que suele aparecer a la misma hora. Al poco tiempo de llegar, Janice empieza a quejarse de su bajo salario, de los colegios nefastos que le asignan, de lo frustrante que es el trabajo, etc. Las primeras veces que esto ocurrió, Carol se mostró comprensiva e intentó consolar a su colega. "Bueno, son tiempos difíciles y a ninguno de nosotros nos van a subir el sueldo", decía. O: "Sí, es un colegio difícil, aunque hay algunos profesores buenos". Después de quejarse a su marido de Janice, "Está empezando a ponerme de los nervios. Estoy cansada de escucharla y me gustaría que la cambiaran de sitio", Carol se percató de que se trataba de un problema *conductual*: "Probablemente alguien en la oficina empezó a reforzar su conducta de quejarse y aquí estoy yo manteniéndola con mi simpatía". Ese fue un punto de inflexión para Carol. Decidiendo que los lloriqueos de Janice estaban motivados por la atención, Carol comenzó a poner todos los lloriqueos en extinción mientras reforzaba a Janice por otros temas de conversación. Los lloriqueos pronto cesaron cuando Carol estaba presente.

La solución al problema entre Carol y Janice parece tan obvia. ¿Cómo es posible que un analista de conducta no reconozca al instante una conducta verbal inapropiada y sepa que debe ser ignorada? La respuesta parece ser que los analistas de conducta somos simples mortales y, como tales, algunos olvidamos de vez en cuando que podemos y debemos aplicar nuestros conocimientos conductuales en nuestra vida cotidiana. Hay cierta ironía en la situación en la que Carol se quejó a su marido de la tendencia de Janice a quejarse. Sin embargo, muchos de nosotros nos dejamos llevar y nos indignamos, en lugar de ser eficaces, o maldecimos en lugar de moldear la conducta.

ANÁLISIS FUNCIONAL EN EL LUGAR DE TRABAJO: LEER LAS SEÑALES SUTILES

La directora del colegio no sonríe. David es el analista de conducta de consulta en un colegio. Él informa directamente a la directora. Normalmente, la directora es una mujer alegre y se alegra de ver a David, pero algo ha cambiado. Afortunadamente, David ha sido observador y se ha dado cuenta del cambio. La directora no mantiene el contacto visual, ha sido breve en sus respuestas a todo el mundo y no está haciendo comentarios positivos como lo haría normalmente.

David tiene que empezar a pensar en todas las posibles variables funcionales:

- Probablemente no es algo que haya hecho, porque no está sonriendo a *nadie*.
- ¿Podría haber un estímulo aversivo amenazante en la vida de la directora que David desconoce?
- ¿Podría haber una variable de motivación que le haya hecho cambiar?
- ¿Es posible que sea un factor biológico o de salud(está enferma)? ¿Ha recibido una mala noticia de su médico sobre una mamografía?
- ¿Le han quitado un reforzador importante? ¿Su pareja la ha dejado? ¿Se ha enterado de que va a ser transferida a otro centro?

David entiende que la conducta de la directora es función de algo. No es algo aleatorio y tiene que preocuparse y ser precavido. Si ha ocurrido algo desagradable en su vida, tiene que mostrarle cariño y compasión. No es un buen momento para sacar a relucir el tema de la maestra de primer grado que ha estado gritando a sus alumnos.

EL CASO DE UN COMPAÑERO DE DESPACHO PARLANCHÍN

En un entorno empresarial, Sharon compartía un despacho con Pam, otra analista de conducta. Día tras día, Pam entraba, se sentaba, encendía su ordenador y empezaba a trabajar. Sharon decía,

> Pam tiene grandes hábitos de trabajo, pero es extraña. Es casi muda, nunca intercambia saludos, ni me pregunta qué tal el fin de semana, ni se despide cuando se va. Entonces, de repente, hoy empezó a actuar como si yo fuera su mejor amiga. Intentó entablar una conversación y ¡escucha esto! Quería saber si me gustaría ir a comer con ella. Es tan extraño, que no estoy seguro

de querer ir. ¿Qué crees que está tramando?

Las posibilidades son las siguientes:

- A Pam le ha ocurrido algo *bueno* que quiere compartir.
- A Pam le ha pasado algo *malo* de lo que quiere hablar.
- Pam ha descubierto un reforzador que Sharon tiene para ella.

¿Se te ocurren otras variables funcionales que puedan estar afectando a la conducta de Pam? ¿Puede dar ejemplos concretos de estas variables (como algo bueno que le ha ocurrido, Pam podría haber sido ascendida)?

EL DIRECTOR DE SOPORTE INFORMÁTICO HOSTIL

Miguel es un analista de conducta que trabaja como especialista en gestión del rendimiento para una gran empresa de seguros. La empresa tiene un director de servicios informáticos que básicamente tiene la última palabra sobre qué departamentos de la empresa recibirán soporte informático. Si necesitas una nueva aplicación de software, el Sr. Pérez es el responsable. Si tienes problemas con una aplicación, el Sr. Pérez decide si un técnico te ayudará. Miguel pensó que el Sr. Pérez no prestaba atención a su trabajo, pero en una reunión con la dirección de la empresa, el Sr. Pérez criticó el trabajo de Miguel e intentó que se cancelara uno de sus proyectos. "Es una pérdida de tiempo y dinero para la empresa", dijo el Sr. Pérez. Miguel salió de la reunión algo aturdido y preguntándose qué había detrás de la conducta del Sr. Pérez.

Las posibilidades son las siguientes:

- El Sr. Pérez la tiene tomada con Miguel.
- El Sr. Pérez la tiene tomada con el jefe de Miguel.
- El Sr. Pérez quiere intimidar a Miguel por alguna razón.
- El Sr. Pérez está tratando de impresionar a alguien en la mesa de reuniones
- Miguel ha sido poco realista sobre su proyecto y sus habilidades.

¿Se le ocurren otras variables funcionales que puedan estar afectando a la conducta del Sr. Pérez? ¿Puede dar ejemplos concretos de estas variables? En el ámbito laboral, cuando alguien dice algo como "el Sr. Pérez se la tiene jurada a Miguel", ¿cómo lo traduces al lenguaje conductual? ¿Cuál podría ser la motivación del Sr. Pérez para "ir a por Miguel"?

PADRES DISTANTES

Como analista de conducta que trabaja en casa, Betsy disfrutó trabajando con los padres de Justin. Eran optimistas y estaban dispuestos a intentar cualquier cosa que Betsy les pidiera para ayudar a Justin. Pero últimamente las cosas han cambiado y sus padres están más bien depresivos. Muestran poco entusiasmo por cualquiera de las sugerencias de Betsy. Ella se ha dado cuenta de que parecen evitar el contacto visual y aunque son educados, su cortesía parece forzada.

Betsy ha estado pensando en algunas de las cosas que podrían causar el cambio en la conducta de estos padres.

Las posibilidades son las siguientes:

- Los padres ya no están contentos con Betsy.
- Los padres ya no son felices el uno con el otro.
- Los padres han decidido que no están a la altura de lidiar con Justin en casa.
- Los padres tienen dificultades económicas.
- Podría haber problemas médicos.

¿Se te ocurren otras variables funcionales que puedan estar afectando a la conducta de los padres de Justin?

RESUMEN

Como consultor conductual, debe estar al tanto de su entorno social en todo momento. La aplicación del análisis funcional le ayudará a leer las señales para interactuar eficazmente con la gente, incluso cuando no esté trabajando; la conducta de las personas en el mundo que le rodea es lícita. Existen variables de control para todas las conductas y como profesional comprometido con el campo del análisis de conducta, debes intentar determinar cuáles son las variables y hacer los ajustes o correcciones necesarios para poder responder de forma adecuada y profesional.

PARA LEER MÁS

Bailey, J. S., y Burch, M. R. (2006). *How to think like a behavior analyst.* Lawrence Erlbaum Associates.

14

Utilizar el moldeamiento de manera eficaz

Moldeamiento, moldeamiento, siempre moldeamiento.

Mi mantra personal

Frustrada, una profesora llama a una alumna de tercero que agita frenéticamente la mano y dice en voz baja pero intensamente: "¡Yo, yo, yo!".

Durante un viaje familiar, un padre, después de decir: "Vale, te llevaré a la tienda de muñecas que quieres, pero hoy no compraremos nada", saca su tarjeta de crédito y cede a las súplicas de su hija de nueve años.

La propietaria de una empresa de arboricultura, ocupada con una importante llamada de teléfono, se da cuenta de que sus trabajadores están podando los árboles (otra vez) sin llevar los cascos y se aleja sin decir nada.

Las leyes de la conducta operan tanto si una persona es analista de conducta como si no. En cada uno de estos tres casos, alguien importante ha participado en el moldeamiento de la conducta inapropiada. Los infractores conductuales no se dieron cuenta en su momento y probablemente no lo admitirían si se les recordase a posteriori. Pero al igual que estos casos aparentemente inocuos, hay interacciones que ocurren millones de veces cada día en nuestro entorno que pueden producir un dolor de cabeza conductual crónico para todos.

La maestra de tercer grado se enfrenta ahora a una alumna que insiste todos los días en que presten atención, agitando urgentemente el brazo y siseando: "Yo, yo, es mi turno. Ya sé la respuesta. ¡¡Por favor!!" El padre tiene a un preadolescente en sus manos que no para de pedir algo y la propietaria de la empresa de jardinería tiene que hacer frente a una reclamación de indemnización por accidente laboral de un empleado que sufrió una herida en la cabeza cuando la caída de una rama le dejó sin sentido el viernes por la tarde.

> "La ubicuidad del poder del reforzamiento, aplicado en pequeñas cantidades a lo largo del día, produce la compleja escena de la conducta humana que se desarrolla frente a nosotros como analistas de conducta".

En cada caso, los principios de la conducta operaban para aumentar ligeramente la probabilidad de ocurrencia de una conducta inapropiada. Con esta probabilidad creciente va una posibilidad aún mayor de reincidencia, en un círculo de escenarios cada vez más amplio. El poder omnipresente del reforzamiento, aplicado a cuentagotas a lo largo del día, produce la compleja escena de la conducta humana que se despliega ante nosotros como analistas de conducta. Nuestro mundo analítico de la conducta se compone de conductas complejas y difíciles que requieren análisis funcionales para ordenarlas, planes de conducta escritos para cambiarlas y protocolos de entrenamiento formales y a menudo se requiere paciencia, toneladas de paciencia, para cambiar las conductas. En este mar de reforzamiento accidental, el analista de conducta se ve zarandeado por las olas de conductas inapropiadas que anegarán su kayak si no tiene cuidado. ¿Qué puede hacer un analista de conducta bien formado, concienzudo y respetuoso con la ley?

ÉTICA DEL MOLDEAMIENTO

En manos de una analista de conducta bien formado y con excelentes aptitudes profesionales, el moldeamiento puede ser un placer para la vista. Pensemos en la analista de conducta que se encuentra en un grupo de personas entre las que hay una muy difícil. La analista de conducta participa en la conversación con facilidad, sonriendo y asintiendo con la cabeza frecuentemente. Alguien que observe las interacciones se dará cuenta de que ocasionalmente hace una pausa, muestra una expresión neutra en su rostro y luego vuelve a participar. Sorprendentemente, la analista de conducta estable y popular es capaz de hacer cálculos instantáneos sobre la probabilidad de que la conducta que está presenciando vaya a causar algún problema más adelante. Utilizará las sonrisas, los acuerdos y los movimientos de cabeza en el momento preciso para dar forma a la conducta. Nuestra analista de conducta está tranquila y al mando. No tiene motivos para enfadarse o discutir con nadie porque sabe que la conducta que está viendo es producto de la historia pasada de la persona, que probablemente se remonta a la infancia.

> "Nuestra analista de conducta es tranquila y mantiene el control de la situación. No tiene motivo alguno para enfadarse o discutir con nadie, ya que sabe que la conducta que está viendo es producto de su historia pasada que se remonta probablemente hasta la infancia del cliente".

El quejoso, el sabelotodo y la reina del drama (Bloch, 2005) presentan dificultades para todos los que los rodean, excepto para el analista de conducta bien formado, que entiende cómo funciona la conducta. Hay una cierta esencia zen en este conocimiento profundo que da al analista de conducta no sólo la calma que se origina cuando comprendes algo, sino también poder actuar cuando sea necesario. El moldeamiento puede ser realizado accidentalmente por alguien no entrenado y deliberadamente por aquellos que sí están bien entrenados. Aunque utilizar el análisis de conducta en su vida diaria no es un requisito, ciertamente no debería sorprender descubrir que, individualmente, los analistas de conducta pueden utilizar sus conocimientos para crear algún grado de conducta adecuada en su ámbito de influencia. Aplicar lo que sabe sobre los principios básicos de la conducta a las personas que le rodean es lo mejor para usted y para ellos.

DESARROLLAR EL HÁBITO DE MOLDEAR

Los hábitos son conductas que surgen de forma natural. A menudo se describen como conductas "inconscientes", lo que significa que no se comunican verbalmente.[21] Los consultores de conducta interactúan con docenas o cientos de personas cada semana. Las oportunidades para hacer moldeamiento son enormes, pero, al igual que con la mayoría de las tareas de adquisición, probablemente sea mejor empezar poco a poco. Al principio tendrá que seleccionar una o dos personas y luego una o dos conductas por cada persona seleccionada. Con el *"moldeamiento"*, no se trata de generar una conducta totalmente nueva, sino de aumentar la probabilidad de que alguna respuesta se produzca con más frecuencia o en el momento adecuado.

Como ejemplo, suponga que usted es el analista de conducta consultor que ha sido contratado por un gerente para trabajar con su personal.[22] Hay varios problemas que tendrá que abordar con el personal, como los déficits de habilidades relacionados con la formación de los clientes, no hacer el trabajo y la falta de motivación. Su primera tarea es convencer al gerente de que la transformación conductual intensiva de su personal llevará algún tiempo y que no puede lograrse con una breve ronda de formación básica. Tendrá ponerse de acuerdo en que conductas *moldear*. ¿Y cuáles son? En última instancia, querrá oír al gerente decirle: "Eso suena bien. Estoy de acuerdo. Sigamos adelante con tu plan". Pero, utilizando el moldeamiento, puedes comenzar aproximándote a tu objetivo final diciéndole al administrador: "He pensado que podría con-

---

[21] "Inconsciente" sólo significa conducta no vinculada a tactos verbales o no etiquetada verbalmente.

[22] Suponemos que ya se ha establecido como reforzador, como se describe en el capítulo 1.

vocar una reunión para el viernes por la tarde y quizás podrías hablar con los empleados sobre su *actitud* hacia los clientes".

Está claro que hay una gran distancia entre hacer que los empleados cambien sus actitudes y cambiar su conducta real. Así que, si empieza a hablar con el gerente sobre una breve reunión para hablar de actitudes, ¿cómo se pasa de A a B? Lo más inteligente es identificar algo con lo que el administrador esté de acuerdo, algún comentario como *ayuda* para asentir: "Sé que tienes este problema desde hace tiempo. Debes estar cansado de lidiar con esto". (Estás mostrando empatía por su situación y aumentando la probabilidad de que asienta con la cabeza). Él asiente, lanza un gran suspiro y dice: "Sí, es cierto. Se hace crónico". Usted también suspira haciendo lo mismo que él y dice: "Sé cómo es eso" y luego relata una anécdota sobre el trato con un vecino o alguien en otro entorno de trabajo, para volver luego al tema: "Mi experiencia es que cambiar una conducta de larga duración no puede hacerse de la noche a la mañana". Busque una reacción o cualquier signo de acuerdo. Si se produce, refuércelo con una inclinación de cabeza y palabras reconfortantes: "Realmente se necesita paciencia para ser gerente de una empresa. Sé que es así". Y así sucesivamente. Recuerda que no debes presentar toda tu propuesta al principio de la reunión como un aficionado nervioso. La presentas con cuidado y lentamente, poco a poco, reforzando acuerdos, asentimientos, sonrisas o comentarios de confirmación: "Bueno, supongo que tienes razón. Ahora que lo pienso, nuestros otros consultores han probado las charlas de ánimo y los discursos de motivación, pero el efecto es realmente efímero". Usted está de acuerdo y señala que realmente no hay ninguna investigación que demuestre que estas estrategias hayan funcionado. Añades que una conferencia motivacional es como una oportunidad para hacerse la foto y "mucho ruido y pocas nueces" (Nota: aprende refranes y frases que gusten entre tu audiencia). Tú te ríes. ¿Por qué refuerza la risa? Porque va acompañada de asentir con la cabeza, sonreír y estar de acuerdo contigo. Recuerda por qué estás aquí: Necesitas que este gerente esté de acuerdo en que tu propuesta de cuatro sesiones de formación práctica, celebradas una cada semana, con una prueba de mantenimiento y generalización, es absolutamente lo mejor que se puede hacer, dadas las circunstancias.

Cuando uno comienza su carrera de consultor, cada uno de estos encuentros parecerán tormentosos. Tendrás que estar tan atento a cada pequeño conducta motora que indique el inicio de una sonrisa o un ligero brillo en los ojos, que puede provocarte una migraña. Hay que prepararse cuidadosamente para esas reuniones, analizando el discurso, dividiéndolo en pequeños pasos y memorizándolo hasta que se pueda hacer sin notas, de modo que salga como las conversaciones totalmente naturales que se tienen todos los días. Además, debes concentrarte en cada pequeño movimiento de los ojos, en los pequeños gestos de las manos y en los cambios de la postura corporal, buscando cualquier señal de acuerdo o, al menos, una reducción de la resistencia. Que el gerente pase de "bueno, no sé" a "bueno, supongo" merece darle un *gran* reforzador por tu parte.

Después de tener unas cuantas de estas reuniones, debería convertirse en algo natural utilizar el moldeamiento como parte de cada presentación y en cada interacción con tus clientes. Habrá momentos en las reuniones en los que alguien presente problemas. Es entonces cuando entra en juego tu cara de sorpresa; tienes que ser capaz de encenderla y apagarla de nuevo en una fracción de segundo. No hay que fruncir el ceño, ni sacudir la cabeza, sólo una cara en blanco, durante un segundo. Alguien ha hecho un comentario que no es útil. Respondes sin reaccionar, esperas unos segundos y vuelves a tu presentación, sonriendo y asintiendo con la cabeza. Mientras desarrollas tus habilidades, moldear a los demás puede ser agotador, pero con el tiempo se convertirá en algo automático, en un hábito. Un buen hábito.

> "Moldear a otros mientras estás desarrollando tus propias habilidades puede ser agotador, pero se volverá automático con la práctica".

EL MOLDEAMIENTO DE LA CONDUCTA DE CADA DÍA

Además de dar forma a los clientes, probablemente se encontrará con numerosas oportunidades cada día para utilizar el moldeamiento con su supervisor, colegas y miembros de la familia (Sutherland, 2008). ¿Es ético comenzar a utilizar lo que aprendiste en la universidad con las personas de tu vida diaria? Con algunas salvedades, la respuesta es *sí*. El efecto del reforzamiento, en las manos adecuadas, puede ser realmente poderoso. Si sostienes un reforzador para una persona, sabes cómo utilizar los reforzadores condicionados y los presentas con la adecuada contigüidad temporal, puedes llegar a moldear deliberadamente conductas asombrosas. Pero tienes que ponderar primero algunas cuestiones. No puedes utilizar este conocimiento, esta profunda comprensión de la conducta humana, para promover tus propios intereses personales. No sería justo, ético o apropiado reforzar diferencialmente a tus amigos para invitarte a cerveza, lavar tu coche o pasear a tu perro. Simplemente no es correcto. Si vas a utilizar el moldeamiento con las personas que te rodean, debes ser siempre ético al respecto, seleccionando conductas que redunden en *su* beneficio.

Por ejemplo, supongamos que entablas una amistad con alguien y descubres que tenéis mucho en común, que os lleváis bien y que os gusta pasar tiempo juntos. Pero esta persona tiene la molesta costumbre de interrumpir. No es algo malintencionado, no es algo que rompa la relación, pero no te gustaría quedarte atrapado en un ascensor durante un fin de semana con esta persona, porque las constantes interrupciones te volverían loco. ¿Qué deberías hacer? No hace falta que le hagas notar este molesto hábito a la persona. Lo más probable es que no sirva de nada y, de hecho, llamar la atención

> "Hacer que el moldeamiento parezca natural y no ser acusado de manipulador es esencial (y no opcional) para un analista de conducta".

sobre el problema podría ser peor. Interrumpir mientras otros hablan no es un problema cognitivo y hablar de ello sólo lo empeorará. La respuesta es el moldeamiento. Hacer que el moldeamiento parezca natural para que nadie te acuse de ser manipulador es un requisito, no una opción, para los analistas de conducta. Usted perderá amigos rápidamente si piensan que intentas engañarlos para que hagan algo. Sus objetivos deben ser honorables y justificable, no autocomplacientes ni degradantes. Sutherland (2008), en su excelente libro *What Shamu Taught Me About Life, Love, and Marriage (Lo que me enseñó Shamu sobre la vida, el amor y el matrimonio)*, describió el uso de reforzadores sociales para todas las personas que la rodeaban, desde la persona impaciente que estaba en una cola detrás de ella, hasta su madre que necesitaba dejar de fumar y su marido, que perdía constantemente las llaves. Sutherland no tenía reparos en su estrategia y estaba dispuesta a hacer públicos sus planes. La respuesta de los medios de comunicación a su libro fue abrumadoramente positiva. Parecía que la mayoría de la gente estaba entusiasmada con la idea de que se podían utilizar los mismos procedimientos conductuales utilizados para entrenar a los animales para mejorar las relaciones personales. En un ejemplo especialmente revelador, Sutherland describió cómo, antes de utilizar el moldeamiento en casa, permitía que su marido perdiera con frecuencia las llaves para compadecerse de su situación y unirse a la frenética búsqueda de las llaves. Cuando se dio cuenta de lo que estaba haciendo, dejó que él resolviera su propio problema y se limitó a reforzarle cuando encontraba las llaves, las pérdidas se hicieron menos frecuentes y las búsquedas malhumoradas se volvieron más tranquilas y sistemáticas.

Serás un asesor conductual mucho más eficaz si consigues desarrollar el hábito de buscar conductas para reforzar allá donde vayas. En el trabajo puede tener compañeros con hábitos molestos, como tomar prestada su grapadora y no devolverla, llegar tarde a las reuniones o contar chistes fuera de tono. La mayoría de la gente parece no saber qué hacer en ciertas situaciones, así que se dedica a dar respuestas irreflexivas que sólo perpetúan el problema. Decir "no pasa nada" no es una buena consecuencia para alguien que ha hecho o dicho algo desconsiderado. Más bien, es necesario un plan sistemático y coherente para reforzar las aproximaciones más cercanas a la conducta responsable. Para hacer frente a las bromas inapropiadas hay que lanzar una mirada vacía, mantenerla durante un par de dolorosos y agónicos segundos y luego cambiar de tema como *ayuda* para una conducta más apropiada.

Los mediadores (p.ej., los profesores, los padres que van a llevar a cabo planes de tratamiento conductual con un hijo) son especialmente sensibles y responden a un moldeamiento bien calculado. Se esfuerzan y quieren agradar. En su nuevo papel de agentes de cambio, pueden estar desesperados por saber si están haciendo lo que se espera de ellos. Están muy lejos de cambiar realmente una conducta y de entrar en contacto con las consecuencias naturales de su nueva estrategia. La mejor forma de moldeamiento es la que se da al mismo tiempo que sus intentos naturales. Veamos la situación en la que el mediador es la madre de un niño autista. Usted ha intentado enseñarle a realizar sesiones para mejorar el lenguaje con el niño. Sitúate de forma que puedas observar la interacción entre la madre y el niño. Para poder hacer el moldeamiento necesario, siéntate o ponte de pie para que la madre pueda ver tu cara y establecer fácilmente el contacto visual. La madre podrá ver cómo asientes con la cabeza mientras animas los ensayos de entrenamiento. Cuando te mire, una gran sonrisa y un "¡fantástico!" o "¡genial!" en voz baja tendrán el efecto deseado. Al final de la sesión, puede hacer un seguimiento con comentarios inmediatos y descriptivos para mostrarle a la madre lo satisfecho que está con su progreso. No sólo estarás aumentando la tasa de sus respuestas correctas, sino que también estarás fomentando la confianza y la seguridad en ti mismo que serán necesarias en los próximos días en los que la mamá pase por una mala racha y tú no estés presente.

RESUMEN

"Moldeamiento, moldeamiento, siempre moldeamiento". Este *mantra* repetido lenta y ocasionalmente a lo largo del día con la voz afinada una octava más baja de lo normal sirve para recordar que usted, como consultor analista de conducta, *puede* influir en la conducta de las personas que le rodean. Un cliente (o un miembro de la familia) que se muestra testarudo y no atiende a razones, su compañero de despacho entrometido con preguntas demasiado personales o la mediadora que no puede dominar el momento de administrar el reforzador, mejorarán con el uso sistemático del moldeamiento. Como analista de conducta, tienes todas las habilidades necesarias para cambiar conductas. Sabes cómo identificar los reforzadores, controlas los reforzadores que mantienen la conducta y has pasado innumerables horas practicando su presentación sincronizada perfectamente, a fin de obtener el máximo efecto. No puedes perder siempre y cuando seas paciente. Recuerda: "Moldeamiento, moldeamiento, siempre moldeamiento"; las leyes de la conducta están de tu lado.

PARA LEER MÁS

Bloch, J. P.(2005). *Handling difficult people*. Adams Media.

Sutherland, A. (2008). *What Shamu taught me about a happy marriage*. Random House.

15
¿Podría verlo?

Una asesor eficaz pregunta: "¿Podría verlo?"

Aubrey Daniels (2000)

Enrique volvió a hacerlo de nuevo anoche. Le dije que era hora de irse a la cama y me ignoró por completo. Siguió jugando con su videojuego y murmuró: "Oh, mamá, ya casi he terminado. Sólo un nivel más". Me has ayudado con sus otros problemas de conducta ¿Qué puedo decirle para que se dé cuenta de que estoy hablando en serio?

Como analista de conducta, usted será testigo de este tipo de preguntas casi todos los días. La madre está desesperada, porque esto lleva sucediendo desde hace mucho tiempo y eres capaz de ver el patrón. Ethan tiene una opinión propia, no quiere escuchar y parece estar "probando el límite de su madre". La madre de Ethan necesita ayuda y hará todo lo que le digas. Es tentador, realmente lo es. Como un médico que prescribe medicamentos, puedes recetar el tratamiento y hacer feliz a la mamá. Ella cree que eres *el* experto. No quieres defraudarla y lo único que tienes que hacer es decirle lo que tiene que hacer. El problema es que no lo sabes. Todo lo que tienes es la descripción de una madre enfadada con la conducta de su hijo y su versión de lo ocurrido. Pero no tienes los hechos. No estabas allí, no lo sabes *realmente y* en conciencia no puedes simplemente adivinar una respuesta.

"¿PODRÍA VERLO?", POCAS PALABRAS QUE PUEDEN CAMBIAR LAS COSAS

Aubrey Daniels, director general y fundador de Aubrey Daniels International y padre ampliamente reconocido de la gestión del rendimiento, se enfrenta cada día a problemas de consultoría empresarial y organizativa. Los directores generales de las empresas de *Fortune 500* contratan al Dr. Daniels para que les diga cómo motivar a sus empleados, cómo mejorar el servicio al cliente, cómo aumentar la concientización de los empleados en materia de seguridad y mucho más. Sentados en cómodos sillones de cuero en la sala de juntas, los ejecutivos cuentan historias de empleados que parecen no preocuparse por las necesidades de los clientes. Describen situaciones en las que los departamentos o divisiones de la organización cuestan a la empresa millones con modelos de gestión poco eficientes proclives al despilfarro. Estos ejecutivos son personas importantes con problemas acuciantes y quieren respuestas inmediatas. Preferiblemente, respuestas *fáciles*. Al igual que la madre de Enrique en el escenario que abre este capítulo, estas personas inteligentes y poderosas están frustradas y se puede oír en sus comentarios: "Nuestra nueva planta de ensamblaje de microchips debía ser la respuesta a nuestros problemas de producción. Nos costó 50 millones y tardó dos años en ponerse en marcha y ahora no puede cumplir los objetivos de producción. ¿No se dan cuenta de lo importante que es esto? Estamos en una economía global; Taiwán está ganando. Tú eres el experto en rendimiento humano. Dígame qué hacer".

El Dr. Daniels no sólo cuenta con las credenciales y la experiencia necesarias para asesorar a estos capitanes de la industria, sino que también tiene a su favor casi 30 años de investigación. El *Journal of Organizational Behavior Management* ha publicado innumerables estudios que muestran cómo los principios básicos de la conducta pueden aplicarse en entornos industriales. El Dr. Daniels desconfía de respuestas fáciles; ha tenido malas experiencias con este tipo de atajos y ha aprendido de errores pasados. No es que el director general que pide una solución rápida no sea serio (lo es) o que esté confundido (no lo está). Pero al describir lo que él considera el problema, está transmitiendo rumores a alguien que ha estado en esta situación más veces de las que puede recordar. Los más sinceros y los que se encuentran desesperados realmente no entienden cómo funciona la conducta humana. Tienden a pasar por alto los detalles, ignoran los hechos que son críticos y son ciegos a las contingencias influyentes que operan justo fuera de la vista del ojo no entrenado. El Dr. Daniels sabe exactamente qué decir en esta coyuntura crítica: "¿Puede demostrarme lo que está diciendo?" Puede ser un elemento de conversación. Por supuesto, necesita algo de elaboración, pero en esas pocas sencillas palabras capta una característica clave de la consultoría conductual eficaz: Tenemos que ver realmente lo que ocurre para poder hacer algo al respecto. Descripciones vagas como "parece que no les importa" generan intervenciones vagas como programas de motivación o, peor aún, *oradores* motivacionales. La falta de concientización sobre los problemas de seguridad suele dar lugar a vídeos de "concientización", carteles y pancartas del tamaño de una valla publicitaria que proclaman: "La seguridad es el primer trabajo" o "Abeja segura" (con sonrientes abejorros que llevan cascos y gafas, volando en el dibujo animado que aparece en una esquina del cartel). "¿Puedes mostrarme lo que estás diciendo? o "¿Puedo ver eso?". ¡Qué frase tan elegantemente sencilla! Tan razonables, tan auto correctivas, tan acertadamente conductuales. En su simplicidad, la pregunta "¿Puedes mostrarme eso?" dice mucho: "No me fío de tu relato. Necesito verlo por mí mismo".

La experiencia ha demostrado una y otra vez que, cuando se trata de la conducta humana, la mayoría de la gente no sabe qué buscar. Pasan por alto las variables importantes y omiten los elementos clave. Muchas personas exageran lo que han visto, o se van al otro extremo minimizando algo que está ocurriendo y que es potencialmente peligroso.

> "La experiencia demuestra que cuando se trata de la conducta humana, la mayoría de la gente no sabe dónde buscar las variables de control. Con frecuencia obvian variables importantes y, oportunamente para ellos, omiten elementos clave".

En el caso descrito al principio de este capítulo, la madre de Ethan omitió el hecho importante de que le prometió a Ethan que podría jugar a su juego de ordenador durante 30 minutos si completaba todas sus tareas y deberes. Omitió el hecho de que intentaba que se acostara pronto para poder ver *Mujeres Desesperadas*. "Me desafió". "*Es* desafiante". "No escucha". De pequeño aprendiste que cada historia tiene dos caras. La película japonesa de Akira Kurosawa, *Rashōmon*, en la que la historia de un horrible crimen y sus consecuencias se cuentan desde diferentes puntos de vista, enseña la valiosa lección de que puede haber tres o cuatro caras en algunas historias.

VER LAS COSAS POR TI MISMO

La pura verdad para usted como consultor conductual es que no puede entender un problema de rendimiento de los empleados en hasta que lo haya visto por sí mismo. Usted sabe lo que debe buscar y ha sido entrenado para entender los conceptos conductuales. Conceptos como las operaciones de establecimiento, adquieren un significado especial cuando visitas la fábrica de microchips de Chandler y te enteras de que a los cuidadosos y lentos empleados con sus uniformes blancos de aspecto aséptico se les paga *por horas* y se les penaliza fuertemente por cualquier error en la línea de producción. Más tarde te enteras de que no es así en Cincinnati, donde hay bonificaciones por el volumen de microchips *perfectos* producidos. El director general omitió este pequeño detalle cuando le describió el problema. No lo hizo por maldad o ignorancia, sino porque no entendía la importancia que podía tener este detalle. Este director general en particular cree que él y todos sus empleados deben mantenerse centrados en los objetivos de la empresa: "Mientras entiendan los *objetivos de la empresa*, deben de trabajar duro para alcanzarlos", dice. Ese es *su* mantra. Preguntar: "¿Podría verlo?" sitúa al asesor o asesora analista de conducta justo donde tiene que estar para poder observar el entorno en el que se desarrolla la acción. ¿Cuáles *son* los antecedentes de la conducta deseada? El analista puede echar un vistazo por sí mismo y ver si los antecedentes son susceptibles de ser estímulos discriminativos eficaces. ¿Hay algún coste de respuesta asociado a la conducta deseada? Puede preguntar: "¿Puede hacer que lo haga de nuevo? No estoy seguro de entender exactamente lo que ocurre cuando hace esa última prueba". Y puede hacer preguntas realistas que no se le ocurrieron cuando estaba en el sillón de cuero de la lujosa sala de juntas: "Dime otra vez cómo fueron formados y los detalles de esa penalización por defectos de fabricación. ¿Se les descuenta de su sueldo?".

DE LA SALA DE JUNTAS A LA COCINA: ENSEÑAR A SUPERVISAR A LOS JEFES INTERMEDIOS

En el marco de una reciente encuesta longitudinal realizada en un centro de salud mental en el que se estaba formando a los jefes de departamento para mejorar su eficacia, me viene a la mente otro ejemplo paradigmático. Los jefes o administradores de nivel medio que se apuntaron al seminario de liderazgo debían enfrentarse a un dilema de rendimiento con sus subordinados directos. En un caso, se trataba de seis supervisores de cocina del hospital que eran todos empleados de la institución desde hacía mucho tiempo. La jefe de departamento a cargo de los supervisores de cocina estaba dispuesta a rendirse: "No consigo que supervisen al personal. Se pelean con ellos y no les piden cuentas de nada. Más vale que despida a todos los inútiles". El equipo directivo del hospital se enfrentaba habitualmente a los siguientes problemas:

- Los trabajadores llamaban para decir que estaban enfermos cuando sólo querían un día libre.
- Los supervisores reprendían por teléfono al personal por ser perezosos cuando llamaban para decir que no vendrían a trabajar.
- Ni un solo supervisor había amonestado a nadie por nada en los últimos 6 meses, a pesar de que se había producido un gran colapso en el control de calidad y la moral estaba en el basurero junto con la basura de la cafetería.

El consultor de análisis de conducta preguntó: "¿Puedo ver eso?" y recibió una mirada de asombro de la administradora por su oportuna e incisiva pregunta. Ella preguntó: "¿Qué quiere decir?". "Quiero decir que me gustaría ir a la cocina y ver cómo supervisas a tus supervisores. Y luego me gustaría ver cómo supervisan al personal de la cocina", respondió. "¿Cómo cuándo?" "¡Como ahora!" Y se dirigieron a la cocina, humeante, húmeda y rica en olores, donde el personal preparaba 1.500 comidas sabrosas, nutritivas y sancionadas médicamente todos los días del año para 500 pacientes.

> "Allá se fue a la cocina del hospital en la que el personal se afanaba en preparar 1500 comidas nutritivas, sabrosas y sancionadas médicamente cada día del año para 500 pacientes".

Como suele ocurrir, la descripción del problema proporcionada por la jefe de departamento sobre el funcionamiento era vaga. Ella los supervisaba "todo el tiempo". Daba "retroalimentación inmediata". Era perfecta. Sin embargo, las observaciones directas en la ruidosa zona de la cocina, que parecía un invernadero, revelaron una historia diferente. La supervisión, tal y como era, consistía en que los supervisores eran llamados de vez en cuando al despacho de la jefe de departamento para recibir una reprimenda o una charla de ánimo basada en las numerosas quejas y rumores que circulaban por los hornos cavernosos, las parrillas industriales, los impecables fregaderos de acero inoxidable y los lavavajillas sibilantes. Esta forma de supervisión descendía desde la jefe de departamento hasta el último empleado. Hubo esporádicamente intentos insustanciales para cambiar la conducta con el personal más descontento.

SUPERVISAR SIGNIFICA OBSERVAR EL TRABAJO DE LAS PERSONAS

El asesor de análisis de conducta continuó su línea de preguntas: "¿Dónde se sitúa usted cuando supervisa?". La respuesta a esta simple pregunta fue: "¿Qué?". Respondió: "Ya sabe, si quiere supervisar a la gente, tiene que verlos trabajar cómo hacen realmente su trabajo. ¿Dónde te sitúas cuando haces esto?". La mirada vacía que le dirigió la administradora lo decía todo. Ella nunca había observado realmente a ningún trabajador mientras hacía su trabajo. A nadie se le ocurrió que la supervisión implicaba observar regularmente. Después de observar a los miembros del personal, los supervisores tienen que dar a la gente *consejos*, instrucciones, comentarios o, esperamos, un reforzador positivo. Hablamos de esto en el seminario. Todos tomaron notas, incluido el jefe de departamento en cuestión. Todos asintieron con la cabeza cuando les preguntamos: "Así que todo el mundo está de acuerdo en que este es el modelo de trabajo del supervisor. ¿Alguna pregunta?" Preguntar: "¿Puedo ver eso?" y "¿Puedes enseñarme eso?" abrió todo un mundo. La formación *in situ* comenzó inmediatamente para la jefa de departamento y sus supervisores. Aprendieron dónde colocarse, qué buscar, cómo acercarse a un trabajador de la cocina y proporcionarle un consejo gratificante para conseguir la conducta que querían y cómo dar retroalimentación.

MODELADO REFORZANTE

Como parte del recorrido *in situ*, el consultor conductual, de pie, codo con codo con uno de los supervisores, preguntó: "¿Y qué hace ahí, la mujer con el pañuelo azul en la cabeza?". "Es Nadine. Es la inspectora. Compara lo que está escrito en la receta dietética de cada paciente y se asegura de que cada alimento coincida perfectamente. No podemos dejar que los diabéticos reciban pudin o que nuestros pacientes cardíacos reciban alimentos salados. No es saludable. De hecho, es peligroso". "¿Así que aquí, en la cocina, es una persona importante?" "Oh sí, tendríamos problemas si perdiéramos a Nadine". Seguimos observando como Nadine inspeccionaba de cerca cada bandeja, de vez en cuando retiraba un pequeño trozo de pastel amarillo con glaseado de chocolate y lo sustituía por un plátano. "¿Alguna vez revisas su trabajo?", susurró el asesor. "Claro". "Me gustaría verlo. ¿Le importa?" La supervisora se mostró encantada de mostrar cómo comprobaba el trabajo de Nadine. Se pusieron detrás del puesto de Nadine, donde las bandejas iban rápidamente a los carros, la supervisora miró cinco bandejas. Las cinco bandejas estaban perfectas. La supervisora dio un paso atrás. "No hay errores", dijo sonriendo al asesor. "¿Y ahora qué?", preguntó él. "¿Qué quiere decir?" "¿Va a hacer algo?" "No, no ha cometido ningún error. No tengo ningún problema con ella". El asesor dijo: "Bien, obsérvame bien". Se acercó a Nadine y en voz baja dijo: "Me parece que lo estás haciendo perfecto, Nadine. Todas tus bandejas están bien colocadas porque has prestado mucha atención y has detectado algunos errores. Gracias por ser tan diligente".

El asesor retrocedió unos pasos hasta el lugar de observación con el supervisor. "¿Alguna pregunta?" "No". "¿Has visto lo que acabo de hacer?" "Le dijiste que estaba haciendo un gran trabajo. ¿Y?" "¿Has hecho eso alguna vez? Quiero decir como parte de tu supervisión". Puedes imaginar el resto de la conversación. La pregunta "¿Puedo ver eso?" llevó a una comprensión totalmente diferente del problema en cuestión. En la comodidad de la sala de seminarios, *la supervisión, como* elemento clave del liderazgo, se trataba como un concepto genérico amorfo. No era real. Media docena de sesiones de formación, que incluían presentaciones de diapositivas en PowerPoint, la exposición de datos, debates, tomar notas y sesiones de preguntas y respuestas, no revelaron ninguno de los ricos detalles que se captaron mediante la observación directa en el entorno real. Está absolutamente claro que la formación en el aula probablemente nunca pudo cambiar realmente a lo que ocurría en la cocina, porque los responsables del seminario ni siquiera conocían los detalles del funcionamiento. La petición "¿Puedo ver eso?" mostró claramente lo que estaba ocurriendo sobre el terreno y dio lugar a recomendaciones muy específicas que se siguieron en las semanas y meses siguientes con visitas adicionales a la cocina.

¿Y SI NO TE LO PUEDEN MOSTRAR?

Si no puede observar directamente la conducta sobre la que se le pide consulta, ¿qué debe hacer? No es una cuestión que deba tomarse a la ligera. Aconsejar a las personas sobre problemas de la conducta humana que no puede observar directamente es similar a los médicos que recetan medicamentos sin ver a los pacientes. Los médicos consideran que esto no es ético e insisten en que el paciente acuda a la consulta para explorarlos. Los médicos entienden que los pacientes son notoriamente poco fiables a la hora de informar sobre los síntomas. Los pacientes suelen omitir detalles clave que no notaron o consideraron insignificantes y, por supuesto, no pueden observar infecciones o un ritmo cardíaco irregular.

Además de ver las conductas reales en acción, los analistas de conducta también necesitan conocer directamente el entorno en el que se produce una conducta. Además, los consultores conductuales con formación tienen más probabilidades que una persona sin formación de obtener información importante al observar las actuaciones individuales o las interacciones entre directivos y empleados. Los padres, los profesores y los supervisores suelen exagerar los incidentes sólo para conseguir un efecto dramático. Para conseguir atención o acceso a recursos, pueden exagerar la frecuencia o la intensidad de una conducta.

Si le han pedido que haga una consulta y no ha podido observar directamente los problemas, puede considerar dos opciones antes de aceptar o rechazar el caso. En primer lugar, pregunte si es posible conseguir una cámara de vídeo en el entorno que esté colocada de forma que capte lo que se está describiendo. Esto no es tan bueno como una observación en vivo por tu parte, pero te da más información que los informes que obtienes de otra manera. Lo que se pierde es toda la información auxiliar que está fuera de la vista del objetivo de la cámara, como los hechos anteriores a la conducta, las operaciones de establecimiento que se han producido y los elementos más sutiles de la propia conducta que no se pueden captar a distancia. Tendrá que decidir si puede operar de forma ética en estas condiciones y si puede dar consejos que se sigan con el suficiente cuidado para establecer los pasos siguientes.

> "Si no puedes ver la conducta directamente, tampoco podrás ver la intervención directamente".

Recuerde que, si no puede ver la conducta directamente, tampoco podrá ver la intervención directamente.

El segundo recurso es confiar en los datos recogidos cuidadosamente que se pueden expresar gráficamente y analizarlos. Esto sólo funciona si se cuenta con observadores fiables que utilicen protocolos probados. Se necesitarán medidas múltiples y repetidas a lo largo del tiempo. Una vez más, tendrá que determinar si puede operar en esta zona ética gris en la que no tiene acceso directo al entorno en el que se va a desarrollar su intervención.

RESUMEN

Para resolver los problemas de conducta en cualquier tipo de entorno, desde los niños en casa hasta centros educativos y empresas e instituciones, los consultores analistas de conducta deben observar directamente las conductas problemáticas. Se debe enseñar a los supervisores y administradores que la supervisión requiere observación directa, retroalimentación y mucho reforzamiento positivo por un trabajo bien hecho. Por último, el uso de la petición "¿Podría verlo?" Proporcionará al consultor la comprensión del problema *real* y la información necesaria para determinar la mejor solución.

PARA LEER MÁS

Daniels, A. C. (2000). *Bringing out the best in people*. McGraw-Hill.

16
Gestión del rendimiento

La gestión del rendimiento es un enfoque sistemático y centrado en datos utilizado para gestionar personas en el ámbito laboral y que hace uso del reforzamiento positivo como principal forma de maximizar el desempeño.

Aubrey Daniels (2000)

Los principios de conducta básicos, tal y como los conocemos, no son diferentes cuando se aplican directamente a un cliente individual que cuando se aplican a toda la plantilla de un hogar de acogida o a los trabajadores de una fábrica. Las conductas objetivo cuando se trata de trabajadores son diferentes en el sentido de que no son problemas clínicos, es decir, no se trata de conductas inadaptadas, autolesivas o agresivas, sino de simples conductas que se hacen fuera de la tarea, son improductivas, causan despilfarro o son inseguras. Estas conductas, todas ellas consideradas normales para casi cualquier entorno de trabajo, son increíblemente comunes y vuelven absolutamente locos a los directores generales, gerentes y supervisores.

Cuando estos problemas relacionados con el trabajo ocurren en centros residenciales para personas con trastornos del desarrollo, pueden dar lugar a problemas que pueden bloquear todo un programa. En algunos casos, los problemas graves con el personal y la falta de una buena gestión pueden poner a toda una organización en riesgo de perder la financiación. Si los miembros del personal no están haciendo su trabajo y proporcionando una programación de calidad (y los supervisores no están haciendo que esto suceda), el costo final puede ser sumas sustanciales de dinero, especialmente si el programa conduce a demandas judiciales resultantes de conductas negligentes o abusivas. En el ámbito empresarial, estos problemas comunes de conducta y gestión pueden costar enormes cantidades de dinero cuando atañen a cientos de empleados a lo largo de un ejercicio fiscal.

ANÁLISIS DE CONDUCTA EN LOS ÁMBITOS EMPRESARIAL, INDUSTRIAL Y ORGANIZACIONAL

Cuando los principios del análisis de conducta se aplican en entornos empresariales, industriales u organizativos, se utiliza el término *gestión del rendimiento*[23] para describir este ámbito de aplicación. La gestión del rendimiento es una especialidad del campo más amplio del análisis aplicado de conducta (véase Daniels y Daniels, 2004). Esta especialidad tiene su propia revista (*Journal of Organizational Behavior Management*), su propio congres (congreso de *Florida Association of Behavior Analysis Organizational Behavior Management*, conocida como FABA/OBM[24]) y su propio grupo de interés especial (*Organizational Behavior Management Network*, dentro de *Association for Behavior Analysis International*).

El funcionamiento de la gestión del rendimiento es muy parecido al de las aplicaciones clínicas y educativas del análisis aplicado de conducta. El proceso comienza con una derivación, normalmente de algún directivo de nivel medio o superior en una organización y puede empezar con una consulta a una empresa consultora. Otro punto de partida puede ser cuando un analista de conducta que trabaja en un entorno clínico observa que los programas conductuales individual no se están llevando a cabo. El analista de conducta sugiere al administrador que podría ser conveniente considerar intervenciones más amplias a nivel de sistema.[25] Nuestra experiencia ha demostrado que la petición inicial al analista de conducta con-

---

[23] N. del E.: *Performance Management*, en inglés, en el original.
[24] Esta conferencia se celebra bianualmente en los años impares.
[25] El *coaching* ejecutivo es otra aplicación de la gestión del rendimiento que se está poniendo de moda. Se trata de trabajar con la alta dirección y enseñar a los ejecutivos formas de ser más eficaces en la toma de decisiones y en sus interacciones con los distintos jefes de departamento. Para más información, véase el capítulo 24.

sultor por parte de la alta dirección suele ser imprecisa: "Tenemos problemas de "motivación" que debemos abordar", "Nuestro personal no está lo suficientemente centrado en seguir las normas de seguridad" o "Necesitamos algunos ajustes de actitud importantes en esta empresa si queremos que nuestra fusión tenga éxito". Hay que tener un cierto *arte* especial para identificar el problema real. Aubrey Daniels es la persona a la que se atribuye el inicio del campo de la gestión de proyectos a mediados de la década de 1960.

> "Según nuestra experiencia cuando el personal de dirección nos remite un caso, el motivo de referencia con frecuencia está vagamente descrito".

Daniels se ha referido a la identificación de un problema conductual real como *pinpointing*, es decir, convertir una vaga referencia en un problema en conducta observable y medible. Para identificar las conductas de interés en el ámbito de la gestión del rendimiento, el consultor debe pedir primero ejemplos de problemas de motivación para poder determinar los aspectos específicos. Para muchos gerentes o ejecutivos, los problemas de motivación tienen que ver con empleados que llegan tarde al trabajo, no cumplen con sus tareas o no responden a las solicitudes de información. Para otros, un problema de motivación de los empleados puede significar que no terminan las tareas a tiempo o que son descuidados en su trabajo y desperdician materiales costosos. La afirmación: "Mis trabajadores no están concienciados con el tema de la seguridad" podría traducirse en que no llevan cascos o gafas de protección en la obra. Aunque no es posible medir la *conciencia* de seguridad, *sí* es posible contar el número de soldadores que llevan sus cascos de soldadura.

RECOGIDA DE DATOS DE LA LÍNEABASE

Una vez establecida la conducta objetivo real, el consultor conductual debe diseñar un método para (a) recoger datos de referencia y (b) encontrar las variables funcionales que afectan a la conducta objetivo. Esto es casi idéntico a lo que ocurre en el ámbito clínico, donde el consultor conductual debe determinar una forma de recopilar los datos adecuados en previsión de una futura intervención. En algunos casos de gestión del rendimiento, los datos (que suelen ser resultados importantes) pueden recogerse de los registros ya existentes. Los totales de ventas, los registros de partes de lesiones, las hojas de tiempos, las quejas de los clientes y los productos

> "Debemos identificar pistas relativas a conductas observables, métodos de toma de datos, uso de gráficos y análisis de datos, e ideas de intervención".

devueltos generan datos. Las empresas suelen guardar este tipo de datos en hojas de cálculo y bases de datos. Cada vez se utilizan más para rendir cuentas y, a veces, para establecer objetivos, pero rara vez se utilizan de forma sistemática para cambiar realmente el rendimiento de los empleados. Por ejemplo, los registros de seguridad pueden indicar cuántos días se perdieron por causa de los accidentes laborales y lo que esto costó a la empresa, pero las conductas reales que provocaron la lesión suelen pasar desapercibidas y permanecer sin registrar. Las *conductas* concretas sugiriendo una venta, muy deseadas hoy en día en los restaurantes, rara vez se observan y registran realmente ("¿Puedo ofrecerle un postre? Nuestra tarta de lima es casera y uno de los postres estrella de nuestro chef"). Los empleados reciben formación, a los gerentes se les enseña a proporcionar *ayuda* para reforzar la conducta correcta y se pueden colocar carteles en la pared de la sala del almuerzo, pero la mayoría de las empresas no llegan a realizar una observación directa real. No saben qué deben registrar, qué aspecto podría cambiar las cosas, mientras que las empresas que creen saber lo que debe hacerse, no tienen las habilidades para hacerlo. Aquí es donde entra en juego el consultor conductual. La identificación de conductas observables, la recopilación de datos, la elaboración de gráficos y el análisis de los datos y aportar ideas para intervenir. Un resultado que interesa especialmente a las empresas es la cuenta *de resultados*. Después de restar los gastos a los ingresos, hay un número positivo, un beneficio, o el *margen* y esto es lo importante. Un consultor conductual que pueda aumentar el margen *de beneficio* de una empresa será muy solicitado una y otra vez. Las prácticas variarán de una empresa a otra, pero la mayoría de las veces, los gerentes y supervisores recibirán formación en los talleres de la empresa consultora para observar los rendimientos considerados críticos. El consultor conductual(que puede estar *in situ* en una empresa dos días a la semana durante un periodo de 6 meses) se encargará de la formación (véase el capítulo 11) y se convertirá en el punto central para la recopilación de datos, la elaboración de gráficos y el análisis de los mismos, así como para el intercambio de ideas sobre posibles intervenciones rentables. Dichas intervenciones, al igual que en los entornos clínicos, deben estar basadas en pruebas.

En las clínicas de rehabilitación, las residencias o las entidades de formación, es poco probable que el consultor trabaje en conductas que no tengan mucho efecto directo en los resultados de la organización. Es mucho más probable que al analista de conducta consultor se le pida que establezca un *sistema* de gestión del rendimiento para garantizar que los programas conductualess que se redactan y aprueban se lleven a cabo realmente de forma precisa, puntual y consistente para producir los cambios deseados para los clientes individuales. Si, por ejemplo, Goodwill Industries International le contrata para garantizar el seguimiento de la formación recibida por los supervisores sobre la motivación de los empleados con discapacidad, es probable que la conducta objetivo principal sea el "porcentaje de veces que el supervisor observó y dio *feedback*". Una conducta objetivo secundaria podría ser la "tasa de adquisición de habilidades" por parte del trabajador. Aunque hubiera un retraso en conseguir los objetivos y los márgenes fueran escasos si se comparan con los de las empresas competidoras de la lista Fortune 500 que operan con un modelo de negocio completamente diferente, la mejora en estas áreas podría acabar afectando a los resultados de Goodwill.

BÚSQUEDA DE LA FUNCIÓN

Tanto en el ámbito empresarial como en el de la rehabilitación o la educación, se supone que las conductas señaladas como objetivo tienen una causa. *No* surgen de la nada. Estar fuera de la tarea tiene una causa. Hay una razón para ello y puede encontrarse en la *historia* del individuo, en los estímulos discriminativos de la conducta, en el sistema de motivación (o la falta de él), o posiblemente, en el coste de respuesta o el programa de reforzamiento. Como analistas de conducta, rechazamos la idea de que la conducta de estar fuera de la tarea *ocurra sin más* o se deba a *rasgos* individuales de los empleados. Cuarenta años de investigación en el ámbito organizacional nos dicen que conductas tan habituales como llegar tarde al trabajo, no limpiar los baños o dedicarse a la venta encubierta se deben a contingencias del entorno. El trabajo principal del analista de conducta consultor es identificar las contingencias y luego diseñar un programa para corregirlas. Llevar a cabo análisis funcionales experimentales en el ámbito organizacional es difícil, ya que hay demasiado riesgo para que la mayoría de las empresas u organizaciones permitan este tipo de manipulaciones. Una estrategia consiste en hacer preguntas sobre el punto que se ha acordado entre la dirección y el consultor conductual. Esto nos ayudará a encontrar las variables causales. Las variables causales se esbozan en una breve evaluación denominada las *12 preguntas de diagnóstico*. Estas preguntas se resumen brevemente a continuación.[26]

Antecedentes

La primera serie de preguntas implica un análisis del entorno para determinar si un estímulo concreto está dando lugar a una conducta no deseada o si su ausencia explica una conducta deseada o no deseada.

Pregunta 1: ¿Entiende la persona (empleado) lo que se espera de ella? Una pregunta relacionada sería: "¿Se ha fijado un objetivo?". Durante los últimos 15 años, el primer autor y sus estudiantes han aplicado proyectos de gestión del rendimiento de todo tipo con pequeñas empresas. En casi todos los tipos de entornos, desde comercios de franquicias de helados hasta distribuidores de refrescos, descubrimos que cuando se pregunta a los empleados por los detalles de su trabajo, muchos no entienden realmente lo que se supone que deben hacer. La orientación laboral estaba incom-

---

[26] Esta evaluación fue desarrollada por el primer autor como parte de un curso de gestión del rendimiento impartido en Florida State University.

pleta o deformada por la persona a la que se asignó la formación. En los estudios realizados con estas pequeñas empresas, cuando el supervisor o el gerente llevaban a la persona a un lado y le daban instrucciones directas sobre cómo debía hacer exactamente el trabajo ("clasificación de la tarea"), la mejora del rendimiento era de entre el 10% y el 30%. Como analistas de conducta, entendemos que las mejoras derivadas de una intervención tan sencilla como explicar cómo debe hacerse un trabajo no suelen durar mucho. Sin embargo, estos resultados ponen de manifiesto que los antecedentes en forma de descripciones claras del trabajo pueden marcar la diferencia. Muchos empresarios se olvidan de fijar un objetivo de rendimiento específico y luego se preguntan por qué no ven a los camareros o al personal de cocina esforzarse más. El establecimiento de objetivos también puede producir aumentos del 10% al 20% en el rendimiento, aunque, de nuevo, esta es otra intervención que puede que no mantenga los resultados a largo plazo. Los directivos que hayan respondido afirmativamente a la primera pregunta pueden pasar a la siguiente.

Pregunta 2: ¿Existe una ayuda específica para la conducta? Un ejemplo de *ayuda* específica es algo como una cita impresa pegada en la caja registradora que dice: "¿Quiere una galleta de avena recién horneada para acompañar su sándwich?" Una *ayuda* general es algo como esta declaración hecha al final de una reunión mensual: "Muy bien, escuchen. Una cosa más antes de irnos. Tenemos un memorándum de la sede central que dice que tenemos que conseguir más ventas *implícitas*. ¿Entendido? Así que salid a la calle y animad al cliente a considerar nuestros complementos". Una cosa que hemos aprendido del análisis de conducta es que los estímulos antecedentes tienen que ser del tipo adecuado, situados en el lugar adecuado, en el momento adecuado. Los pilotos utilizan listas de comprobación justo antes de despegar para asegurarse de que no se les escapa ni un solo detalle importante relacionado con las características y la preparación del avión: "Comprobación del combustible en el tanque auxiliar …". El último tipo de antecedente que hay que tener en cuenta es el supervisor.

Pregunta 3: ¿Está presente el supervisor? Si es así, ¿proporciona esta persona alguna retroalimentación, corrección o reforzamiento? Decenas de estudios han demostrado que los empleados se relajan cuando el supervisor abandona el área de trabajo. Aunque esto no es una sorpresa para los analistas de conducta experimentados, en muchas organizaciones los administradores se sorprenden al conocer esta regla tan básica. La tendencia a que el trabajo se detenga cuando los supervisores desaparecen se da sobre todo si no hay expectativas de ninguna forma de retroalimentación automática o de consecuencias por el propio trabajo o de los clientes. En el caso de un trabajo intrínsecamente interesante o en el que los clientes mantienen a los trabajadores alerta con *sus* comentarios, el papel del supervisor es mucho menos importante. En el ámbito de la trastornos del desarrollo, en el que los empleados deben realizar cierto tipo de actividades estimulantes con los clientes, puede producirse un descenso muy significativo de dichas tareas cuando el supervisor abandona la sala. Si se combinan actividades que resultan aburridas para el personal (p.ej., proyectos de arte) con clientes que aportan muy poco en cuanto a reforzamiento, se tiene la fórmula para una actividad que se detendrá cuando no haya supervisión.

Pregunta 4: ¿Tiene el empleado algún problema personal que requiera asesoramiento o tratamiento clínico? Algunos casos de bajo rendimiento de los empleados se deben a circunstancias adversas que la persona tiene que afrontar en su vida personal. Los empleados pueden llegar habitualmente tarde al trabajo por diversas razones. Los hijos o cónyuges están enfermos o los coches que necesitan reparaciones importantes en el motor, que son costosas e inasequibles, son sólo algunos ejemplos de problemas en la vida personal de un empleado que pueden afectar a su asistencia y rendimiento en el trabajo. En otros casos, el empleado puede estar luchando contra una depresión, el abuso familiar, el alcoholismo o los problemas de drogas en casa. El consultor conductual experto considerará las variables de la pregunta 4 y determinará si están operando antes de intentar establecer incentivos económicos o consecuencias para el mal rendimiento. [27]Para abordar los problemas personales de un empleado, el analista de conducta tendrá que colaborar estrechamente con el departamento de recursos humanos, porque muchos de estos asuntos son confidenciales.

Equipo y variables ambientales

Para algunos tipos de trabajo, las herramientas y el equipo que utiliza un empleado pueden afectar en gran medida a su rendimiento; asimismo, el entorno físico es un factor importante para determinadas conductas.

Pregunta 5: ¿Funciona el equipo? ¿Está en buen estado? ¿El entorno es propicio para el alto rendimiento? Hace unos años, el primer autor, junto con algunos estudiantes de posgrado en análisis de conducta, colaboraron con el departamento de hacienda del estado de Florida. Los consultores conductuales intentaban averiguar las variables de control de los "inadecuados tiempos de respuesta en las llamadas telefónicas de los electores". El lugar de trabajo era una sala de unos 10 metros y estaba repleta de cubículos. Los teléfonos sonaban constantemente y el ruido era insoportable. El trabajador que atendía una llamada tenía que ponerse una mano sobre el oído contrario para eliminar el ruido ambiental, mientras intentaba tomar notas con la otra mano. El trabajo parecía incómodo, desagradable y doloroso. La típica expresión en la cara de los asesores fiscales confirmaba lo que los trabajadores nos decían en privado: Este trabajo era horrible. Estos empleados necesitaban desesperadamente cubículos de trabajo insonorizados y auriculares para hacer un trabajo razonable al manejar preguntas complejas sobre los tipos impositivos de las empresas, los descuentos por la compra de nuevos equipos y las pérdidas amortizables en 3 años frente a 5 años. Sabían lo que debían hacer, sabían cómo hacerlo y tenían objetivos muy claros, pero era imposible en este entorno caótico.

---

[27] No estamos sugiriendo que la consultora analista de conducta intente proporcionar el asesoramiento o la terapia, sino que remita al empleado al departamento de recursos humanos para que le ayude.

Análisis de procesos

La gestión del rendimiento surgió originalmente de la metodología básica del análisis aplicado de la conducta que hace hincapié en la comprensión de las contingencias que controlan la conducta de los individuos. La metodología heredada de B. F. Skinner nos proporcionó una forma de centrarnos en la *tasa* de respuesta como variable dependiente principal. Durante muchos años, la gestión del rendimiento continuó con esta tradición y los primeros trabajos publicados en este campo muestran claramente cómo se pueden utilizar los principios conductuales para modificar la conducta de los trabajadores utilizando diseños básicos de reversión o de líneas base múltiples para demostrar el control experimental. En la década de 1980, otro enfoque, el *método Deming* (Walton, 1986), entró en escena desde una dirección completamente diferente y desde otro país, Japón. El análisis estadístico de las tasas de error, que dio lugar a un enfoque denominado "Control Estadístico de Procesos" o SPC, ha evolucionado hasta convertirse en el todavía popular *Seis Sigma* (Pande y Holpp, 2004; Pande, Neuman y Cavanagh, 2000). En términos conductuales, el análisis de procesos es una forma de observar las cadenas de conducta en lugar de las tasas de conductas individuales. Las cadenas de conducta son un tema importante en la mayoría de las organizaciones y pueden implicar a múltiples trabajadores en varios departamentos. El análisis de los procesos trata de examinar las partes elementales de la cadena para determinar si son lo más eficientes posible y no presentan errores. En algunos casos, este análisis da lugar a una forma diferente de fabricar un producto, eliminando algunos de los pasos o racionalizando el proceso. Los elementos clave del análisis de procesos incluyen (a) la medición de la calidad del producto de salida en cada paso y, a continuación, (b) el cambio gradual de la

> "El análisis de procesos pretende examinar las partes elementales de la cadena a fin de determinar si conducen a una eficiencia máxima y libre de errores".

forma en que se ejecuta el paso mediante el muestreo estadístico para garantizar la mejora continua de la calidad. Así pues, los analistas de conducta que trabajan en empresas, industrias y organizaciones deben estar preparados para plantear las siguientes preguntas.

Pregunta 6: *¿Está la tarea diseñada para ser llevada a cabo de manera eficiente? ¿Puede racionalizarse o eliminarse?* Estas preguntas significan tomar un problema que se ha presentado, como "No podemos reducir el número de rechazos y nuestras devoluciones nos están matando" y traducirlo en una revisión y un examen minucioso del proceso mediante el cual funciona el montaje. No es raro descubrir pasos redundantes o eslabones débiles en el proceso en los que hay que hacer cambios. Este proceso implicará cambiar la conducta de los empleados individualmente mediante intervenciones como más formación o retroalimentación inmediata. También puede implicar la observación directa muy frecuente del rendimiento y, en algunas circunstancias, la grabación en vídeo para poder observar detenidamente todos los pasos de la tarea.

Formación

Tradicionalmente, la solución a todos los problemas de rendimiento en las empresas y la industria era la formación. Cuando las personas no realizaban sus tareas, era obvio que necesitaban volver a aprender la tarea. Aunque la gestión del rendimiento no ignora la formación, reconoce que ésta es sólo una parte de la solución y que, por sí sola, probablemente no sea suficiente. Los datos de numerosos estudios realizados en los últimos 20 años han demostrado que la formación por sí sola puede tener un efecto a corto plazo, pero en general se necesitarán muchas otras intervenciones para lograr cambios duraderos en la conducta.

Pregunta 7: *¿Ha observado realmente la conducta? ¿Puede el empleado realizar realmente la habilidad?* Para muchos propietarios o gerentes, se asume que una vez que una persona ha pasado por la formación, los problemas de rendimiento se han acabado. Rara vez observan a una persona antes y después del curso deformación para determinar si se ha adquirido alguna habilidad. En muchos casos, los cambios en la conducta como resultado del entrenamiento son tan leves que resultan insignificantes e invisibles a simple vista. Al preguntar sobre los efectos del entrenamiento, se está cuestionando esencialmente el valor del mismo y sugiriendo que podría ser necesario examinarlo como variable y quizás sustituirlo por algo más eficaz. Si la respuesta a esta pregunta sobre la eficacia de la formación es "no", el consultor de gestión del rendimiento querrá establecer una evaluación sistemática de la formación. En función de los resultados, es probable que haya que renovar por completo los métodos de formación para que ésta esté más orientada al rendimiento o a los resultados.

Contingencias de reforzamiento

Las preguntas 8 a 12 se refieren a las consecuencias del entorno que pueden afectar al rendimiento del individuo. Los analistas de conducta reconocen lo poderosas que son estas variables, pero como pocas personas del mundo empresarial parecen entenderlo, se diseñan una serie de preguntas para sacar la información necesaria.

Pregunta 8: ¿La conducta tiene un efecto observable? Al formular esta pregunta, deberá determinar exactamente qué ocurre cuando un empleado realiza la conducta deseada. En algunos entornos de trabajo, la conducta no produce ningún efecto. Muchas tareas requieren que los empleados dediquen una gran cantidad de tiempo antes de producir algo y en esta era de la informática, la gente se afana ante los teclados en tareas que parecen volar hacia la red. No sólo no hay efectos ni productos, sino que nadie se da cuenta. La tarea del analista de conducta es determinar si se puede cambiar el entorno para añadir retroalimentación al sistema. Para obtener el máximo efecto, se prefiere la retroalimentación inmediata a la retroalimentación demorada.

El primer autor, junto con sus estudiantes gestión de la conducta organizacional, trabajó en un proyecto con la empresa BMV. Cientos de empleados de gestión de datos rellenaban miles de formularios cada día. Había muchas posibilidades de cometer errores, pero los oficinistas sólo recibían información una vez al mes en forma de una gran hoja de cálculo. Tras preguntar, los analistas de conducta consultores se enteraron de que los terminales informáticos podían programarse para dar información cada hora. Se había tomado la decisión administrativa de que esto no era necesario, por lo que esta función no estaba incorporada en los ordenadores utilizados por los empleados que introducían los datos. A los consultores se les dijo: "Las personas que cometen muchos errores son despedidas o referidas al departamento de recursos humanos para que reciban más formación". Qué curioso: los errores pueden dar lugar a más formación o al despido.

Pregunta 9: "¿Se está reforzando una conducta competitiva?"
Esta pregunta examina una cuestión que será pasada por alto por la mayoría de las personas que no son analistas de conducta. Entendemos que los individuos pueden participar en múltiples conductas que cercanas en el tiempo y esas conductas que son reforzadas es probable que vuelvan a ocurrir. Una persona asignada para saludar a los clientes con un "¿Puedo ayudarle?" tiene que estar atenta a la entrada de la tienda y permanecer en movimiento, siempre atenta a los nuevos clientes. Al mismo tiempo, si el colega del recepcionista está de pie junto a él contando una jugosa historia sobre su viaje a Cancún, para el recepcionista, dedicarse escuchar será probablemente mucho más reforzado que vigilar la entrada de los nuevos clientes. Si descubre que se está reforzando una conducta competitiva, como consultor conductual tendrá que rediseñar las contingencias para reducir la competencia y/o aumentar el reforzamiento para el rendimiento deseado. Los gerentes que no entienden las contingencias sutiles del reforzamiento tratan de resolver problemas como éste con peticiones específicas, demandas y amenazas vagas: "Algunos de ustedes y ya saben quiénes son, necesitan prestar más atención a los clientes en la puerta o es probable que la puerta te dé un golpe al salir". En realidad, los gerentes y supervisores tienen que darse cuenta de que el reforzador que reciben los recepcionistas al saludar a los clientes simplemente no compite con una jugosa historia de

un colega universitario que acaba de regresar de sus vacaciones de primavera en Cancún. Hablar con los amigos en lugar de trabajar puede costarle dinero al negocio del restaurante y generar mala impresión en los clientes para toda la franquicia. Los supervisores tienen que encontrar reforzadores más potentes para competir con conductas ajenas a la tarea y, si hay algún problema, es probable que tengan que pasar tiempo en la parte delantera del restaurante reforzando y facilitando ayuda de cómo ser más amables con los clientes.

Pregunta 10: "¿Hay algún coste de respuesta u otro castigo asociado a la realización de la tarea?" En algunos casos, la razón principal por la que no se produce una conducta deseada es que tiene un coste de respuesta o un esfuerzo de respuesta incorporado que sirve como una especie de micro castigo automático. Los camareros y camareras a los que la dirección de un restaurante les exige que realicen ventas de productos caros o ventas implícitas a menudo encuentran estas tareas aversivas, debido a las respuestas de los clientes. En ocasiones, los clientes hacen comentarios sarcásticos y denigrantes: "Si quisiera vino, ¿no cree que habría pedido vino?" o "¿Tú crees que estoy *considerando el postre*?". Estas consecuencias punitivas hacen que la venta implícita sea poco probable para los camareros de los restaurantes. Además, si esto se une al detalle de que no hay reforzamiento si el cliente dice "sí", es fácil ver por qué no se produce esta conducta. Si, como consultor de gestión del rendimiento, pudiera convencer a la dirección de que proporcione algún tipo de reforzador tangible al camarero que consiga una venta implícita, por ejemplo, cincuenta céntimos por cada postre vendido, esto podría compensar hasta cierto punto la naturaleza aversiva de la tarea. Otras formas de coste o esfuerzo de respuesta son un poco más difíciles de identificar. En una empresa de consultoría, el director general tenía problemas para conseguir que los consultores sobre el terreno entregaran sus horas facturables a tiempo. Después de enviar un recordatorio tras otro por correo electrónico para que "descarguen el pdf, lo rellenen y me lo devuelvan por correo antes del día 15", decidió examinar más de cerca el proceso y entrevistó a dos de las personas que más se retrasaban. Se quejaron de tener que recoger trozos de papel, encontrar el formulario en su escritorio, sumar todos los números, calcular las diferentes tarifas para cada cliente, rellenar el formulario, encontrar un sello, luego un sobre y llevarlo al buzón antes de que llegara el cartero. El director general se tomó todo esto a pecho y contrató a un programador informático para que hiciera un programa de horas facturables que permitiera a cada consultor introducir las horas facturables cada día (las tarifas se calculaban automáticamente). Luego, al final del periodo de facturación, con sólo un par de clics, las horas se enviaban a la sede central. Nuestro sabio director general, analista de conducta, descubrió que podía conseguir un 100% de cumplimiento de plazos con sólo reducir (casi por completo) el coste de respuesta con la entrega de la hoja de horas. Ahora sabemos que cada conducta en la que participamos a lo largo del día tiene incorporado algún coste de respuesta o esfuerzo de respuesta. Si quiere respuestas más rápidas, índices más altos o conductas de mejor calidad, busque estas consecuencias aversivas incorporadas y vea si pueden reducirse o eliminarse.

Pregunta 11: ¿Existe algún tipo de retroalimentación por parte de los compañeros, clientes o supervisores relativo a la conducta de interés? Esta pregunta se refiere a la cultura en la que se realiza el trabajo. Sabemos que una simple retroalimentación sobre una conducta puede marcar una gran diferencia en la probabilidad futura de que la respuesta se repita. Si los clientes refuerzan al personal de sala por su excelente servicio, probablemente se repetiría más a menudo. Si sus compañeros hicieran comentarios positivos, las conductas deseadas se reforzarían. Sin embargo, con demasiada frecuencia, los clientes no hacen ningún comentario y los compañeros del trabajador tampoco. La última esperanza es que los directivos proporcionen algún tipo de *feedback*, al menos ocasionalmente, cuando observen conductas deseables. Lamentablemente, la mayoría de los directivos rara vez dan *feedback* por realizar las tareas correctamente. En lugar de ello, la tendencia general es castigar a las personas cuando cometen un error o prestan un mal servicio al cliente. Si es consultado por una empresa en la que la queja es que ciertas conductas no se dan o se producen a una baja tasa, definitivamente necesitará pasar algún tiempo observando para ver cuál es la tasa de retroalimentación positiva para el rendimiento deseado. No se sorprenda si no ve ninguna. Si se hace esta pregunta y toma notas sobre la conducta del supervisor, empezará a desarrollar una estrategia que podría marcar una diferencia significativa en este entorno de trabajo. Nota para uno mismo: "Tengo que trabajar con el supervisor y enseñarle a observar más, a detectar el rendimiento deseado y a dar retroalimentación positiva".

Pregunta 12: ¿Existe un reforzamiento intrínseco o extrínseco para la conducta? Nuestra última pregunta tiene que ver con los refuerzos reales que están estrechamente relacionados con el rendimiento deseado. Dejamos esta pregunta

> "Algunos trabajos requieren muy poco reforzamiento extrínseco debido a que el reforzamiento intrínseco es muy elevado".

para el final, porque en términos de intervención, es la más difícil de diseñar y en términos de coste para la organización, representa posiblemente la inversión más cara. Algunos trabajos requieren muy poco en cuanto a reforzamiento *extrínseco* porque el reforzamiento *intrínseco* es muy grande. Las personas a las que les gusta la jardinería y disfrutan hablando con la gente probablemente estarían muy motivadas para dar un gran servicio al cliente si trabajaran en un centro de jardinería. Sonreirían a cada persona, compartirían su amor por las plantas con cada cliente y harían todo lo posible por encontrar las plantas perennes adecuadas para el patio y las características del jardín del cliente. Este tipo de adecuación de una persona a su puesto de trabajo representa una situación ideal, porque la mayoría de los trabajos son de un desajuste total. Considera el mismo trabajo, pero ahora imagina a un adolescente melancólico y socialmente torpe al que sus padres exigen que solicite y acepte este trabajo durante el verano. Lo más probable es que el adolescente intente evitar a los clientes y les proporcione la menor cantidad de información posible. Este adolescente, que se vio obligado a hacer un trabajo que no le interesaba, podría escabullirse por la esquina de la caseta a fumarse un cigarrillo. Puede que ahora llame a la caseta cobertizo *para macetas,* o podría pasar mucho tiempo con su teléfono móvil, chateando con sus amigos. La motivación intrínseca que se encuentra cuando se trabaja en un centro de jardinería está totalmente perdida en este joven. Para conseguir que proporcione un alto nivel de servicio al cliente se necesitaría mucha formación, supervisión y motivación *extrínseca,* probablemente en forma de dinero. En un lugar de trabajo más ordinario, donde la mayor parte del trabajo se realiza en ordenadores y hay poco contacto directo con los clientes, probablemente no haya motivación intrínseca, porque la tarea en sí no proporciona ninguna satisfacción. En una situación así, es probable que el aburrimiento se instale rápidamente. Ningún tipo de formación puede superar el coste de respuesta y la fatiga que conlleva una tarea poco estimulante; la dirección tendrá que encontrar formas de proporcionar motivación extrínseca a estos trabajadores.

RESUMEN

El proceso de consultoría de *gestión del rendimiento* es muy similar al proceso de consultoría en centros educativos o con familias. Se comienza con una petición de consulta, se trabaja con la persona de contacto (en el entorno de interés) para determinar el problema y, a continuación, se realizan observaciones directas y se recopilan datos informales. En el entorno empresarial, deberá presentar una propuesta en la que se indique el alcance del trabajo que tiene previsto realizar, junto con el tiempo y el coste estimados para llevarlo a cabo. Los contratos en el ámbito empresarial e industrial suelen tener una periodicidad trimestral, es decir, usted presentará una propuesta de tiempo y trabajo para un periodo de 3 o 6 meses. Los consultores de gestión del rendimiento suelen trabajar para empresas que tienen divisiones o personal específico que prepara los contratos. Un comercial trabajará con la empresa en los detalles. Si trabaja a menor escala, como un centro de rehabilitación que tiene un problema de puntualidad o rotación, es más probable que presente una propuesta para trabajar en una sola conducta objetivo. Presentará una estimación del número de horas que cree que le llevará. Al igual que en el caso de la consultoría clínica y educativa, los consultores de gestión del rendimiento dependen de intermediarios para llevar a cabo sus diseños, por lo que tendrá que considerar la formación del personal necesario para llevar a cabo su tarea.

La cantidad de tiempo que necesitará puede ser considerable, porque la mayoría de los administradores no están acostumbrados a pensar en cómo gestionar sus organizaciones de forma conductual. Se sienten más cómodos con un modelo de mando y control en el que dan instrucciones y esperan que se cumplan. Suponen que los empleados harán sin más lo que se les diga, acudirán al trabajo motivados y no exigirán retroalimentación. Tendrá que utilizar todas sus habilidades de persuasión (capítulo 9) además de tu etiqueta profesional (capítulo 1), asertividad (capítulo 2) y habilidades de liderazgo (capítulo 3) para maximizar tus probabilidades de éxito.

PARA LEER MÁS

Abernathy, W. B. (2000). *Managing without supervising*. PerfSys Press.

Daniels, A. C., y Daniels, J. E. (2004). *Performance management*. Performance Management.

Pande, P. S., y Holpp, L. (2004). *¿Qué es seis SIGMA?* McGraw-Hill.

Pande, P., Neuman, R., y Cavanagh, R. (2000). *The Six Sigma Way: How GE, Motorola, and Other Top Companies are Honing Their Performance*. McGraw-Hill.

Rummler, G. A., y Brache, A. P. (1995). *Improving performance: How to manage the white space on the organizational chart*. Jossey-Bass.

Watton, M. (1986). *The Deming management method*. Mead & Company.

Cuatro

Hábitos de trabajo

17
Gestión conductual del tiempo

Dedica cinco minutos a planificar tu día.

Brian A. Iwata

Los analistas de conducta son personas muy ocupadas que suelen estar muy solicitadas por consumidores, administradores, profesores, padres, coordinadores de tratamiento y otras personas que buscan mejorar la vida de sus clientes. Aunque no hay un día "estándar", un día típico puede empezar a primera hora de la mañana con una reunión con un director para solucionar algunos problemas con un cliente que no va bien. El analista de conducta pasa de esta reunión a trabajar con una maestra que tiene un problema con la puesta en práctica del nuevo programa conductual. Mientras tanto, el teléfono móvil del analista de conducta ha vibrado tres veces, lo que indica que tiene que devolver las llamadas en cuanto tenga un descanso. Su descanso será probablemente en su coche, ya que está de camino a casa de otro cliente para supervisar el caso. Y así durante toda la semana, la analista de conducta se apresura para no llegar tarde porque el tráfico es denso o porque un cliente tiene una crisis. Los requisitos del trabajo también implican llevar la cuenta de las horas facturables en intervalos de un cuarto de hora, realizar informes de progreso y hacer presentaciones a los equipos que desarrollan programas de educación individualizada.

Aprender a planificar la jornada y a gestionar el tiempo es una habilidad esencial para el consultor conductual eficaz y hay muchas, muchas distracciones que competirán por su atención. Cuando reflexionas al final de un día normal, te das cuenta de que tu reunión de 30 minutos con la directora fue bien porque pudiste darle el consejo que necesitaba sobre cómo manejar a un ayudante que no responde a los comentarios; en una de las llamadas telefónicas de un antiguo cliente, pudiste asegurarle que había elegido bien a su novia y su puesto de trabajo; y, lamentablemente, tuviste que rechazar una invitación por correo electrónico de una amiga que te invitaba a quedar con ella para tomar algo después del trabajo. Por muy divertido que hubiera sido, fue en mal momento porque al día siguiente tienes que entregar un importante informe relacionado con una situación por la que podrías acabar en los tribunales.

CÓMO PERDER EL TIEMPO

Para cambiar de ritmo, veamos algunas formas en las que puedes desperdiciar tu recurso más preciado: el tiempo.

En primer lugar, la forma más obvia de perder el tiempo es hacer tareas que otros pueden y deben hacer. Su ayudante analista de conducta certificada (BCaBA)encargada de recoger y graficar los datos para presentarlos en una reunión llega tarde (diciendo que realmente no entendió las instrucciones), así que usted se pasa 25 minutos preparando los datos para la reunión de la 1:00 p.m. Esto le impide observar una sesión de análisis funcional con un cliente con conducta autolesiva. Ahora tiene que reprogramar la sesión de análisis funcional para el lunes y la agenda del lunes ya está llena. La solución, por supuesto, es asegurarse de que sus instrucciones a su BCaBA sean claras desde el principio. ¿Le diste muchos ejemplos? ¿Le hizo practicar uno mientras usted lo observaba? ¿Le proporcionó un *feedback* correctivo? ¿Le dijiste a dónde dirigirse si tenía preguntas? ¿Insistió en la importancia de completar la tarea a tiempo?

En segundo lugar, si analizas cómo empleas tu tiempo cada día, puede que descubras que has permitido cierta deriva conductual o despiste. Las reuniones que diriges o a las que asistes y que se supone que deberían durar una hora, están durando 15 minutos más debido a una mala gestión de las mismas. Si está a cargo, ¿puede examinar los puntos del orden del día para determinar si algunos pueden suprimirse? En lugar de ocupar 15 minutos al principio de la reunión con diversos anuncios, ¿puede imprimirlos y repartirlos? ¿Hay personas que acaparan la reunión con sus comentarios vacíos? ¿Y qué pasa con tu trabajo escrito? Sin comprometer la calidad, ¿puedes agilizar tus escritos para poder redactar tus informes en 30 minutos en lugar de 45? ¿Existe una forma de llevar la cuenta de tus horas facturables en tu dispositivo electrónico a medida que vas completando cada hora, en lugar de tener que rebuscar entre las notas arrugadas al final de la semana, tratando de averiguar dónde has ido y qué has hecho?

En tercer lugar, tener que rehacer los proyectos puede suponer una pérdida de tiempo. Si miras lo que has hecho durante la semana y te das cuenta de

> "A la mayoría de los analistas de conducta, debido a que son personas de naturaleza positivamente reforzante, se les busca como amigos, tutores y confidentes".

que parte de ello implica tener que rehacer un informe de evaluación porque te has dejado los datos de la escala de preferencia de reforzadores u otro detalle similar, quizá sea el momento de pensar en un análisis de tareas de tu trabajo. Eliminar tareas repetidas podría suponer un ahorro de hasta una hora a la semana.

Por último, permitir que otros ocupen su tiempo con trivialidades es un desperdicio. Este es un tema delicado para algunos analistas de conducta porque parece entrar en conflicto con la creación de redes (capítulo 4) y con convertirse en un profesional de confianza. La mayoría de los analistas de conducta, por su propia naturaleza de personas que usan el refuerzo positivo, serán buscados como amigos, consejeros y confidentes. Aunque esto es importante y ciertamente gratificante, puede quitarte un tiempo valioso que deberías dedicar a hacer tu propio trabajo. La palabra clave que hay que tener en cuenta es *"trivial"*, que tiene diferentes significados para cada persona. Una amiga está en el hospital dando a luz; ¿*realmente* necesitas cruzar la ciudad para verla? Por supuesto que sí, ya que es tu mejor amiga. Una vecina te ha invitado a una fiesta de cumpleaños de su sobrina de 7 años el fin de semana. ¿Tienes que ir? Probablemente no, pero si no has terminado tu trabajo y sientes que quieres asistir a la fiesta, considera quedarte menos tiempo y terminar tu trabajo para el lunes. Es el fin de semana del partido de fútbol y todo el mundo estará de fiesta e irá al estadio. Si crees que no puedes perderte esta actividad, haz tu trabajo con antelación. Aprende a decir: "Estaré ocupado todo el fin de semana, así que no puedo salir durante la semana. Gracias por invitarme a cenar, pero tengo que quedarme en casa y dejar todo hecho para poder ir al partido este fin de semana". Los ejemplos de personas que te invitan a participar en actividades que pueden distraerte de tu trabajo son infinitos. Lo ideal es que seas equitativo y encuentres el sano equilibrio entre disfrutar de tu tiempo libre y cumplir con todas tus obligaciones profesionales. Nuestro consejo general es que seas amable, atento y analítico a la hora de tomar decisiones sobre tu tiempo de ocio a la vez que gestionas tu carga de trabajo siendo productivo y manteniendo tu reputación profesional.

ORGANÍZATE CON EFICACIA[28]

David Allen se ha convertido en el gurú de la productividad con su análisis minucioso y detallado de los obstáculos cotidianos que impiden la consecución de resultados importantes y sus perspicaces sugerencias sobre cómo atravesar el laberinto con unas pocas reglas para simplificar y organizar la vida laboral (Allen, 2006). Como se muestra en su diagrama de flujo (véase la figura 17.1), recomendó tomar una serie de decisiones sobre todas las "cosas" que pasan por el escritorio (o la pantalla del ordenador).

En primer lugar, debes decidir si lo que tienes delante requiere alguna acción por tu parte; si no es así, puedes tirarlo a la basura o archivarlo. Si requiere actuar, Allen sugirió preguntarse: "¿Llevará menos de 2 minutos?". Si la respuesta es afirmativa, hazlo. Si no,

---

[28] Este es el título del éxito de ventas de David Allen que todo el mundo debería leer. También tiene una página web muy útil para organizarse y mejorar la productividad: www. davidco.com

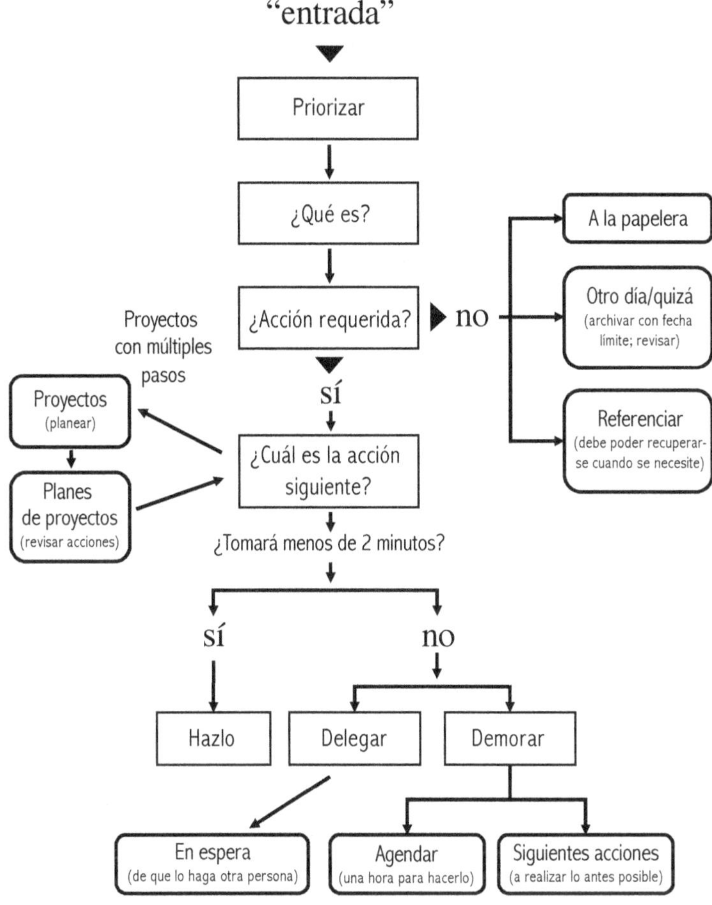

Figura 17.1 Diagrama de organización del trabajo propuesto por David Allen en *Organízate con eficacia: Llega más lejos de lo que nunca hubieras imaginado* (2006). Empresa Activa.

puedes decidir delegar la tarea o aplazarla para otro momento. Si decides aplazar la tarea para más adelante, anótala en tu calendario para un momento concreto o archívala "tan pronto como puedas". Allen ha creado varias herramientas conceptuales y prácticas que, utilizadas conjuntamente, aumentan en gran medida la probabilidad de que seas productivo. La regla de los "2 minutos", por ejemplo, es estupenda para decidir qué hacer ahora y qué hacer después, sobre todo porque si lo vas a hacer más tarde, tienes que añadir otras bandejas en las que canalizar el flujo de trabajo. Ten en cuenta que la pregunta de la delegación es importante para la productividad. Según tu experiencia, preguntar: "¿Soy la mejor persona para hacerlo?" (Allen, 2006, pág. 133) puede reducir en gran medida la carga de trabajo y aumentar su eficacia. Si la tarea que tienes delante te va a llevar más de 2 minutos y no puedes delegarla, vea la bandeja de próximas acciones. Esto es similar a una lista de tareas, sin embargo, es una nueva y mejorada que reconoce que los "Proyectos" más grandes tienen muchos pasos que realizar antes de que realmente se hagan. Una última innovación que Allen incluyó en su sistema es la Revisión Semanal. Al exigirle que revise todos sus proyectos actuales y los próximos, así como los elementos "en espera" (esto incluye el trabajo delegado), está eliminando esencialmente la posibilidad de que un proyecto se pierda en su ajetreada semana de trabajo.

GESTIÓN DEL TIEMPO AL ESTILO CONDUCTUAL

El sistema de Allen cubre todos los aspectos importantes de la gestión del tiempo y los proyectos y recomendamos encarecidamente su libro a todos los nuevos consultores de conducta. Hay una característica que no se incluye y que puede ser importante para los analistas de conducta que están interesados en los aspectos motivacionales del entorno laboral. Allen asumió que la finalización de la tarea en sí misma es un reforzador natural. Puede que lo sea para muchas personas, pero para otras existe la necesidad de algo más, como una consecuencia para seguir avanzando en tareas que son aburridas, arduas o insatisfactorias. Para llenar ese vacío, sugerimos un procedimiento conductual básico con el que sin duda ya está familiarizado: el principio de Premack. El principio de Premack establece básicamente que las conductas más probables reforzarán las conductas menos probables. Por ejemplo, suponemos que usted tiene una lista de cosas que le gustaría hacer cada día, desde jugar a un videojuego en su teléfono móvil hasta consultar un vídeo clip de YouTube, enviar un mensaje de texto o llamar a un amigo, ver una película o salir a comer pizza con sus colegas. Para muchas personas, estas son tareas para el final

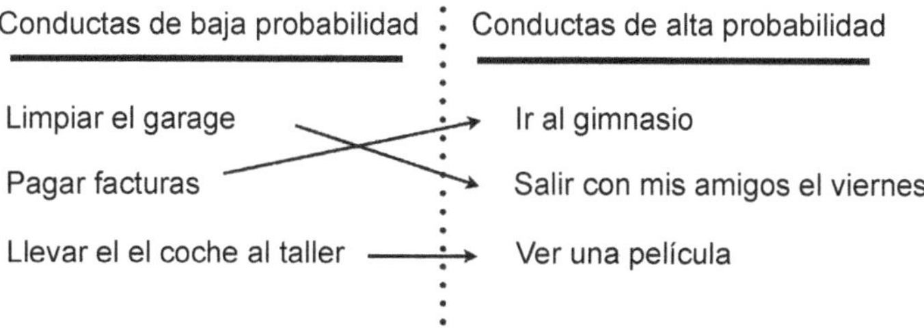

Figura 17.2 Un ejemplo del uso del principio Premack para reforzar las actividades laborales diarias.

del día, cuando tienen tiempo de relajarse. Pero para otras personas algo indisciplinadas, estas tareas preferidas causan problemas cuando se interponen en el trabajo o las tareas que hay que hacer.

Otra forma de concebir las actividades preferidas es como "conductas de alta probabilidad" que pueden utilizarse como reforzadores para la realización de ciertas tareas que no son muy queridas. Cinco minutos de consulta de YouTube podrían supeditarse a la devolución de un montón de llamadas telefónicas relacionadas con el trabajo que hay que hacer pero que no son tan divertidas. Ir a comer con un amigo sería mucho más agradable si se organizara la comida después de entregar un informe que tenías que haber entregado hace varias semanas.

Este concepto añade otro nivel de planificación al programa diario. Además de hacer una lista de las tareas que debe realizar, tenga en cuenta el principio de Premack y desarrolle el orden en el que realizará las tareas (véase la figura 17.2). Utilizando el enfoque conductual para desarrollar tu nueva productividad, traducirás tus "cosas por hacer" en conductas. Realizarás una conducta y después de cada conducta, tendrás la acción siguiente.

Para animarte el día, hacerlo más interesante y, por supuesto, más reforzante mientras rellenas tu lista de Próximas Tareas, considera añadir una conducta ocasional de alta probabilidad como consecuencia. También recomendamos el simple acto de poner una marca de verificación distintiva junto a cada elemento completado, de modo que al final del día puedas examinar visualmente el calendario y ver cuánto has logrado. Si no usas un calendario electrónico, como *iCalendar* para el Mac o *Google Calendar* para su PC recomendamos un sencillo planificador en papel, como el *Day-Timer* (véase la figura 17.3). [29]

GESTIÓN DEL TIEMPO A TRAVÉS DE LA GESTIÓN CONDUCTUAL

Si reconoces que el tiempo es un recurso muy valioso y que debe ser aprovechado sólo en los eventos más importantes, apreciarás este último consejo. Todos los días, sin duda, se le presentarán oportunidades para asumir responsabilidades (alguien intenta delegar en usted), compartir experiencias o dedicar su tiempo

> "Si tu objetivo a largo plazo … es ser promovido en tu empresa o comunidad, necesitarás: (a) saber diferenciar ofertas relevantes y valiosas de aquellas que sean de importancia menor y (b) aprender a decir que no".

a una causa digna. Como analista de conducta, usted es un potencial objetivo para estas ofertas porque probablemente es una persona razonable y eficaz que parece ser simpática y abierta a los demás. Y al principio de su carrera, es emocionante tener tantas opciones para

JUEVES   11 JUNIO 2021   Día 162, quedan 203

POR HACER HOY (LISTA DE ACTIVIDADES)	CITAS Y EVENTOS PROGRAMADOS		DIARIO DE TRABAJO Y GASTOS	TIEMPO (HRS)
✓ Toma de datos de J. P.	Andrea P.	8 (0800)		
	Ídem	9 (0900)	Entrenamiento 1 a 1	2,0
		10 (1000)		
	Colegio S.	11 (1100)	Consultoría	1,5
✓ Preparar materiales	Ignacio	12 (1200)		
para el entrenamiento a padres		13 (1300)		
	Almuerzo con Dr. B.	14 (1400)	revisar contrato	-
		15 (1500)		
	Marc D.	16 (1600)	Entrenar padres (yo)	4,0
	Ídem	17 (1700)		
		20:00		

Figura 17.3 Una página del planificador *Day-Timer.*

---

[29] *Day-Timer* dispone de una amplia variedad de productos para ayudarte a ser más productivo. Para más información, visite la página web www.daytimer.com

participar en tareas interesantes y valiosas con amigos, familiares y colegas. Sin embargo, si tu objetivo a largo plazo es ascender en tu empresa o comunidad, tendrás que (a) discriminar las ofertas que tienen relevancia y valor de las que son menos importantes y (b) aprender a decir "no". Tienes que tener cierto coraje cuando decidas rechazar una oferta. Un motivo de preocupación suele ser ofender a la persona que te hace la oferta.

LA HONESTIDAD ES LA MEJOR POLÍTICA

Se pueden empeorar las cosas cuando se da una excusa poco convincente claramente falsa. Tu objetivo al decir "no" es hacer saber a la persona que te invita que agradeces la invitación, pero tienes que expresar con firmeza que no puedes atenderla en este momento. Es una muy mala idea inventar una excusa: "Lo siento, no puedo. Tengo que ir a un funeral". Esto puede sacarte del apuro en el momento, pero si la persona te envía una tarjeta de pésame y más tarde te ve en el centro comercial o en el cine cuando se supone que deberías estar en el cementerio, estás en serios problemas.

Habrá personas prepotentes que responderán invariablemente a tu cortés "No, lo siento, no puedo. Pero gracias por la invitación" con "¿Pero ... por qué no?". Recuerda que no es necesario que des una explicación y que hay que evitar las excusas. Probablemente lo mejor sea simplemente adoptar una postura firme, establecer un buen contacto visual y repetir tu respuesta con un tono de voz firme y objetivo: "Lo siento, no puedo. Pero gracias de nuevo por la invitación".

RESUMEN

Debido a que la mayoría de los trabajos en análisis de conducta requieren de muchas horas de dedicación y de numerosas tareas que variarán cada semana, la gestión del tiempo es una habilidad clave para el analista de conducta consultor. Planificar el día, evitar perder el tiempo, utilizar el método de Allen para manejar el flujo de trabajo y aplicar el principio Premack en su propia vida ayudará a convertirse en una persona que hace un trabajo de alta calidad y lo entrega a tiempo con carácter y entusiasmo sobrados.

PARA LEER MÁS

Allen, D. (2006). *Organízate con eficacia: Llega más lejos de lo que nunca hubieras imaginado*. Empresa Activa.

18
Conviértase en un profesional de confianza

*Confiar es tener fe en la capacidad o en la palabra de otra persona
en un ámbito concreto.*

Hyler Bracey (2002)

Una entusiasta estudiante de primer año de análisis aplicado de conducta estaba deseando empezar sus prácticas y aprender nuevas habilidades. Estaba deseando conocer a su supervisor clínico, que tenía una gran experiencia y que había prometido enseñarle todo lo que necesitaba saber para ser un buen analista de conducta. Llena de ilusión, la estudiante acudió a su primera reunión programada con el supervisor clínico. Éste comenzó la reunión diciéndole que tenía que ajustar su horario de visitas al colegio para que coincidiera con el del supervisor. La estudiante fue informada de que recibiría formación, observaciones del supervisor y comentarios una vez a la semana, a partir del lunes siguiente. Fue una gran noticia. Después de todo, el supervisor tenía 15 años de experiencia y venía con la reputación de ser un clínico conductual que podía resolver casi cualquier problema. Cuando llegó el lunes, el supervisor entró corriendo en la sala con más de 30 minutos de retraso. Me dijo: "Hoy no tengo tiempo para trabajar con usted. Sólo enséñame lo que sabes hacer". La alumna comenzó, pero el supervisor estuvo todo el tiempo leyendo y respondiendo correos electrónicos en su teléfono móvil. Al final de la sesión, el supervisor dijo: "Lo estás haciendo bien" y eso fue todo. La semana siguiente, el supervisor llamó al estudiante 5 minutos antes de su cita y le dijo que la cancelaba, murmurando que su mujer estaba fuera de la ciudad y que tenía que "llevar a Jenny al médico: tiene fiebre". A la semana siguiente, el supervisor no se presentó y ni se molestó en llamar. La alumna llamó al supervisor y le dejó mensajes a los que no respondió. Pasaron dos semanas más sin que el supervisor se pusiera en contacto con ella. Había pasado la mitad del semestre y la alumna no había recibido ninguna formación ni retroalimentación. En la octava semana, el supervisor se presentó puntualmente, dijo: "¿Cómo va todo?" y procedió a hacer dos llamadas de teléfono. No se disculpó por estar ausente ni ofreció ninguna explicación. Cuando salió del edificio, dijo: "De acuerdo, nos vemos la semana que viene" y se marchó a toda prisa.

Desgraciadamente, este escenario es una historia real que involucra a un supervisor que parecía hacer todo lo posible para generar activamente falta de confianza. Puede que tuviera muy buenas razones para faltar a las sesiones o llegar tarde, pero la alumna tendría todo el derecho a tener muy poca confianza en este supervisor.

Como analista de conducta, todas las semanas se relacionará con colegas con formación conductual y no conductual tratando temas personales y profesionales de todo tipo. Le ofrecerán consejos, asesoramiento y advertencias sobre una gran variedad de temas que le afectan a usted y a sus clientes. Con el tiempo, llegará a respetar a algunas de estas personas por su honestidad e integridad. A otros, los pondrás en un nivel inferior por ser poco fiables y de poca confianza y quizás por tener un carácter difícil. Del mismo modo, los demás te juzgarán en función de tu conducta hacia ellos, los consejos que les des y

> "Si sabes escuchar, dar sugerencias bien meditadas e ir más allá de lo que es estrictamente tu deber en pro de aquellos que lo necesitan, serás percibido como un miembro valioso de tu profesión y la gente depositará su confianza en ti".

las posturas que adoptes en los asuntos profesionales que surjan. Si pareces distante e indiferente al sufrimiento de los demás o te despreocupas de su situación, te juzgarán con dureza. Por el contrario, si sabe escuchar, ofrecer sugerencias y vas más allá del deber para ayudar a quienes lo necesitan, se te considerará un miembro valioso de tu profesión y la gente depositará su confianza en ti.

LOGRAR LA CONFIANZA

La confianza es difícil de conseguir y sólo se consigue con el trabajo duro a lo largo del tiempo. Para ganarse la confianza de los demás, hay que demostrar un temperamento constante, ser consistente, honesto y fiable (Harvard Business School Press, 2005). "Confía en mí" es quizá la expresión más utilizada en los negocios hoy en día y, por supuesto, suele ser un indicio de que *no se* puede confiar en el interlocutor para nada. La verdadera confianza se gana con el tiempo, a medida que uno se involucra en sus actividades diarias con colegas y clientes. Prometes reunirte con una persona a una hora determinada y, a pesar del mal tiempo, te presentas. Escuchas la situación de un amigo que comparte una confidencia y *nunca se* la revelas a nadie. Expresas tu firme apoyo a los tratamientos basados en la evidencia y, a pesar de la presión y las súplicas de un cliente, te niegas a respaldar un tratamiento de moda. Todos estos son ejemplos de formas en las que la confianza se gana con el tiempo. Parece que en todos los consultorios hay un bromista que dice cualquier cosa para provocar a la gente. Los comentarios inapropiados del bromista, que pueden ser groseros o insensibles, suelen ir seguidos de un "Es una broma". Los individuos que se dedican a estas payasadas pueden ser divertidos y pueden ayudar a suavizar el día en el lugar de trabajo, pero es poco probable que los que les rodean confíen en ellos. Las personas que no consiguen controlar sus comentarios suelen ser consideradas chismosas, chifladas, bromistas y livianas y sus expresiones ocasionales de compromiso y sinceridad no se toman en serio. El analista de conducta que quiere convertirse en un profesional de confianza debe tener en cuenta el viejo adagio "Dime con quién andas y te diré quién eres", que es claramente relevante en este caso.

DESARROLLAR LA CONFIANZA

Es importante que los analistas de conducta se conviertan en profesionales de confianza para que se busquen sus ideas sobre asuntos importantes y se respeten sus opiniones. Este estatus no se confiere automáticamente por un título o unas credenciales. El estatus de confianza se gana poco a poco a lo largo del tiempo. Tendrá la oportunidad de generar confianza cada vez que participe en una reunión, ayude a un cliente a tomar una decisión sobre el tratamiento, ofrezca una opinión sobre un tema candente o asuma un compromiso, aunque sea pequeño.

> "No tienes por qué dar tu opinión sobre todos los temas o imponer tus ideas en todas las reuniones … ser un poco reservado y reacio a saltar a la arena es un signo de una persona que quiere ser tomada en serio".

No es necesario opinar sobre todos los temas o imponer sus ideas en todas las reuniones; de hecho, ser un poco reservado y quizás reacio a entrar en la contienda es un signo de una persona que quiere ser tomada en serio. Considerar los temas con detenimiento y tomarse el tiempo necesario para conocer a fondo un tema *antes de* expresar una opinión son características de alguien en quien confiamos. Una persona que siempre da argumentos mediocres sobre cualquier tema parece ser alguien que busca sobre todo llamar la atención, más que alguien en quien se pueda confiar para ofrecer una alternativa sólida.

EMPEZAR A CREAR CONFIANZA

El primer paso para *convertirse* en un profesional de confianza es ser capaz de identificar las características de estas personas *raras*. Un profesional de confianza es una persona que, por encima de todo, es honesta en su trato con los demás, es justa en su evaluación de las situaciones difíciles (es decir, imparcial, no juzga) y no echa la culpa, sino que utiliza su capacidad de análisis de conducta para encontrar soluciones viables que sean equitativas para todas las partes. En términos conductuales, decimos que un profesional de confianza es una persona que responde a las evidencias disponibles y es coherente en ese sentido. Subjetivamente, la persona de confianza es alguien que es firme, tranquilo, reservado, prudente, reflexivo, coherente, fiable, que sabe guardar un secreto, leal y constante. Si mira a su alrededor y se pregunta: "¿Quiénes son mis colegas que tienen estas características?", irá en la dirección correcta. Una vez que identifique a una persona de confianza, querrá examinarla, empezar a observarla en diversas situaciones y, si es posible, asociarse con este profesional. Es probable que estos profesionales de confianza ocupen una posición de liderazgo, tengan una visibilidad social considerable y estén muy ocupados. No querrás convertirte en una molestia ni ofenderles con halagos; observar tranquilamente cómo manejan las situaciones difíciles es tu mejor estrategia. Si puedes formar parte de un grupo de trabajo con esta persona y aprender de primera mano cómo ve el mundo y cómo se enfrenta a los problemas a medida que van surgiendo, aprenderás mucho.

CONFIAR EN LA PERSONA ADECUADA

En su pequeño y gran libro *Building Trust* (Bracey, 2002), Bracey esbozó cinco pasos que explican la confianza. Describió los siguientes pasos que un profesional puede dar para generar confianza:

Sé transparente

Sé receptivo

Presta atención

Sé sincero y

Sé fiable

Sé transparente

Bracey sostiene que para que los demás confíen en ti, tienen que poder ver cómo piensas en los asuntos. También tienes que ser "fácilmente legible" para los que te rodean. Si das una recomendación totalmente de la nada, como una ocurrencia, sin conexión con ideas o sugerencias anteriores, puede ser difícil que los demás confíen en tu lógica o tu criterio. Ser capaz de pensar lógicamente en voz alta sobre un problema, de modo que los oyentes puedan darse cuenta de que cada paso es lógico y sensato, es una manera de que los demás confíen en tu criterio.

No tendrás que hacer esto con todas tus ideas, pero ciertamente ayuda al principio cuando estás tratando de que se te considere una persona confiable.

Un segundo método para establecer la confianza consiste en presentar una "conducta clara y sencilla" cuando se trata de personas (Bracey, 2002, pág. 20). Bracey dice que permitir que la gente vea cómo te sientes respecto a los problemas genera confianza en el sentido de que saben cuál es tu postura y no se sorprenderán por alguna decisión que tomes *sobre la marcha*. Hacer saber con tacto que estás satisfecho o descontento con la marcha de un proyecto les da la información que necesitan para hacer correcciones. Te respetarán y confiarán en ti, sobre todo si tus decisiones coinciden con tus conductas. El administrador con cara de póquer inquieta a todo el mundo porque la gente nunca sabe a qué atenerse con esta persona. La confianza proviene de proyectar una apertura estratégica durante las reuniones importantes.

> "Ser capaz de pensar con lógica y en voz alta sobre un problema para que quienes te oigan aprecien que cada paso es lógico y razonable es una magnífica forma de desarrollar la confianza de los demás en tu criterio".

Sé receptivo

Bracey afirmó que la confianza también proviene de ser receptivo con quienes te rodean, es decir, de dar retroalimentación de forma constructiva, espontánea y cariñosa (Bracey, 2002, pág. 23). Solemos pensar en la retroalimentación como una forma de cambiar la conducta de alguien, pero Bracey dio un giro diferente a esto, sugiriendo que, si el propósito es ayudar a la otra persona, el resultado final será que el individuo llegará a confiar en ti. Dar un *feedback* positivo cambia la conducta y genera confianza. Si pensamos en la razón por la que damos retroalimentación, podemos ver que la observación de Bracey es bastante cierta. Al moldear la conducta de alguien, estamos diciendo esencialmente: "Estoy dispuesto a hacer una inversión en tu futuro. Sé que tienes potencial, veo que te esfuerzas y tu trabajo será recompensado pronto. Te prestas a recibir retroalimentación y estoy seguro de que puedes seguir mejorando y tener un impacto muy positivo en la vida de estos clientes". Como analistas de conducta, a menudo pasamos por alto esta interpretación de la importancia de dar un *feedback* positivo a quienes nos rodean. Al hacerlo, puede que también hayamos perdido la oportunidad de generar confianza.

Habrá ocasiones en las que sea necesario un *feedback* negativo. La retroalimentación negativa debe usarse de manera impasible y constructiva para hacer saber al alumno que no ha hecho la conducta del todo bien: "Gracias por entregar tu informe a tiempo, Jim. Tengo que pedirte que repitas una parte e incluyas un gráfico que muestre los cambios en la conducta objetivo este mes". La retroalimentación negativa suele ser desechada si no ha sido precedida de saludables dosis de reforzamiento positivo. De hecho, las personas que reciben tanto comentarios positivos como negativos probablemente confiarán más en esos supervisores que los que sólo hacen comentarios positivos.

Presta atención

Ganarse la confianza de los colegas significa prestar atención a las sutilezas de las interacciones sociales. La forma de reaccionar a sus preguntas, comentarios o ideas puede marcar una gran diferencia a la hora de que tus colegas te confíen cierto tipo de información. Mantener el contacto visual al escuchar, parafrasear lo que dicen y dejarles hablar sin interrumpirles son formas de reconocer a otras personas y generar confianza. Ser cuidadoso con el lenguaje y no poner en aprietos a otra persona si sus compañeros o supervisores están cerca es un aspecto importante para generar confianza. Decir: "Estoy confundido. ¿Puedes repetirlo?" es mucho mejor que decir: "Estás confundido. No tengo ni idea de lo que estás hablando". Dale Carnegie abordó esta cuestión cuando dijo: "Permite que la otra persona quede bien" (Carnegie, 1936/2008). Utilizar esta estrategia es especialmente importante si la persona *está confundida*, porque señalarlo públicamente podría hacerle mucho daño. Tomarse el tiempo necesario para elegir cuidadosamente las palabras y hacer saber a los demás que te preocupas por sus sentimientos dará sus frutos cuando llegue el momento en que necesites que alguien haga un trabajo intensivo cuando sea necesario. Cuando se lo pidan, las personas que confían en ti lo harán porque saben que les valoras de verdad.

Sé sincero

Ser capaz de hacer coincidir lo que muestras en tus expresiones faciales y tu lenguaje corporal con lo que dices y lo que haces es la fórmula para crear una relación sincera y de confianza con quienes te rodean. Cualquier intento que hagas de generar confianza en los demás fracasará si da la impresión de no ser sincero. Utilizar halagos obvios, sonreír cuando no se está contento y usar

> "Cualquier intento que hagas de generar confianza en los demás fracasará si da la impresión de que no es sincero".

reforzadores positivos de efecto plano como "Buen trabajo" son detectables por amigos y colegas y tendrán el efecto contrario de convencer a los demás de tu sinceridad. Todd Risley (1937-2007) fue conocido como pionero y genio en el campo del análisis de conducta. Entre sus muchas contribuciones a este campo se encuentra su trabajo sobre la congruencia de decir-hacer(Risley y Hart, 1968). En la investigación de Risley sobre la primera infancia, mostró formas de enseñar a los niños de edad preescolar a decir la verdad moldeando la correspondencia decir-hacer. Como adultos, podemos utilizar el mismo tipo de contingencia sobre nosotros mismos para mostrar a los demás que pueden confiar en nosotros para tener buen juicio y tomar buenas decisiones. Si confían en ti, tus compañeros escucharán lo que tienes que decir y seguirán tu ejemplo.

Sé fiable

Ser considerado por los demás como un profesional de confianza tiene un cierto inconveniente. Si aceptas hacer algo y no lo haces, habrá consecuencias. Tu reputación se verá dañada y perderás un grado de confianza que tendrás que recuperar en algún momento futuro. Una vez perdida la confianza, la recuperación puede llevar un tiempo y el proceso es doloroso. Entender que las conductas tienen consecuencias no es algo nuevo para los analistas de conducta, aunque nos inclinamos más a pensar en ello en términos de las conductas de otras personas que en las nuestras. Prestar atención a los pequeños compromisos que se ofrecen cada día puede suponer una gran diferencia a la hora de ser digno de confianza a los ojos de otra persona. Que alguien diga: "¿Por qué no nos acompañas a tomar algo después del trabajo?" Es una especie de cumplido. La persona que te invita quiere pasar un rato contigo después del trabajo. Si respondes: "Claro, ¿dónde?", Parece que vas a ir. Si no tienes intención de ir al bar con él, pero no has sabido decirle "no", acabas de desperdiciar un poco de tu credibilidad y confianza. Si lo haces repetidamente, te ganarás la reputación de ser una persona poco fiable. Una persona socialmente sensible podría incluso decir que le has mentido o avergonzado porque les dijo a sus amigos que estarías allí. En el lado opuesto está la analista de conducta que busca crear credibilidad y confianza obligándose a cumplir pequeños compromisos para hacer algo en un momento determinado. En realidad, no parece importar cuál sea el compromiso, siempre que se cumpla. Un compromiso menor es "Te enviaré un PDF de ese artículo. Lo tengo en mi ordenador en casa y lo enviaré antes de las 20:00". En el gran esquema del mundo, puede que no importe si la persona lo recibe esta noche, mañana o la semana que viene. Sin embargo, sí que importa en términos de creación de confianza. Es probable que el destinatario se sorprenda un poco al recibir el documento justo a tiempo. Si puedes hacer este tipo de ejercicio de creación de confianza con todas las personas importantes de tu vida, tanto personal como profesional, descubrirás que todos los que conocen llegarán a verte de forma diferente. Ten en cuenta que, en este ejemplo, podrías *no haber* prometido enviar el PDF a las 20:00 y limitarse a enviarlo por cortesía, pero hacer eso no genera confianza. La ganancia de confianza proviene de la contingencia de decir-hacer. Construir la confianza de esta manera sólo implica dos reglas: En primer lugar, no llegues a ningún acuerdo que no tengas intención de cumplir. En segundo lugar, haz lo posible por asumir con frecuencia pequeños compromisos que puedas cumplir y que vayas a cumplir, a fin de generar confianza en colegas, amigos, supervisores y clientes.

CONVERTIRSE EN UN PROFESIONAL DE CONFIANZA ES ESENCIAL PARA LOS ANALISTAS DE CONDUCTA

El paradigma conductual es extraño para muchos y contrario al de otros muchos profesionales que trabajan en el ámbito de los servicios sociosanitarios. Un niño que interrumpe en clase de segundo grado (y lo hace para conseguir la atención del profesor y de sus compañeros) podría tener un programa conductual que incluya la extinción de las rabietas.[30] Esta idea es ciertamente contraria a lo que probablemente aconsejarían el orientador escolar, el psicólogo y el subdirector. El pensamiento generalizado sobre este tipo de conducta es que el niño necesita atención, pasarle tests, o tal vez más disciplina ("Sólo necesita venir a mi oficina para una buena charla y tal vez unas horas de expulsión de clase"). Si se espera que el analista de conducta que asesora en este colegio obtenga el apoyo necesario cuando llegue el momento de trabajar con el maestro y otros profesionales, debe tener en su haber la confianza de estos. Si el analista de conducta no es visto como un profesional de confianza, nadie apoyará el programa que está presentando y que implica ignorar las conductas disruptivas menores, especialmente la profesora que está en primera línea de batalla por el control de su aula. Además, si el analista de conducta pide a la profesora, a la que no le gusta nada este alumno, que utilice sistemáticamente el reforzamiento diferencial de otras conductas (DRO) con el pequeño Bobby, es probable que obtenga una respuesta del tipo: "¿Le vas a dar un elogio por estar sentado en silencio? ¿Después de lo que me acaba de decir? No te creo".

Una estrategia para ganarse la confianza es resolver rápidamente algunos problemas sencillos para las personas clave que necesitan ayuda. Demostrar que eres eficaz te ayudará considerablemente con la cuestión de la confianza. Lo que los demás nunca aprecian es un montón de excusas sobre por qué no puedes ayudarles,

---

[30] Supongamos que el analista de conducta certificado ha realizado un análisis funcional adecuado y ha determinado que se trata de una conducta mantenida por atención.

por qué un programa no funciona y por qué es tan difícil que les atiendas cuando las cosas se complican. Construir la credibilidad y la confianza cada día dará como resultado una mejora en la cooperación y el apoyo que necesitas para aplicar programas efectivos.

RESUMEN

Los analistas de conducta eficaces se ganan la confianza de los demás siendo buenos oyentes, proporcionando sugerencias reflexivas, manteniendo la confidencialidad y yendo más allá de lo que se espera para ayudar a los demás. Los profesionales de confianza son conocidos como personas honestas y fiables que reflexionan sobre los problemas antes de responder y se puede contar con ellos para que hagan lo que dicen que van a hacer.

PARA LEER MÁS

Bracey, H. (2002). *Building trust: How to get it! How to keep it!* HB Artworks.

Carnegie, D. (2008). *Como ganar amigos e influir sobre las personas.* Elipse. (Original publicado en 1936)

Harvard Business School Press. (2005). *Power, influence, and persuasion.* Boston: Autor.

Risley, T. R., y Hart, B. (1968). Developing correspondence between the non-verbal and verbal behavior of preschool children. *Journal of Applied Behavior Analysis, 1*(4), 267–281. https://doi.org/10.1901/jaba.1968.1-2671

19
Aprenda a lidiar con el estrés

El estrés es una respuesta física y emocional perjudicial que se produce cuando los requisitos del trabajo no se ajustan a las capacidades, recursos o necesidades del trabajador.

National Institute for Occupational Safety & Health (1999)

Los analistas de conducta son especialmente propensos al estrés por la propia naturaleza de su trabajo. Soportan largas horas en contacto físico directo con clientes que son imprevisibles. Los clientes pueden (y de hecho lo hacen) morder, arañar, dar patadas o puñetazos cuando menos se lo esperan. A este factor de estrés se suma el hecho de que los analistas de conducta casi siempre trabajan de cara al público, donde se exponen a las críticas de quienes no están bien versados en nuestra metodología o están menos comprometidos, mal formados o carecen de conocimientos sobre la conducta humana.

Conducir a través de la ciudad o de un pueblo a otro para llegar a casa de los clientes que viven en zonas remotas puede añadir más estrés a un analista de conducta con una agenda ya de por sí ajetreada. Soportar atascos de tráfico, recibir llamadas urgentes de teléfono móvil mientras se decido la dirección del desvío o derramarte el café caliente al hacer un giro en la rotonda puede convertir el trayecto en coche de un cliente a otro en una pesadilla. Los padres suelen tener la expectativa de que el cambio de conducta se produzca rápidamente y pueden sentirse decepcionados si el pequeño Adam no supera su hiperactividad, agresividad o lentitud de aprendizaje en unas pocas sesiones. Del mismo modo, los supervisores pueden esperar que te encargues de "un cliente más" y te aseguran: "Es muy gratificante, ya verás. Te lo compensaré. Sólo ayúdame a salir de este atasco".

SOLUCIONES HABITUALES A SÍNTOMAS COMUNES

Un poco de estrés no es malo, porque puede agudizar tu concentración y darte un subidón de adrenalina en una emergencia. Sin embargo, el estrés laboral crónico puede provocar dolores de cabeza, dolor de pecho, sensación de falta de aire, dolores de estómago, cansancio y problemas de sueño. Esto, a su vez, puede provocar ansiedad, irritabilidad, cambios de humor, rencor y agotamiento. Los efectos en la conducta pueden incluir no comer, comer en exceso, tener arrebatos de ira, llorar y una disminución de la productividad.

Las soluciones tradicionales a los factores de estrés en la vida incluyen hacer ejercicio, relajarse, dormir mucho y, en algunos casos, recibir asesoramiento o psicoterapia.[31,32] Un enfoque opuesto consiste en analizar las posibles causas del estrés y hacer modificaciones en cómo organizamos nuestra vida y nuestro trabajo a fin de eliminarlas. Llamamos a este enfoque *cambio organizativo*. Esto implica analizar los factores estresantes en el entorno de trabajo, como la carga de trabajo excesiva o los conflictos potenciales y realizar cambios en su entorno para reducir el estrés. Además, hay que tener en cuenta los tres grandes factores que, si están bien equilibrados, pueden mitigar el estrés crónico: una dieta adecuada, dormir bien y hacer suficiente ejercicio. Puede ocurrir fácilmente que estés trabajando tanto y tan intensamente que no estés cuidando tu salud física. Vivir a base de comida rápida, fritos y con mucha grasa; dormir sólo 5 horas cada noche; y no hacer prácticamente ningún ejercicio son una receta para un colapso emocional o físico. Los cimientos de la prevención del estrés se basan en una

---

[31] Consulte el sitio web de la Clínica Mayo: https://www.mayoclinic.org/tests-procedures/stress-management/about/pac-20384898

[32] Véase https://www.cdc.gov/spanish/niosh/docs/99-101_sp/

dieta saludable, 8 horas de sueño y ejercicio físico al menos tres veces por semana. Si no pones este régimen en marcha, considera la posibilidad de mejorar tu dieta, sueño y hábitos de ejercicio para ayudarte a lidiar con el estrés.

EL CAMBIO ORGANIZATIVO Y EL MANEJO DEL ESTRÉS

Desde una perspectiva conductual, el enfoque del cambio organizativo tiene mucho más sentido que dedicarse a la *"meditación consciente"*, escuchar música con los sonidos de la naturaleza mientras conduces o tomar clases de hatha yoga los jueves por la noche. Si te sientes abrumado por tu carga de trabajo, te das cuenta de que estás comiendo patatas fritas a puñados y estás constantemente a la búsqueda de otro bar en el que tomarte una copa, tomar una clase de pilates no va a ser la solución adecuada para ti. El pilates y otras formas de ejercicio te pondrán fuerte y en forma, pero el ejercicio por sí solo no solucionará tu estrés. Tienes que enfrentarte al problema real. ¿Cómo has llegado a tener esta carga de trabajo? ¿Fue por no decir "no" en el momento adecuado? ¿Tienes dificultades para terminar los casos? ¿Necesitas ayuda con un caso difícil pero no sabes con quién hablar?

¿Qué puedes hacer para gestionar mejor tu vida? Para empezar, recomendamos repasa los consejos del capítulo 17 sobre la gestión del tiempo. Parte de tu estrés puede ser el resultado de no tener un *planning* diario y semanal razonable que te permita ir de forma eficiente de una consulta a otra. Si te estresas por tener que lidiar con los atascos de tráfico, revisa su horario para determinar si hay una forma más eficiente de ir de A a B a C. Tal vez algunos de tus clientes estén dispuestos a cambiar sus citas; esto podría permitirte evitar las prisas de la mañana. Si parte de tu estrés está relacionado con el hecho de llegar siempre tarde, analiza detenidamente los factores que podrían estar causando la

> **"Las bases de la prevención del estrés son una dieta saludable, ocho horas de sueño y actividad física intensa al menos tres veces a la semana".**

impuntualidad. Un colega vivió esta situación frustrante y se dio cuenta de que él era responsable por no informar a sus clientes de que tenía que salir por la puerta a una hora fija; lo había dicho de forma vaga, porque pensaba que era de mala educación cortar una conversación a mitad de una frase. Al informar a estos clientes al principio de la consulta de su hora de salida, pudo utilizarlo después cuando tuvo que decir: "De acuerdo, señora Rudd. Sólo tengo 5 minutos antes de tener que irme". Al combinar asertividad, gestión del tiempo y habilidades de comunicación personal, pudo salir a tiempo y evitar conducir a toda velocidad saltándose los semáforos en amarillo para llegar a su siguiente cita.

Un análisis más detallado de su semana de trabajo puede revelar otras oportunidades para ahorrar tiempo. Por ejemplo, emplear un método más eficaz para redactar informes, utilizar un programa informático en su teléfono para llevar un registro de las horas facturables o formar a los mediadores con videoclips en lugar de *role-plays*. Puede que descubra que es más eficiente devolver las llamadas telefónicas y el correo electrónico por grupos en lugar de hacerlo de manera incongruente a lo largo del día. Quizá quieras considerar la posibilidad de manejar estas tareas diarias utilizando el principio de Premack (como se describe en el capítulo 17), es decir, si has terminado todo el trabajo escrito, puedes dedicar algo de tiempo a las llamadas telefónicas para que no se te acumulen.

FACTORES ESTRESANTES EXTERNOS

Quizás una de las formas más delicadas, pero importantes, de reducir el estrés es analizar la naturaleza del trabajo que estás realizando para determinar si es parte de la causa. Probablemente hubo un momento, al principio de su actual trabajo, en el que sintió que tenía todo bajo control.

> "Quizás una de las formas más sutiles, aunque importantes, de reducir el estrés sea analizar la naturaleza del trabajo que estás realizando y determinar si este es en parte la causa del mismo".

Entendías el problema de tu cliente, contabas con la cooperación de tus mediadores, tu programa conductual estaba obteniendo buenos resultados y recibías el reconocimiento y la gratificación del director general. Era una buena vida. Eso fue hace uno o dos años, pero desde entonces, de alguna manera, todo se descontroló. ¿Qué pasó exactamente? ¿Accediste a supervisar a dos estudiantes de primer año, sólo para descubrir que necesitaban demasiada ayuda? ¿O fue el caso de la madre soltera con el niño autista que progresaba tan bien y luego, de alguna manera, se estancó? La madre de este niño empezó a hacer preguntas sobre el análisis aplicado de conducta. Leía artículos sobre dietas especiales y se preguntaba si, después de todo, el análisis aplicado de conducta no era la solución. Quisquillosa, pesada, mareante. Era desesperante; no se conformaba con lo que le decías y quería hablar con tu supervisor. Y entonces tu supervisor se puso de parte de la madre y empezó a cuestionar tu plan de intervención. *Eso* sí que puede poner a una persona nerviosa.

¿Y recuerdas cuando tu compañero de piso decidió repentinamente marcharse de la ciudad y tuviste que pagar todos los meses de alquiler hasta que se acabara el contrato? Fue entonces cuando empezaste a llevar la camiseta que decía: "*ESTRÉS*: La confusión que se crea cuando tu cuerpo te pide estrangular a alguien que se lo merece desesperadamente pero tu mente no te deja". Gracias a tu compañero de piso, tuviste que aceptar tres casos extra para compensar la diferencia de dinero del alquiler: "Soy joven. No tengo novio ahora mismo y puedo trabajar 50 horas a la semana, al menos hasta que encuentre otro compañero de piso".

QUÉ HACER ANTE EL ESTRÉS: UN ENFOQUE CONDUCTUAL

Gran parte de la literatura tradicional y de los consejos en Internet tienen que ver con la identificación de los signos de estrés y la adopción de medidas para controlar los síntomas. Es probable que los analistas de conducta que confían en su capacidad para entender la conducta humana, incluida la suya propia, rechacen esta estrategia en favor de un enfoque conductual más familiar con el que se encuentren más cómodos. Al fin y al cabo, si un cliente acudiera a usted con todos estos síntomas, ¿no empezaría por identificar las conductas y hacer un análisis funcional?

Tiene sentido, por supuesto, tener una visión global del estrés. El estrés puede provenir de cambios importantes en la vida, como casarse (o divorciarse), quedarse embarazada (especialmente si es un embarazo no planificado), mudarse a una nueva ciudad o cambiar de trabajo. Un nuevo vecino con un perro que ladra e interrumpe el sueño, un compañero de piso que tiene horarios extraños o el desempleado del piso de arriba que, al parecer, ha recibido una batería por Navidad y está experimentando con sus tambores y platillos toda la noche, sin duda causarán estrés a los que vivan cerca. Los problemas personales de la familia también pueden estresar a una persona: un cónyuge que decide repentinamente dejar de trabajar, unos suegros que se entrometen o un antiguo amor que te encuentra en Facebook y quiere volver a estar juntos.

Paso 1: Identificar las emociones, sentimientos y conductas estresantes

Como en cualquier situación que te encuentres en el trabajo, sabes que lo primero que debes hacer es identificar la conducta o su resultado que está causando el problema. ¿Es algo físico? ¿Dolores en el pecho, sensación de que te falta el aire, ansiedad? Si es así, sin duda es necesario que tu médico de cabecera te haga un chequeo. ¿Y qué hay de las conductas que has adoptado y que parece que podrían causar problemas posteriores: comer en exceso, ataques de llanto o disminución de la productividad en el trabajo? Ya sabes cómo hacer listas de tareas y hojas de datos, así que empieza por esto. Anota tus síntomas (tanto conductuales como físicos) para determinar su frecuencia y haz una columna con los posibles antecedentes. Debes anotar la hora del día, así como los acontecimientos coincidentes. Por ejemplo, si tu ansiedad aumenta alrededor de las tres de la tarde en algunos días, pero no en otros, mira la agenda o el iCalendar para ver qué estaba sucediendo antes de las tres de la tarde. ¿Es la locura del tráfico o el trato con la familia lo que está saboteando tu plan de vida saludable? ¿Ocurre esto sólo en los días en que te has acostado tarde la noche anterior y no has dormido lo suficiente? Puedes analizar tus datos usando un análisis ABC típico (antecedente-conducta-consecuencia) añadiendo un "evento facilitador"[33] como una amplia categoría relativa a cuestiones vagamente definidas que pueden dar lugar a diversas experiencias desagradables al día siguiente(véase la figura 19.1).

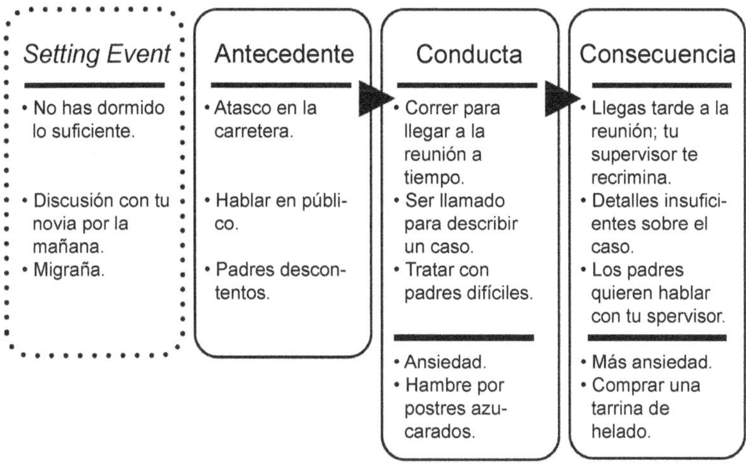

Figura 19.1 Un análisis conductual del estrés.

Paso 2: Realizar un análisis funcional

Esto va a ser complicado porque básicamente estás experimentando contigo mismo. Sé objetivo al respecto, empezando por registrar la conducta problemática y los estados emocionales asociados. Un gráfico de dispersión que cumplimente cada vez que experimente ansiedad, dolores en el pecho o antojos de comida podría parecerse al de la figura 19.2. Estos gráficos están codificados por colores para mostrar el negro para los dolores de pecho, el gris oscuro para la ansiedad y el gris claro para los antojos de comida. A continuación, debemos examinar los eventos recogidos en nuestra agenda diaria para identificar qué acontecimientos se asociaron con los síntomas de estrés.

Para determinar si tu hipótesis es correcta y has identificado la variable de control, tendrás que hacer un cambio temporal en tu horario o secuencia de eventos. Atender la consulta de tres ca-

---

[33] N. del E.: *"setting event"*, en inglés, en el original.

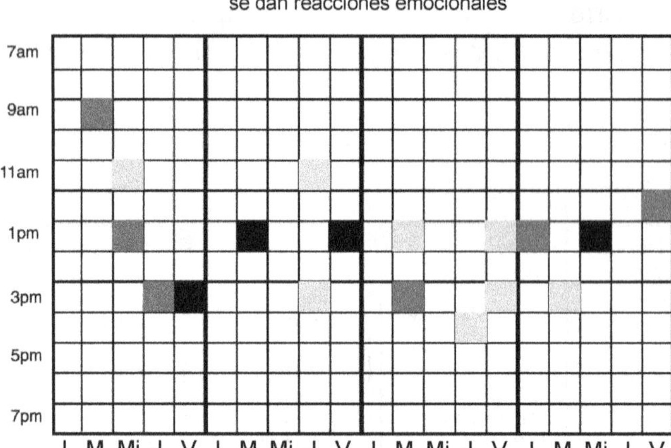

Figura 19.2 Gráfico de diagrama de dispersión de las horas del día que provocan una reacción emocional. *Nota.* El negro es para dolores de pecho, el gris oscuro es para la ansiedad y el gris claro es para los antojos de comida.

sos de clientes difíciles de forma consecutiva sin descanso puede ser demasiado, o cruzar la ciudad en coche a toda velocidad para asistir a una reunión de supervisión sin tiempo para revisar sus notas puede ser demasiado. Cambiando tu horario y registrando honesta y objetivamente los resultados, deberías ser capaz de aislar los factores que te están causando estrés. Algunas variables serán difíciles de manipular, especialmente si ocurren con poca frecuencia, como dormir poco o una discusión con tu novia. ¿Te quedas despierto hasta tarde porque has bebido demasiado café en la cena o tienes la costumbre de ver *The Daily Show* y *The Colbert Report* todas las noches o porque posiblemente tengas un patrón de sueño alterado (apnea del sueño)? Si el problema es este último, tu médico debería poder realizar las pruebas necesarias para conocer la causa. Si tus problemas de sueño están relacionados con el hecho de que se despierta cuando ve la televisión a altas horas de la noche, quizá sea el momento de

> "Te debes a ti mismo el aplicar lo que sabes en la resolución de tus propios problemas personales".

invertir en un dispositivo de grabación para poder ver tus programas favoritos a otra hora. Este es el tipo de análisis funcional que realizarías cuando un cliente tuviera ansiedad o bajo rendimiento. Te debes aplicar a ti mismo lo que sabes para resolver tus propios problemas personales.

Paso 3: Realizar una intervención a corto plazo

Dependiendo de lo que descubras como resultado del análisis funcional, puede ser posible diseñar una solución a corto plazo que te proporcione cierto alivio mientras buscas una solución a largo plazo. Por ejemplo, si descubres que tu nivel de estrés disminuye durante el día cuando duermes más la noche anterior, una solución rápida podría ser simplemente gestionar mejor el tiempo y algo de disciplina con respecto a los programas de televisión o las conversaciones telefónicas nocturnas con amigos y familiares. Lo mismo ocurre con las variables que producen estrés durante el día. Ser más firme con tu supervisor y dejarle claro que cuando termine esos tres casos, no cogerá ninguno más, podría contribuir en gran medida a aliviar tu estresante semana. Del mismo modo, cuando trabajes con un cliente que parezca estar insatisfecho con tus servicios y esté a punto de quejarse a tu jefe, consulta con tu supervisor antes de que lo haga el cliente (sentirás un gran alivio). El supervisor podría ayudarte con el cliente o decidir que ha llegado el momento de transferir este cliente a otro colega.

Paso 4: Desarrollar y adoptar un plan a largo plazo

Tu plan a largo plazo, en el que podrías estar trabajando para llevarlo a cabo en 6 o 9 meses, implicaría algunos cambios significativos en tu vida. Deshacerte del novio o la novia conflictivos, cambiar de trabajo, mudarte a una zona menos concurrida donde la vida sea menos agitada, montar tu propia consulta privada en la que trabajes para ti mismo y mudarte de un apartamento ruidoso a tu propia casa son ejemplos de formas de aliviar el estrés que implican una buena cantidad de planificación y posiblemente algunas dificultades y estrés añadidos.

RESUMEN

Ser analista de conducta puede ser tanto una bendición como una maldición. Es una verdadera bendición ser un profesional que posee un conocimiento profundo y exhaustivo de la conducta humana y las habilidades necesarias para cambiar la vida de los demás en sentido positivo. La maldición es que todo el mundo a tu alrededor espera que seas capaz de resolver tus propios problemas de conducta. Esto no es del todo incorrecto; a veces insistimos a nuestros estudiantes con el lema: "El análisis de conducta empieza en casa". Usted *debe* ser su mejor terapeuta de conducta, debe ser consciente del efecto que su entorno tiene sobre su conducta y debe saber cuándo algo no va bien con su salud o su nivel de estrés.

Además, debe ser capaz de analizar su propia conducta y planificar sus propias intervenciones. Empieza por asegurarte de que tu salud física y emocional esté en orden, con una dieta adecuada, suficientes horas de sueño y ejercicio físico vigoroso. A continuación, realiza un análisis funcional y pon en práctica una intervención a corto plazo. Ya has practicado mucho tus habilidades con los clientes. Ahora es el momento de utilizarlas para mejorar y potenciar tu propia vida.

20
Saber cuándo pedir ayuda y cómo recibirla

El feedback es el desayuno de los campeones.

Ken Blanchard

"Gracias por venir hoy Miguel. Por desgracia, lo que tenemos que hablar no es muy agradable. El centro está muy descontento con tu trabajo y piden otro consultor".
"¡¿Cómo?! Pensé que estaba haciendo un buen trabajo".

Cuando entrevistamos a propietarios de clínicas de tratamiento conductual y a analistas de conducta experimentados encargados de formar a nuevos analistas certificados, estos expresaron una y otra vez la misma preocupación. Sus nuevos empleados, aunque jóvenes, trabajadores y llenos de entusiasmo, a menudo no eran conscientes de sus deficiencias profesionales. En consecuencia, se metían de lleno en un caso, no percibían las primeras señales de peligro de un problema inminente y empezaban a flojear. Los supervisores entrevistados contaron que en la mayoría de los casos fue necesaria una llamada telefónica de un cliente descontento para alertarles de la situación. En casi todos los casos, el joven y entusiasta analista de conducta no intuía que había un problema. En los pocos casos en los que el principiante conocía que había un problema, no buscó ayuda, por la razón que fuera.

Siempre hay señales de advertencia cuando las cosas no van bien, pero hay que ser sensible, muy sensible, a lo que ocurre a tu alrededor para captar las señales de que alguien tiene problemas (y podrías ser tú). En muchos sentidos, las señales de advertencia son las mismas que aparecen en las relaciones interpersonales que van mal. Las llamadas telefónicas o el correo electrónico no se responden, las reuniones se cancelan o las personas clave no se presentan a las reuniones. Los contactos directos no son cálidos, el contacto visual es breve y hay poca conversación informal al principio de una reunión. Una consultora experimentada sabrá que algo va mal la primera vez que vea este cambio en una relación. Los nuevos consultores a menudo pasarán por alto las señales rojas de aviso o las desestimarán, pensando: "Supongo que sólo tenía un mal día". No formamos necesariamente a los analistas de conducta en las sutilezas del lenguaje corporal, aunque deberíamos hacerlo. Puede que dediquemos demasiado tiempo a enseñar a los consultores conductuales sobre el marco autoclítico e intraverbal(Skinner, 1957) cuando deberíamos centrarnos más en la lectura de los rasgos faciales y el lenguaje corporal (Harvard Business School Press, 2004a; Klaus, 2007). Cuando veas a un administrador con el ceño fruncido apartarse de la mesa en una reunión sobre gestión del rendimiento, debes saber que, si no haces algo rápido, hay muchas probabilidades de que no se apruebe tu contrato. Leer el lenguaje corporal y las señales sutiles es una habilidad difícil de enseñar en el aula. Desgraciadamente, esta habilidad a menudo tiene que aprenderse por las malas, a través de la experiencia. Puedes acelerar ese proceso si eres consciente de algunas señales comunes que indican que las cosas no van bien.

CONTINGENCIAS SOCIALES DE LA SUPERVISIÓN

Algunas contingencias tácitas parecen remar en dirección contraria a la que queremos llegar. Admitir desde el principio que no se sabe lo que se está haciendo es humillante y puede prevalecer una vaga esperanza de que todo se solucione de alguna manera, o que sólo sea un mal sueño. Los principiantes temen que pedir ayuda sea un claro signo de debilidad. Admitir que la situación te sobrepasa es poner en evidencia tu ignorancia. La gente es despedida por ello y, si se corre la voz, es posible que no te contraten en ningún otro sitio. Es una idea que da mucho miedo. Si indicas que crees que hay un problema y no lo hay, habrás hecho perder el tiempo a tu supervisor. Tal vez se espera que resuelvas estos problemas por tu cuenta y no molestes a la gente. Y así sigue la cadena de pensamientos que te impide obtener la ayuda necesaria.

Lo que los nuevos consultores conductuales y analistas de conducta no parecen entender es que la organización desea que tengan éxito. En la mayoría de los casos, los supervisores y gerentes harán todo lo posible para proporcionar el apoyo, la supervisión y la formación adicional necesarios para que prosperes. Preferirían que llegaras sin carencias, por supuesto, pero las buenas personas son difíciles de encontrar. Si se necesitan unas cuantas horas más de supervisión en los primeros seis meses para que llegues a dominar tu oficio, se te proporcionarán. De lo contrario, la empresa queda mal y desde luego no necesita propaganda negativa a causa de sus empleados. Además, la sustitución del personal profesional tiene un coste elevado.

CUÁNDO BUSCAR AYUDA

Imagina que un nuevo caso se desarrolla sin problemas de principio a fin. La reunión inicial con el cliente es cordial, Te esfuerzas por causar una buena primera impresión (Bixler y Dugan, 2001), eres bien recibido e inmediatamente comienzas a utilizar tus habilidades "al estilo de Dale Carnegie" de escuchar y reflexionar. Consigues acceso al entorno o pasas tiempo con el niño o el cliente adulto, completas tu análisis y desarrollas un plan de intervención conductual. Se presenta el plan, se negocian los detalles, se obtiene la aceptación, se selecciona al mediador, se inicia su formación y se observa cómo se produce la magia.

En este punto se pueden complicar las cosas. Puede que la mediadora no se sienta cómoda en su nuevo papel de formadora o gestora de contingencias. Tal vez algo salió mal la primera vez que administró un reforzador o aplicó una consecuencia. De repente, no está tan segura del enfoque conductual. Pero tiene miedo de ofenderte, porque has invertido mucho trabajo en este proyecto y eres una persona agradable y entusiasta. La directora no dice nada en contra, pero está callada durante la reunión semanal. Responde a "¿Cómo va todo?" Con un breve "Bien". Si te tomas esta respuesta al pie de la letra, estarás cometiendo un gran error. "Bien" significa "Me siento incómodo con este procedimiento y no estoy seguro de poder hacerlo de forma coherente". Si observas su lenguaje corporal, verás que está mirando sus zapatos la mayor parte del tiempo y jugueteando con un bolígrafo, sus respuestas son cortas, se remueve en su silla y quiere que la reunión termine. Si fueras directo, le dirías: "Tengo la sensación de que no te gusta lo que estamos haciendo aquí. ¿Cuál es el problema?" Pero, por supuesto, no puedes ser directo o perderás a tu mediador y quizás todo el proyecto.

Alberto trabajaba totalmente solo con su primer cliente, que era una empresa. Llevaba seis meses trabajando con un consultor de más experiencia y estaba listo para su gran prueba. Las reuniones iniciales en la compañía de seguros fueron bien y acababa de realizar su primera ronda de formación con los mandos intermedios. A lo largo de tres días, se trataron los principios básicos de la gestión del rendimiento para, a continuación, reunirse con los jefes de departamento en su propio terreno. Greg Shephard, el director de ventas, tenía unos 50 años. Alberto recordaba a Shephard como el tipo del fondo que mantenía los brazos cruzados y miraba su cuaderno durante la mayor parte del taller de formación. Alberto hizo todo lo posible por empezar con calma, con una conversación informal y ligera sobre el tiempo y el próximo partido de fútbol. A continuación, dio a Shephard la oportunidad de describir el punto que quería abordar primero en su departamento. "No se me ocurre nada ahora mismo", dijo Shephard. "Bien, empecemos con esta hoja de cálculo que muestra que sus supervisores de campo no están informando sobre sus contactos y proporcionando pistas al centro de llamadas", sugirió Alberto. "Bueno, vale", fue la respuesta que dio Shephard, con voz indiferente y sin contacto visual. Alberto luchó con el jefe del departamento de ventas durante los dos días siguientes y finalmente consiguió un plan de acción por escrito. En un informe por correo electrónico a su supervisor, Alberto describió sus progresos, pero no mencionó el retraso de Shephard. Alberto descartó la falta de entusiasmo como parte del juego de los clientes, que no se muestran contentos, aceptan a regañadientes y esperan que los consultores se vayan. Siempre lo hacen. Las reuniones de Alberto con los demás jefes de departamento a lo largo del mes siguiente coincidieron con su primer encuentro. Alberto no se había formado una opinión exacta sobre el particular. No podía decir que le llegaran datos de la empresa, pero pensó que era lo habitual. Y entonces recibió la llamada. Al parecer, el director general de la compañía de seguros llamó a su jefe de sección y le dijo: "No está funcionando. Nos gustaría cancelar el resto del contrato según la cláusula de nuestro contrato en la página 4". No se ofreció ninguna otra explicación y Alberto fue convocado a la sede central para un interrogatorio completo. Fue humillante tener que repasar los detalles, pero ahora podía ver que las señales estaban ahí desde el principio: reuniones canceladas, plazos incumplidos por los jefes de departamento y correos electrónicos sin contestar. Las frías respuestas a las invitaciones a comer parecían de repente luces de neón parpadeantes en una noche fría y oscura.

SEÑALES SOCIALES PARA LOS CONSULTORES CONDUCTUALES

La mayor parte del análisis aplicado de conducta implica una intensa inversión como empresa social. Como consultor profesional, primero tienes que venderte a ti mismo y luego vender tu producto. Tu producto es nuestro enfoque basado en datos contrastados que mejora del rendimiento. Si no

> "La mayor parte del análisis aplicado de conducta es una intensa actividad social".

eres muy querido, esto no va a funcionar. Si tu cliente no confía en ti, esto no va a funcionar. Si tu servicio de atención al cliente no es mejor que el de la competencia, perderás absolutamente al cliente. Un error común de los nuevos consultores es que se centran demasiado en su presentación y no lo suficiente en cómo el cliente recibe y responde a la información. Un cliente que parece confundido (busque signos faciales: cejas fruncidas, ojos entrecerrados, labios fruncidos) es una señal para que usted se detenga y diga algo como: "Veo que no me he explicado muy bien. ¿Puedo darle un ejemplo mejor?".

Haz que el cliente hable, escúchale con atención e intenta que vuelva a centrarse. El punto de referencia para el éxito es un cliente relajado, sonriente, que asiente con la cabeza y que se siente cómodo interrumpiéndote para dar sus propios ejemplos y compartir una anécdota. Un cliente que mira fijamente a un lado, que se mueve en su silla con los hombros encorvados hacia delante y que da golpecitos con los dedos es una señal de que las cosas no van bien. Esta persona no está siguiendo tu argumento y no ve la relevancia de lo que estás hablando. Si lo expresara con palabras, diría: "No entiendo lo que dices y no creo que se pueda aplicaren mi caso. Esta no es la forma en que yo abordaría nuestros problemas de rendimiento. Me gustaría que te fueras". Por supuesto, hay diferencias de una persona a otra y las señales pueden variar. Para algunas personas, la mirada perdida significa que están desinteresadas; para otras, podría significar que están concentradas. El mensaje básico es que hay que estar atento a cualquier signo de aburrimiento, desinterés, confusión, inseguridad, ansiedad o preocupación. Si no intervienes inmediatamente, tu cliente pasará a la siguiente fase: frustrado, harto y dispuesto a desentenderse. Es entonces cuando pedirá al director general que haga la llamada telefónica para decirte que ha sido un placer trabajar con usted, pero...

¿QUÉ HACER?

A la primera señal de que tu cliente está mínimamente descontento con tu servicio, ponte en contacto con tu supervisor, llámalo por teléfono y pide una reunión cuanto antes para discutir la situación. Describe las circunstancias desde el principio. No omitas detalles embarazosos, sé objetivo y no te disculpes. Declara sinceramente que quieres aprender y mejorar y que estás ansioso por recibir comentarios y quizás alguna formación adicional. Deja claro tu compromiso con la empresa o la agencia.

RECIBIR FEEDBACK

Paso 1: Pedir feedback

Si es tu primera experiencia, puede que tengas cierta inquietud, pero ponte en la tesitura de: "Esto va a ser bueno para mí. Estoy listo para aprender, estoy trabajando con gente experimentada, estoy en buenas manos y estoy listo para crecer como consultor conductual".

Paso 2: Tomar notas

La sesión de *feedback* puede durar entre 30 minutos y una hora. Se tratarán muchos puntos y no podrás recordarlos todos. Además, querrás impresionar a tu supervisor y demostrar que esto es importante para ti, que te causará una impresión duradera.

Paso 3: Escuchar atentamente, hacer preguntas y comprometerse

No se trata de una reprimenda en la que se espera que te sientes y aceptes el castigo. Se trata de tu supervisora compartiendo sus años de experiencia. Debes escuchar cada palabra y atender a cada uno de sus argumentos. Tu lenguaje corporal tiene que mostrar que te interesa lo que dice, que has captado el mensaje y que comprendes. No interrumpas. Espera a que ella te dé una señal para responder: "Entonces, Jamie, ¿alguna pregunta hasta ahora?" Este es el momento en que debes miras tu bloc de notas y haces tu primera pregunta. No respondas: "No, supongo que no". Actúa con amabilidad y profesionalidad, no llores y no te deshagas en risas o carcajadas nerviosas. Y tampoco te justifiques con "peros …". Si actúas a la defensiva y tratas de explicar tu conducta diciendo: "Pero, es que pensé...", creas la impresión de que no puedes admitir que hayas

> "Tu supervisora no espera que te postres ante ella pidiendo disculpas profusamente. Quiere que demuestres que prestas atención, que estás implicado y que estás dispuesto a aprender de tu error".

cometido un error. Tu supervisor no busca que te pongas de rodillas o te disculpes excesivamente. Quiere que demuestres que has prestado atención, que te importa y que estás deseando aprender de tu error. Una buena pregunta debería dar a tu supervisor un motivo para darte uno o dos párrafos más de explicación. Sigue tomando notas y prepárate para la próxima oportunidad de dialogar con él. No discutas, ni te ofendas, ni intentes justificar las acciones que te han llevado a este punto. No servirá de nada y es probable que irrite a su supervisor. Observa el lenguaje corporal del supervisor. Deberías ser capaz de saber cuándo está a punto de terminar la reunión. Al final, repasa rápidamente la lista de comprobación que has hecho para que el supervisor sepa que has entendido todos los puntos clave. Estrecha la mano, sonríe, dile a tu supervisor lo mucho que agradeces su tiempo e indícale que harás un seguimiento por correo electrónico, poniendo así por escrito los puntos clave de esta reunión. Pregunta cuándo debes programar una reunión de seguimiento.

Paso 4: Hacer un informe de la sesión de feedback

Tan pronto como sea posible, elabore un documento escrito de la sesión de *feedback* a partir de tus notas. Envíalo a tu supervisor como anexo a un correo electrónico. De nuevo, agradece al supervisor su tiempo. Pon tus notas en diferentes apartados con subtítulos, según corresponda, para facilitar su lectura. Si has analizado la retroalimentación y puedes ver que las cosas que debes cambiar se relacionan con el tiempo, indícalo en el documento; por ejemplo, "Mejorar la relación con el ayudante del profesor; empezar el 10 de noviembre" o "Solicitar una reunión con el OT en la próxima sesión del grupo interdisciplinar de tratamiento".

Paso 5: Desarrollar un plan de acción

Arreglar lo que sea que haya salido mal va a requerir que sigas varios pasos durante las próximas semanas. No pierdas de vista estos pasos. Anótalos en tu calendario y también en una lista de tareas. Apunta claramente lo que piensas hacer, enumerando las llamadas telefónicas que debe hacer y los correos electrónicos que debe enviar. Estos pasos deben estar definidos tanto en términos de proceso como de resultados.

Paso 6: Informar

Envía un correo electrónico a tu supervisor cada dos o tres semanas para informarle de tus progresos. Estos mensajes no tienen por qué ser largos. Basta con notas breves que indiquen que has tenido una reunión, que has entregado una evaluación, o que comiste con el director, para que el supervisor sepa que el tiempo que pasó con usted en la reunión anterior valió la pena, que le tomastes en serio y que estás tratando de corregir la situación.

Paso 7: Pedir una reunión de seguimiento

Un mes después de la primera reunión (o antes si el supervisor lo solicita), será el momento de una segunda reunión cara a cara con tu supervisor. Esta es tu oportunidad para agradecerle una vez más su tiempo y sus consejos y para describir los pasos que has dado y el estado de la situación. Si lo has hecho todo bien, esta reunión debería ser bastante breve y tú serás quien hable más. Es posible que tengas un par de preguntas, pero se espera que hayas resuelto la mayor parte de los problemas y vuelvas a estar en buenas relaciones con la empresa. Tu supervisor debería alegrarse de que te hayas tomado en serio los comentarios y de que hayas actuado rápidamente para tomar medidas correctivas. Un firme apretón de manos, una gran sonrisa y un último y sincero "gracias por todo" deberían terminar con esta serie de interacciones.

RESUMEN

Ser un consultor o consultora conductual eficaz es un trabajo complejo y polifacético que implica no sólo conocimientos teóricos y técnicos sobre la conducta humana, sino también una enorme dosis de formación en relaciones humanas. Saber hacer una buena presentación y mantener un compromiso activo y positivo con el cliente durante meses es una conducta esencial al prestar servicios conductuales. Cuanta más experiencia tengas, mejor lo harás. Presta atención. Esfuérzate. Prepárate para aprender de cada encuentro. Y acepta que no podrás contentar a todo el mundo. Estaría bien, pero no es necesario que todos tus clientes te quieran. Sin embargo, debes comportarte de manera que tus clientes te respeten. Ganarse el respeto por un trabajo bien hecho proporcionará una gran satisfacción al analista de conducta.

PARA LEER MÁS

Bixler, S., y Dugan, L. S. (2001). *5 steps to professional presence*. AAdams Media.

Hardvard Business School. (2004a). *Comunicaciones cara a cara para lograr claridad e impacto*. Gestión 2000.

Harvard Business School. (2004b). *Manager's toolkit: The 13 skills managers need to succeed*. Autor.

Klaus, P.(2007). *The hard truth about soft skills: Workplace lessons smart people wish they'd learned sooner*. Harper Collins.

Skinner, B. F. (2022). *Conducta verbal*. ABA España. (Original publicado en 1957)

Cinco

Estrategias avanzadas para el analista de conducta profesional

21
Pensamiento crítico

El aspecto fundamental del pensamiento crítico radica en la habilidad de construir y comprender un argumento razonado y, lo más importante, de reconocer un argumento falaz o fraudulento.

Carl Sagan

Los analistas de conducta son por naturaleza críticos, incluso escépticos. No somos pesimistas ni optimistas. Más bien, a menudo nos aferramos al mantra "¿dónde están los datos?" hasta el punto de que otros profesionales sociosanitarios nos encuentran algo raros. Lo cuestionamos todo y a todos, hasta a los que cuentan anécdotas personales espectaculares. Como no aceptamos a pies juntillas una historia conmovedora sobre un nuevo y milagroso avance en la cura de un problema de conducta, a algunos les puede parecer que somos básicamente unos cínicos que no creen en nada, excepto en la ciencia.

Algo de esto es cierto. Exigimos a todo el que quiera hablar de la conducta que nos dé datos y no cualquier dato, sino datos que requieran medidas repetidas, acuerdo entre observadores y, por supuesto, validez social. Y no olvidemos que debe haber una clara demostración de la existencia de control experimental. ¿Y hemos mencionado que los datos tienen que mostrar un efecto socialmente significativo? No pueden ser tan sólo aportar datos cocinados y pruebas estadísticas elegidas a conveniencia. Por seguir este estándar, el 98% de las pruebas sobre la conducta humana en general se quedan cortas. Ningún otro enfoque de tratamiento tiene este rigor y puede hacer que colegas de profesiones afines, en particular y bastantes clientes *"echen chispas"*. No nos interesan la existencia de correlacionales generales (aunque sean estadísticamente significativas) que demuestran que los chicos son mejores en matemáticas o que las personas que duermen boca arriba están reprimidas (¿o es que están deprimidas?). *Nos* interesa conocer las variables causales que rodean a la conducta humana y entendemos que algunas son proximales (cercanas) y otras distales (algo alejadas, como algo que ocurrió hace 2 meses). Como no podemos controlar las variables distales, hacemos hincapié en las proximales e insistimos en que, para entender *realmente la* conducta, debemos realizar sistemáticamente manipulaciones, intervenciones, tratamientos y cualquier cambio en el entorno. Sólo creemos en un tratamiento cuando se ha replicado un número suficiente de veces. Incluso entonces, entendemos que estos hallazgos, que tal vez han sido publicados por reputados científicos aplicados en nuestra revista insignia, pueden no aplicarse directamente a nuestro cliente actual. En estos casos, insistimos en registrar una línea de base para cada conducta del cliente, poner en práctica la intervención y determinar por nosotros mismos si funciona en *este* entorno para *este* individuo. Resulta que nos refuerzan intermitentemente el pensamiento crítico, ya que con frecuencia sucede que los tratamientos que suenan demasiado bien para ser verdad no lo son. Y ocurre todos los días que probamos un procedimiento publicado con un cliente y descubrimos que, por alguna razón, no funciona. Esto nos produce sentimientos encontrados. Aunque deseábamos que el tratamiento hubiera funcionado y nos decepcionó que no lo hiciera, sin duda nos alegramos de que nuestra línea de base y la posterior recogida de datos evaluaran objetivamente la evolución del tratamiento.

PENSAMIENTO HABITUAL Y PENSAMIENTO CRÍTICO

La mayor parte del pensamiento que hacemos a diario no es pensamiento crítico, sino *pensamiento habitual*: "Es hora de cambiar el aceite del coche. Paso por un taller de camino a casa todas las tardes, así que supongo que me pararé y lo haré hoy". Otro pensamiento habitual o rutinario puede consistir en seguir el consejo de un amigo: "Quiero que pruebes este café orgánico de comercio justo de Sumatra. Tiene un sabor increíble y se cultiva en un suelo que nunca ha sido tratado con pesticidas, así que no es cancerígeno". Es necesario esforzarse para tener un pensamiento crítico en asuntos como éste y dependiendo de si compartes tu pensamiento crítico con los demás, tu popularidad se vea afectada. A la gente le gusta influir a otras personas y ser influidos por estas. Si analizas las recomendaciones de otras personas y criticas sus sugerencias, es muy probable que busquen otra compañía. En la mayoría de los casos, el pensamiento habitual está perfectamente justificado. Puedes pasar el día sin que tus conocidos se irriten, aunque puede que acabes comprando un café el doble de caro y con el mismo sabor que el corriente. El verdadero problema se produce cuando te dejas arrastrar por un pensamiento habitual cuando están en juego tiempo, dinero y oportunidades de gran valor.

> "El problema real ocurre cuando te permites adormecerte en pensamientos simples y cómodos cuando hay costes en tiempo, dinero y oportunidades en juego".

EL PENSAMIENTO CRÍTICO EN ACCIÓN

Nuestra versión del pensamiento crítico, que ha evolucionado directamente de nuestro método experimental con un solo sujeto y se ha perfeccionado durante cuatro décadas en entornos aplicados y laboratorios universitarios, nos ha dejado un legado de escepticismo sobre las teorías y los tratamientos no conductuales. Nos topamos con teorías sobre la conducta a diario en nuestro papel de profesionales y

> "Nos encontraremos con teorías sobre la conducta a diario en el desempeño de nuestro rol profesional; se anuncian nuevas teorías casi cada día".

casi todos los días se anuncian nuevas teorías. Desde las manipulaciones quiroprácticas para mejorar el sistema nervioso, hasta la administración de suplementos de quelación para eliminar los metales pesados del cuerpo, pasando por las dietas sin gluten ni cafeína que supuestamente reducen los niveles de péptidos y mejoran la conducta y el funcionamiento cognitivo, abundan las nuevas teorías no probadas. Utilizar el pensamiento habitual en estos casos podría suponer un peligro para el cliente y un gran atraco en la cuenta bancaria, por no hablar de una gran pérdida de tiempo. Las familias, desesperadas por cualquier atisbo de esperanza de una cura para el autismo, parecen poco dispuestas a emprender un pensamiento crítico sobre la eficacia del tratamiento.

Podemos fijarnos en un tratamiento muy popular, la integración sensorial (IS), como forma de mostrar lo que supondría pensar de forma casual y crítica en una teoría no probada. La IS, una teoría muy popular, se introdujo en 1972 (Ayres, 1972). La afirmación es que la integración de los estímulos del cuerpo y del entorno requiere un "equilibrio entre los sistemas neurológicos excitatorio e inhibitorio" (Bundy y Murray, 2002). La terapia de integración sensorial incluye la realización de actividades para estimular el sistema vestibular, como ser empujado en un columpio o rodar en una colchoneta o montar en patinete (Smith, Mruzek y Mozingo, 2005, págs. 331-332). Otras actividades, como apretar al cliente entre las almohadillas del gimnasio para proporcionarle una "presión profunda" o cepillarle con un cepillo suave, se postulan para estimular terapéuticamente los sistemas propioceptivos o táctiles del individuo. Por muy descabellada que suene esta terapia, los partidarios de la terapia de integración sensorial, normalmente terapeutas ocupacionales, afirman que estos mejora la capacidad del individuo para concentrarse en las tareas, reducen su conducta inadaptada y producen mejoras en el funcionamiento del sistema nervioso (Smith et al., 2005, pág. 332).

El pensamiento habitual podría ser el siguiente: "La teoría existe desde hace mucho tiempo, hay investigaciones al respecto y los terapeutas ocupacionales la recomiendan. ¿Por qué no probarla?".

El pensamiento crítico (Paul y Elder, 2005) requiere que las

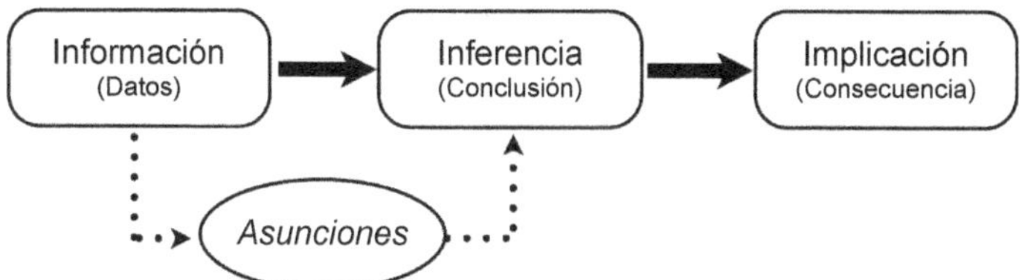

Figura 21.1 Este diagrama de flujo muestra los pasos del pensamiento crítico, incluido el papel que pueden desempeñar las asunciones en el proceso de pensamiento crítico. Bajo condiciones ideales, debemos ser concientes de nuestras asunciones, a fin de poder eliminarlas del proceso de hacer inferencias para que estas se apoyen únicamente en los datos disponibles. Adaptado con permiso de Paul, R. W., y Elder, L. (2005). *Una guía para educadores en los estándares de competencia para el pensamiento crítico.* Fundación Pensamiento Crítico.

personas separen la *información* (datos) de sus *suposiciones* sobre la información. Tenemos que ser capaces de ver una línea recta desde los *datos* hasta las *conclusiones* inferidas de estos, identificando nuestras suposiciones y reduciéndolas al mínimo. Por último, tenemos que entender que las inferencias que hacemos tienen *implicaciones* (consecuencias), en este caso las implicaciones para el cliente (véase la figura 21.1). Aceptar esta teoría sin investigar críticamente la investigación publicada y sin evaluarla con clientes individuales es un claro ejemplo de pensamiento no crítico que puede llevar a la pérdida de tiempo, al despilfarro de recursos y a generación de falsas expectativas.

Los terapeutas que emplean la integración sensorial trabajan sin información que haya demostrado que dichos procedimientos sean eficaces y asumen que la teoría es correcta. Desgraciadamente, esto hace que malgasten numerosísimas horas de la vida de sus clientes repitiendo rutinas sin alcanzar resultado alguno. Está claro que los clientes de estos servicios no tienen un pensamiento crítico, porque si lo tuvieran, preguntarían al terapeuta ocupacional: "¿Esto funciona? ¿Puede darme más detalles al respecto? ¿Tiene realmente sentido?". No se puede esperar que los consumidores conozcan la metodología de investigación o las teorías sobre el sistema nervioso. Están a merced de estos profesionales para entender adecuadamente el enfoque del tratamiento. Aquí hay también una cierta cantidad de sofismas; los partidarios de la integración sensorial deben ser muy conscientes de

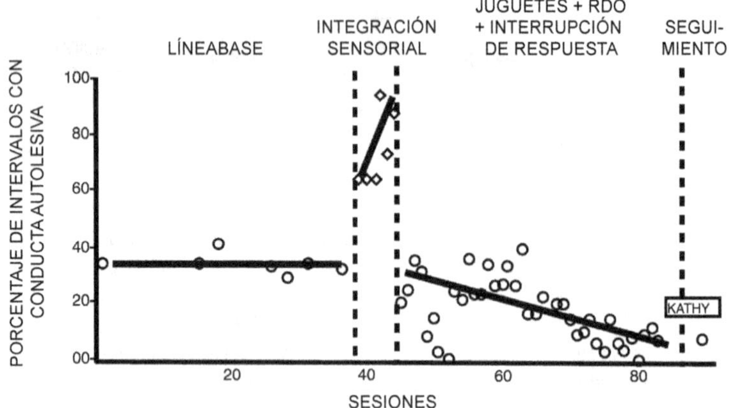

Figura 21.2 Datos de un participante de Mason e Iwata (1990). Los datos han sido regraficados a fin de ilustrar más claramente el efecto de la integración sensorial que fue aplicada por terapeutas ocupacionales con experiencia. RDO = Reforzamiento diferencial de otras conductas. Adaptado de Mason, S. A. e Iwata, B. A. (1990). Artifactual effects of sensory-integrative therapy on self-injurious behavior. *Journal of Applied Behavior Analysis, 23,* 361–370.

que su investigación es débil y no concluyente.[34] En un análisis detallado de un conjunto de trabajos, Smith et al. (2005, pág. 345) concluyeron: "Los estudios indican que la integración es ineficaz y que sus fundamentos teóricos y sus sistemas de evaluación no están validados".

Mason e Iwata (1990) llevaron a cabo un estudio conductual usando integración sensorial como variable independiente con el propósito específico de probar la teoría de la Integración Sensorial. Los resultados mostraron que ninguno de los tres participantes mejoró con el tratamiento de integración sensorial. Los datos de una de las participantes se muestran en la Figura 21.2 con fines ilustrativos.[35] Kathy mostró claramente un efecto paradójico, es decir, mostró un aumento de las conductas auto lesivas cuando se aplicaron los procedimientos de integración sensorial, lo que ciertamente no era un resultado esperado, pero que indica que tales métodos, esencialmente no probados, pero que suenan muy bien, pueden de hecho provocar algún daño.

---

[34] El *sofisma* es un argumento engañoso que se utiliza para manipular a alguien.

[35] Los datos se han regraficado para aislar los efectos de una cliente, Kathy. En la figura original, la suya es la gráfica central de las tres en un diseño de líneabase múltiple.

COMUNICACIÓN FACILITADA: UN EJEMPLO DE PENSAMIENTO CRÍTICO FALLIDO

Tal vez la mayor debacle relacionada con un fracaso del pensamiento crítico haya sido la comunicación facilitada (CF), un tratamiento de moda donde los haya. La CF comenzó en Australia como un tratamiento para personas con parálisis cerebral y luego emigró a los Estados Unidos a principios de la década de 1990 como un método para ayudar a la comunicación de las personas con autismo (Jacobson, Foxx y Mulick, 2005). Se parte de la base de que los individuos con autismo tienen una "habilidades verbales ocultas" y que un facilitador puede ayudarles a sacar a la luz sus talentos literarios latentes ayudándoles a escribir en un teclado para expresarse. No hace falta mucho pensamiento crítico para tumbar esta observación (y esta suposición), por lo que es sorprendente que la CF se extendiera como un reguero de pólvora a finales de los años 90. Estaban tan desesperados y eran tan crédulos los clientes (es decir, los familiares y los directores de centros educativos) que se contrataron a *especialistas* en CF en detrimento del presupuesto escolar para que se sentaran con personas con discapacidades graves y profundas y les ayudaran a escribir poesía, a expresar sus preferencias de estilo de vida y, en varios casos, a denunciar delitos contra sus familiares. Incluso el pensamiento crítico del sistema judicial también fracasó en su capacidad de ver lo obvio: eran los especialistas en CF los que escribían las redacciones y hacían los problemas matemáticos. Un indicio de ello fue que los pacientes que estaban siendo *facilitados* no parecían estar interesados en lo más mínimo en la tarea y a menudo se les observaba mirando en dirección contraria al teclado (Foxx, 1994). En lugar de hacer preguntas críticas sobre los procedimientos, los defensores de la CF se centraban en los derechos de las personas con discapacidad y *daban por sentado* que eran capaces de defenderse por sí mismos, lo que distorsionaba totalmente la información que tenían delante. Las consecuencias (véase la figura 21.1) han sido devastadoras para las familias que se vieron desgarradas por acusaciones falaces. Se arruinaron vidas al hacer que personas inocentes pasaran meses en la cárcel hasta que se pudo celebrar una audiencia judicial y recibir el testimonio de peritos expertos (Maurice, Green y Luce, 1996).

EL PENSAMIENTO CRÍTICO SE PONE EN MARCHA

Para usted, como analista de conducta, las herramientas de pensamiento crítico son esenciales cada vez que va a trabajar. Los profesores, los padres y los administradores le describirán alguna situación horrenda que requiera su atención inmediata y le interpelarán al menos una vez a la semana:

> "Como analista de conducta, el pensamiento crítico es una herramienta esencial para realizar tu trabajo".

"¡Deja todo y ocúpate de esto!". Suele ser una historia de tercera mano sobre algún individuo que necesita desesperadamente una "modificación de la conducta". Su trabajo consiste en mantener la calma, revisar las pruebas, determinar qué suposiciones se han hecho y por quién y hacer todo lo posible para llegar a una conclusión razonada. La gente que está en primera línea ha sido reforzada por exagerar sus afirmaciones y embellecer sus historias. Todo lo que no sea eso recibirá un encogimiento de hombros, una sonrisa y poco más. La mayoría de la gente no tiene datos para cuantificar el problema y el modus operandi son las anécdotas coloridas llenas de detalles dramáticos diseñados para incitarle a actuar. Debes tener especial cuidado de no creer la primera historia que escuches, sino reservarte tu opinión hasta que hayas escuchado a todas las partes. Entonces, en pleno estado de pensamiento crítico, trata de aclararlo sucedido y llegar a una conclusión. Si quieres mantenerte fiel a tu tradición de analista de conducta, tendrás que establecer algún tipo de línea de base real antes de sacar cualquier conclusión. Establecer esta líneabase es clave para el establecimiento del pensamiento crítico en el análisis aplicado de conducta y sin duda causará consternación entre los que quieren una acción inmediata.

El segundo desafío a tu pensamiento crítico llegará cuando diseñes una intervención basada en su análisis funcional y apliques un tratamiento. Como se trata de su plan de intervención, tenderá a gustarte y a creer que funcionará. Aquí tendrás que ponerte de nuevo el sombrero de pensamiento crítico y evaluar tu plan objetivamente, dejando de lado tu suposición de que "Por supuesto que funcionará, yo lo diseñé. ¿Por qué no iba a funcionar?". Lo correcto es presentar tu programa y tus datos a un comité de revisión por pares y estar dispuesto a recibir su *feedback* de forma regular.

El pensamiento crítico entra en juego cada vez que se abre una revista para leer las mejores prácticas actualizadas en el análisis de conducta.

Aunque solemos pensar que "lo publicado en una revista revisada por pares" es el estándar para la práctica profesional basada en la evidencia, la experiencia ha demostrado que un número significativo de estos estudios se queda corto, muy corto.

La aplicación del pensamiento crítico a estos estudios revela que muchos simplemente no cumplen nuestros estándares. Las líneas de base son demasiado breves o demasiado variables, la variable dependiente no está bien definida, la fiabilidad es inferior al 80%, las condiciones no se replican, el tamaño del efecto es demasiado pequeño para ser socialmente significativo y más. La investigación realizada en el Laboratorio de Investigación de Análisis de Conducta del primer autor (Normand y Bailey, 2006) mostró que los participantes, todos ellos analistas de conducta certificados por BACB, tomaron decisiones precisas sólo en el 72% de los gráficos que ellos revisaron. Ni siquiera la adición de líneas de aceleración mejoró la precisión general. Si los BCBA (presumiblemente bien entrenados a nivel de maestría) son incapaces de analizar adecuadamente los estudios publicados y determinar cuáles son adecuados como base para la construcción de un plan de tratamiento eficaz, está claro que tenemos un problema de pensamiento crítico en nuestra profesión.

> "El pensamiento crítico entra en juego cada vez que abres una revista e investigas las mejores prácticas actuales en análisis de conducta".

RESUMEN

Por último, debemos señalar que las oportunidades para el pensamiento crítico surgen todos los días en la práctica profesional.

Colegas de otras profesiones defenderán el uso de sus intervenciones favoritas, los padres querrán que apruebes el uso de una nueva moda terapéutica que han leído en internet y algunos gestores de servicio te presionarán para que apruebes muchas menos horas de tratamiento de las que se han demostrado eficaces en la literatura contrastada. En todos estos casos, tendrás que combinar las habilidades para el pensamiento crítico con otras de las 25 habilidades que se analizan en este libro: asertividad, ética en la vida cotidiana, persuasión, presión, manejo de personas difíciles y resolución de problemas.

PARA LEER MÁS

El pensamiento crítico se puede aprender. Hay excelentes libros disponibles para aquellos que quieran repasar o ponerse al día.

Ayres, A. J. (2010). *La integración sensorial y el niño.* Trillas. (Original publicado en 1972)

Bundy, A. C., y Murray, E. A. (2002). Assessing sensory integrative dysfunction. En A. C. Bundy, S. J. Lane y A. Murray (Eds.), *Sensory integration: Theory and practice* (2ª ed., págs. 3–34). Davis.

Foxx, R. M. (1994). Facilitated communication in Pennsylvania: Scientifically invalid but politically correct. *Dimensions*, 1–9.

Jacobson, J. W., Foxx, R. M., & Mulick, J. A. (Eds.). (2005). Controversial therapies for developmental disabilities. Lawrence Erlbaum Associates.

Mason, S. A., y Iwata, B. A. (1990). Artifactual effects of sensory-integrative therapy on self-injurious behavior. *Journal of Applied Behavior Analysis, 23*, 361–370. https://doi.org/10.1901/jaba.1990.23-361

Normand, M. T., y Bailey, J. S. (2006). The effects of celeration lines on accurate data analysis. *Behavior Modification, 30*, 295–314. https://doi.org/10.1177/0145445503262406

Paul, R. W., y Elder, L. (2005). *Una guía para educadores en los estándares de competencia para el pensamiento crítico*. Fundación Pensamiento Crítico. (Original publicado en 2002)

Smith, T., Mruzek, D. W., y Mozingo, D. (2005). Sensory integratio ntherapy. En J. W. Jacobson, R. M. Foxx y J. A. Mulick (Eds.), *Controversial therapies for developmental disabilities*. Lawrence Erlbaum Associates.

Zechmeister, E. B., y Johnson, J. E. (1992). *Critical thinking: A functional approach*. Brooks/Cole.

22

Ser creativo en la resolución de problemas

La vida es "probar cosas para ver si funcionan".

Ray Bradbury

Cuando ejercemos nuestro oficio como analistas de conducta, hay dos repertorios visibles para los clientes: resolver problemas y diagnosticar el problema. Nuestros clientes no tendrían necesidad de contratar a alguien si pudiesen resolver sus problemas por sí mismos, después de haber probado todas las soluciones obvias basadas en *su* propia comprensión de la conducta humana.

Lo que la mayoría de los clientes necesitan es una solución creativa y esperan que seamos expertos en desarrollarlas. Identificar el problema, encontrar una forma de medir la conducta y redactar un programa conductual son los pasos iniciales que conlleva la solución creativa de problemas (fase 1) relacionados con cuestiones conductuales. Una vez que desarrollamos un plan conductual ético y viable y lo ponemos en práctica, pasamos a la siguiente fase.

La fase 2 consiste en diagnosticar el problema cuando el plan no funciona. La mayor parte de la formación que ofrecemos a nuestros estudiantes de postgrado en análisis de conducta está dirigida a la fase 1. En el aula y en las prácticas, los estudiantes aprenden a identificar las conductas problemáticas, a medirlas con precisión, a encontrar la causa de los problemas de las conductas mediante la observación y el análisis funcional y a escribir y aplicar programas conductuales. Aunque las personas de fuera podrían considerar este enfoque novedoso, para nosotros es rutinario. En la mayoría de los casos podemos encontrar la función de la conducta e identificar los reforzadores; la parte difícil viene en averiguar cómo cambiar las contingencias de tal manera que se modifique la conducta sin modificarla organización semanal de nuestro consumidor y cliente.

FASE 1: RESOLUCIÓN CREATIVA DE PROBLEMAS

Si su práctica está especializada en problemas de conducta, es muy probable que vea problemas de conducta similares de forma rutinaria. Podrá desarrollar sus propios patrones de éxito en la resolución de problemas. Para las conductas autolesivas (CAL), podría buscar contingencias de escape o autoestimulación; para las conductas disruptivas en el aula, probablemente buscará el reforzamiento accidental del profesor, la atención de los compañeros y el escape de las tareas académicas. En ocasiones, no habrá una solución aparente y su modus operandi estándar le fallará. ¿Y ahora qué? Afortunadamente, podemos buscar algo de ayuda en otros enfoques ajenos al análisis de conducta. En *¿Y por qué no?* Nalebuff y Ayres (2003) ofrecen una serie de estrategias de un economista y un abogado que llevan años ayudando a los empresarios a desarrollar soluciones creativas. Quizás nuestro campo podría beneficiarse de pensar de forma diferente sobre algunos de nuestros problemas de conducta.

Recursos ilimitados

Una estrategia que se puede utilizar cuando se es incapaz de pensar en una solución es dar un paso atrás y preguntarse: "¿Qué haría si tuviera recursos ilimitados?" Cuando no conseguimos encontrar la función de una conducta, puede resultarnos útil soñar despiertos por un momento con que disponemos de recursos ilimitados para hacer una evaluación funcional experimental completa. Si tuviéramos un laboratorio bien equipado, muchos trabajadores

> **"¿Qué haría si tuviera recursos ilimitados?"**

y un sistema de recogida de datos informatizado, seguramente podríamos probar suficientes variables para llegar al fondo del problema. En un entorno como éste, se podría manipular cada variable, alterar el orden, replicar las condiciones y llegar a una respuesta definitiva. Pero a falta de dinero, ¿qué se puede hacer? Una solución es llevar a su cliente a un lugar que sí disponga de esas instalaciones. Si la conducta pone en peligro la vida, como en el caso de las autolesiones, a veces se pueden encontrar fuentes de financiación especiales. O podría traer a alguien de un laboratorio como éste a su entorno y solicitar una consulta para ayudarle a crear alguna aproximación a las condiciones bien controladas. También podría considerar el trabajo de Wilder et al. (2006) sobre el análisis funcional breve y crear condiciones controladas de corta duración. Bailey trabajó una vez con un joven con lesión cerebral, Manny, que tenía arrebatos agresivos imprevisibles. Debido a su extrema peligrosidad, no podía vivir en su casa y fue internado en una unidad especial cerrada de un hospital para hombres. Tenía dos miembros del personal durante dos turnos al día y una persona vigilando por la noche. Este cliente lesionaba a personas con frecuencia, entre ellas su madre y su padre, que venían a visitarle casi a diario. Nuestro análisis de los antecedentes de estas conductas violentas demostró que casi cualquier cosa podía desencadenarlas. Podía malinterpretar un comentario o una mirada o ver algo que quería e intentar, sin previo aviso, arrebatárselo a la persona. Había mucha rotación de personal y Manny era vigilado como Hannibal Lecter cada vez que salía de la unidad. A Manny le encantaba el béisbol y una vez acordamos que iría a un partido de los Atlanta Braves si conseguía pasar una semana sin agresiones. Al cabo de unas semanas, cumplió el requisito y, el gran día, fue al estadio sin incidentes. Parecía satisfecho de sí mismo y estaba orgulloso de haber superado grandes dificultades. Teníamos unos asientos estupendos y tres empleados para proteger a cualquiera que estuviera cerca. Manny se sentó durante dos entradas de béisbol, sonriendo, aplaudiendo y animando junto a la multitud. Pidió un perrito caliente y una bebida y luego, sin previo aviso, se levantó de un salto e intentó marcharse. Como los espectadores miraban a Manny e ignoraban el partido, tuvimos que sujetarlo en las gradas y acompañarlo hasta la furgoneta. No podíamos entender qué había salido mal. ¿Por qué alguien que tenía la capacidad cognitiva de entender las reglas realizaría una conducta que claramente produciría la finalización de un reforzador tan potente? En la reunión posterior, empezamos a hablar del juego. Todo el mundo estaba impresionado por lo grandes que eran los jugadores y lo musculados, rápidos y fuertes. ¿Qué pasaría si Manny estuviera en un mundo diferente (en lugar de estar en una sala cerrada de un hospital) dónde no pudiera amenazar a la gente ni empujarla, dónde todos fueran más grandes y fuertes que él? Ese día nos dimos un capricho durante unos minutos y nos imaginamos entornos en los que Manny no pudiera causar ningún daño. Tal vez podría ser el chico del bate de un equipo de béisbol profesional. O tal vez podría ser el asistente que saca las pelotas nuevas para un equipo de fútbol o de fútbol americano. ¿Qué otros contextos existen en los que todo el mundo es grande y fuerte y en los que no se toleran conductas inapropiadas? Tal vez podría trabajar en una explotación agrícola. De hecho, estudiamos algunas de estas posibilidades. Planificar que Manny viviera en un entorno así sería ciertamente costoso, pero si se analiza lo que se pagaba por los salarios más el alojamiento y la comida en el hospital, más los gastos generales, este sistema podría realmente ahorrar dinero. Lo más cerca que estuvimos de poner en marcha nuestro plan fue la contratación de personas para la supervisión de los cuidados de Manny que eran antiguos jugadores de fútbol universitario. En presencia de miembros del personal que eran lo suficientemente grandes y fuertes para controlar a Manny, éste pudo tener contacto con otras personas.

Lamentablemente, Manny murió antes de que se encontrara un entorno en el que pudiera estar a salvo de sí mismo. La combinación de una persona con el entorno adecuado, independientemente del coste, ha sido un tema de reflexión que Bailey ha recomendado a otros a lo largo de los años.

¿Dónde más podría funcionar?

Otro ejercicio que recomiendan Nalebuff y Ayres es tomar una solución que se haya ideado para un problema y ver dónde se puede aplicar. Es la clásica "solución en busca de un problema".

Tom Coleman y Bill Schlotter, dos repartidores de correo, se inspiraron en la noche de Halloween de 1987. Vieron a un niño que hacía *truco o trato* con uno de esas barras luminosas de color verde. ¿Para qué más se podrían utilizar estas barritas luminosas? ¿Has pensado alguna vez en caramelos luminosos? Si montas una piruleta encima de uno de estos palos, la luz brillaría a través del caramelo, creando un efecto extraño y divertido. Coleman y Schlotter lograron vender su idea con éxito. Su siguiente innovación fue un éxito aún mayor.

Nalebuff y Ayres, 2003, págs. 31-32

Hace unos años, cuando éramos profesionales en un centro de desarrollo, trabajamos con un cliente que tenía múltiples y profundas minusvalías (ciego, sin deambulación, sin conducta verbal, no podía alimentarse por sí mismo) que emitía conductas autolesivas (CAL) severas de forma periódica. Pasamos varias semanas intentando averiguar las variables causales. Al no encontrar ninguna explicación, derivamos el caso a las enfermeras. "Debe ser biológico. No podemos encontrar ningún evento ambiental relacionado con su CAL", dijimos al final de una prolongada reunión de gestión del caso. El caso se devolvió al equipo de análisis de conducta una semana después. En esa reunión estaba presente un nuevo médico del centro y sugirió: "Bueno, supongo que podríamos hacerle una resonancia magnética de la cabeza". Nos pareció bien y el examen se programó para dentro de un par de semanas. La buena noticia fue que encontraron una causa probable de los golpes en la cabeza: un quiste de crecimiento lento del tamaño de una pelota de golf en la cavidad sinusal del paciente. Los médicos que leyeron la resonancia magnética dijeron que parecía que el quiste se había desarrollado lentamente durante bastante tiempo. El resto de las buenas noticias eran que se podía extirpar con seguridad en una operación rutinaria. El efecto inmediato de la operación, que tuvo lugar aproximadamente un mes después, fue que los golpes en la cabeza cesaron por completo. Fue tan dramático que empezamos a revisar todos nuestros otros casos aparentemente intratables para determinar si podía haber alguna implicación médica que nosotros (o las enfermeras) hubiéramos pasado por alto. Trabajamos codo a codo con el personal médico y les presionamos más para que derivaran a especialistas. Una persona que se rascaba los brazos tenía alergias no diagnosticadas, un cliente con problemas de conducta que consistía en hurgarse el ano tenía hemorroides y otra persona que se daba golpes en la cabeza tenía realmente algo atascado en el canal auditivo. Estos casos enseñan una importante lección: Siempre, siempre hay que considerar los posibles factores biológicos en la conducta.

"Dar la vuelta" al servicio

Una última estrategia que Nalebuff y Ayres (2003) sugirieron y que parece que podría ser útil para los analistas de conducta que buscan una solución creativa es un ejercicio llamado "darle la vuelta". En este ejercicio, básicamente se considera qué pasaría si se invirtiera o diera la vuelta a un producto o servicio estándar. Los consumidores lo vieron en los últimos años, cuando los diseñadores creativos de Heinz por fin encontraron una forma de ayudarnos a sacar el kétchup de la botella. Rediseñaron el envase para que se colocara en la mesa al revés. En el análisis de conducta, consideramos que la contingencia que implica el reforzamiento contingente es fundamental para la forma en que se diseña el cambio de la conducta. ¿Qué pasaría si le diéramos la vuelta y los reforzadores fueran no contingentes? En realidad, esto se ha demostrado hasta cierto punto en la literatura de investigación, pero no parece haber avanzado en las aplicaciones clínicas y educativas. Si una personase esfuerza mucho y sufre mucho dolor para conseguir un reforzador, ¿por qué no se lo damos y vemos qué pasa? De hecho, tenemos un concepto para explicar cómo funciona esto: la operación de establecimiento (OE) o, a nivel más general, la operación motivadora (OM). Al reducir la potencia de la OM, reducimos en gran medida la fuerza de la conducta, quizá hasta el punto de que podríamos volver a utilizar el reforzador de forma contingente para dar forma a una conducta adecuada.

¿Qué pasa con otros procedimientos para el cambio de conducta, como formamos a un profesor de aula para que dé reforzadores ante una conducta tranquila de un alumno disruptivo? ¿Y si ayudamos al niño a que refuerce al profesor? ¿O qué pasa con un niño revoltoso que es enviado al despacho del directo? En lugar de eso, ¿qué pasaría si el niño se presentara en el despacho del director a primera hora de la mañana y recibiera allí su tarea y si la realizara, pudiera ir a su aula durante un tiempo breve? En consulta, había un joven, Marc, que no se subía los pantalones de ninguna de las maneras. Como parte del programa de intervención, perdía privilegios si iba por ahí sin pantalones o con los pantalones bajados. Por lo tanto, nunca pudo ir a ninguna excursión. Un día, un nuevo conductor de autobús que no conocía esta norma llevó a Marc al centro comercial con otros seis clientes con discapacidad intelectual moderada. Cuando el conductor y los clientes volvieron, el personal se abalanzó sobre el conductor y le gritó: "¿Qué ha pasado?". El conductor respondió: "Nada. ¿Por qué?" Cuando le hablaron del programa de Marc, el conductor del autobús pareció aturdido y dijo: "Marc no dio ni un solo problema. Cuando llegamos al centro comercial, se subió los pantalones y nos fuimos. Ni siquiera tuve que presentarle ninguna ayuda".

FASE 2: DIAGNÓSTICO DEL PROBLEMA

La diversión comienza realmente cuando su plan de intervención está aprobado. Ahora es el momento de empezar a formar a todas las personas implicadas para que desempeñen su nuevo papel de *técnico auxiliar de cambio de conducta*. Dado que trabajamos con el modelo de que las intervenciones conductuales se realizan mejor en el entorno natural por parte de quienes viven allí y trabajan con los clientes, es ahí donde hay que buscar cuando el programa fracasa. Estas personas autóctonas conocen bien a su cliente y a menudo pueden aportar la información necesaria para rediseñar los elementos clave. Nuestros ayudantes son indispensables, inestimables y esenciales para nuestro plan de cambio de conducta. También pueden ser poco fiables, inconsistentes y sensibles a los pequeños contratiempos que son tan inevitables como una sequía en el Sáhara. Subestimamos en gran medida la formación y el apoyo que necesitan nuestros ayudantes y la primera forma de solucionar los problemas consiste en examinar a estos ayudantes. Por recomendación del director de un centro educativo, trabajamos con la Sra. Carlton, una profesora de primer año que no tenía control sobre su aula. Las observaciones nos mostraron que no era consciente de lo que ocurría a su alrededor, que atendía a conductas inapropiadas de forma constante y que no tenía prácticamente ningún control instruccional. Tras algunas consultas, decidió que estaba dispuesta a probar un sistema de reforzamiento, aunque era reacia. La Sra. Carlton recibió instrucciones sobre el uso de reforzadores. Parecía entender el concepto, no tenía preguntas y parecía estar preparada. Todo iba bien. El director financió los reforzadores y la Sra. Carlton iba a empezar el nuevo programa el lunes siguiente. El viernes siguiente la visitamos para asegurarnos de que todo iba bien. Había ruido en el pasillo y las cosas en el aula de la Sra. Carlton habían empeorado. El analista de conducta se sentó en una esquina del aula y esperó a que terminara la clase. La Sra. Carlton comenzó con una voz firme y plana,

> Decidí utilizar caramelos en lugar de fichas. Para mí tenía más sentido que hacer que ganaran fichas y que yo tuviera que repartir también los caramelos. Además, mi marido decía que las fichas eran demasiado confusas. Pero después del primer día, no había repartido ningún caramelo y los niños empezaron a quejarse porque les dije por la mañana que lo haría. Así que al día siguiente, decidí poner el plato de caramelos aquí, en mi escritorio. Les dije: "Cuando hayáis terminado vuestras tareas, podéis acercaros tranquilamente y coger un caramelo". Bueno, todos los caramelos se acabaron a las 11:00 y al día siguiente se acabaron a las 10:00, así que dije que esto del reforzamiento no está funcionando y lo dejé. Lo intenté, pero realmente es demasiado problema cuando uno está ocupado enseñando.

¿Qué puede salir mal?

Como se ha descrito anteriormente, la mayoría de los planes de conducta tienen muchas partes móviles y muchas cosas pueden salir mal. La gente puede olvidarse de dar las ayudas, pueden ser inconsistentes en la entrega de reforzadores, o pueden emparejar los reforzadores con una mirada desagradable o un comentario sarcástico. A veces, tu estudiante, ayudante de profesor, por ejemplo, simplemente no aparece y no tienes ayuda.

> "Como se ha comentado, la mayoría de los analistas de conducta dependen de numerosos elementos móviles; hay muchas cosas que pueden fallar".

En un aula, establecimos una gran economía de fichas como fase de prueba y estábamos preparados para ampliarla a todo el curso de sexto cuando descubrimos que un alumno emprendedor fabricaba fichas falsas y las vendía en la cafetería. En otro caso, se entrenó a la madre con mucho cuidado a utilizar el encadenamiento hacia atrás con su hijo, empezando por atarle los zapatos, se rindió al cabo de un par de días y decidió que su hija, con una discapacidad leve podía llevar chanclas en el colegio. Un profesor de gimnasia al que se le enseñó a utilizar un procedimiento de tiempo fuera para gestionar la conducta disruptiva en su clase fue visto de pie sobre un banco lleno de jóvenes de secundaria, reprendiéndole por no seguir las instrucciones de "sentarse en silencio y no hablar", mientras el resto de la clase estaba fuera de control en el campo de fútbol. Básicamente, la Ley de Murphy se aplica a *todas las* intervenciones conductuales: "Si algo puede salir mal, saldrá mal". El análisis de conducta es algo natural para nosotros, pero es un idioma extraño para casi todos los demás.

Sugerencia 1

Forme a sus ayudantes. No dé por sentado que sólo porque haya demostrado cómo quiere que se haga algo y haya preguntado "¿Alguna pregunta?" ya ha terminado. Incluso si no se levanta ninguna mano cuando preguntas "¿Alguna pregunta?", puedes apostar que alguien está confundido. La formación debe seguir este orden: Describa lo que quiere y su justificación, haga una demostración, pida a los ayudantes que practiquen, deles su opinión, practique un poco más, deles su opinión y repita la operación hasta que los ayudantes dominen la nueva rutina.

Sugerencia 2

El primer día que vaya a comenzar su intervención, *esté presente*. Si deja que su nueva intervención comience sin que usted esté presente, tendrá que confiar en los rumores, lo cual está garantizado que será menos que adecuado.

Sugerencia 3

Haz siempre un informe después del primer día, del segundo y del tercero. Observe atentamente a sus estudiantes cuando describan cómo creen que les fue. Podrá leer el lenguaje corporal para ver si se han sentido cómodos en su nuevo papel o si se han sentido incómodos con las tareas que se les han asignado.

Sugerencia 4

Tu plan conductual también debe ser evaluado por los datos que van llegando cada día. Grafique los datos cada día y sea crítico con su propio trabajo.

Sugerencia 5

Tenga siempre un plan B.

RESUMEN

La resolución creativa de problemas y el diagnóstico de problemas son habilidades esenciales para el analista de conducta. Son habilidades que requieren atención a los detalles, persistencia en la búsqueda de formas alternativas de cambiar la conducta y diligencia en el seguimiento de cualquier plan conductual. La aplicación de la mayoría de los planes de intervención no será tan perfecta como su descripción inicial sobre el papel. Su capacidad para mantener la calma, reconsiderar sus suposiciones básicas sobre el caso y volver con un plan mejorado son habilidades fundamentales que deberá utilizar cada día que ejerza como analista de conducta.

PARA LEER MÁS

de Bono, E. (2008). Creatividad: 62 ejercicios para desarrollar la mente. Paidós.

Michalko, M. (2001). *Cracking creativity: Los secretos de los genios de la creatividad.* Gestión 2000.

Nalebuff, B., y Ayres, I. (2003). *¿Y por qué no? Cómo utilizar el ingenio para reinventar mercados y resolver problemas.* Empresa Activa.

Silber, L. (1999). *Career management for the creative person.* Three Rivers Press.

Wilder, D. A., Chen, L., Atwell, J., Pritchard, J., & Weinstein, P. (2006). Brief functional analysis and treatment of tantrums associated with transitions in preschool children. *Journal of Applied Behavior Analysis, 39*(1), 103–107. https://doi.org/10.1901/jaba/2006.66-04

23
Comprender y utilizar el poder

Hemos aprendido que el poder es una fuerza positiva si se utiliza para fines positivos.

Elizabeth Dole

El poder tiene ciertamente una connotación negativa en nuestra cultura. Sugiere personas manipuladoras que hacen cosas desagradables a inocentes indefensos de forma desmedida. Verdaderamente, nuestra historia, sobre todo la reciente, nos lo recuerda de forma dramática. El ficticio Gordon Gekko (de la película de 1987 *Wall Street, de* Oliver Stone), Saddam Hussein o el dictador Kim Jong-il, figuran en los primeros puestos de nuestra lista de gente corrupta y poderosa.

Sin embargo, en el mundo de los negocios, el término *poder* se define de forma más objetiva como "el potencial para asignar recursos y tomar e imponer decisiones" (Harvard Business School Press, 2005, pág. xi). Para los analistas de conducta que trabajan en organizaciones, agencias o empresas de consultoría, aprender sobre el poder es esencial si quieren ser eficaces y tener influencia en el campo que han elegido. Puede que no aspire a un puesto de poder, pero si no entiende la dinámica del poder en el lugar de trabajo, ello puede hacerle quedar en desventaja. Normalmente, la progresión en la carrera profesional implica ascender, asumir más responsabilidades y tener una mayor influencia en la distribución de los recursos. Los aumentos salariales, el mayor reconocimiento y ciertos adornos profesionales acompañan a estos avances relacionados con el trabajo, por lo que existen incentivos incorporados para que los analistas de conducta adquieran las habilidades y actitudes asociadas a un mayor ámbito de control e influencia.

> "Normalmente, el avance en nuestra carrera implica ascender, asumir más responsabilidades e influir más decididamente en cómo se distribuyen los recursos".

ENERGÍA A PEQUEÑA ESCALA

Gran parte de lo que se escribe en la literatura empresarial sobre el poder tiene que ver con el funcionamiento de las grandes empresas. Múltiples departamentos que se disputan los recursos o que compiten entre sí por la atención del consejo de administración o del director general son luchas de poder habituales en el ámbito empresarial. Con mucho dinero en juego, las contingencias pueden sacar lo peor de las personas.

En su fase actual de desarrollo, las empresas de consultoría conductual o las agencias que prestan servicios conductuales en centros educativos o entornos residenciales rara vez tienen más de 100 empleados. La mayoría son pequeñas empresas u organizaciones sin ánimo de lucro con 50 personas o menos. No obstante, existe una estructura de poder en estas organizaciones más pequeñas. Si usted es el nuevo empleado de una pequeña empresa de consultoría, es aconsejable que se mantenga alerta y preste atención a las reglas informales del juego, a cómo se toman las decisiones y quién manda. Alguien en la organización tiene que determinar cuánto se paga a la gente. Lo más probable es que esta persona o departamento también desarrolle y mantenga los recursos necesarios para el funcionamiento de la empresa. Otra persona tiene que resolver los desacuerdos entre los empleados, ser la cara de la organización ante la comunidad o motivar a los empleados para que apoyen un nuevo objetivo de la empresa.

Cada una de estas funciones crea una oportunidad para que un individuo gane poder.

FUENTES DE ENERGÍA

Cargo de trabajo

Cuando te incorporas a una organización, sueles empezar desde abajo y tienes un título como terapeuta y tienes un supervisor con un título como gerente, director o administrador. Las personas que ocupan puestos de supervisión confieren cierto poder, ya que pueden establecer tu horario de trabajo, asignarte clientes o prescribirte lo que puedes o no puedes hacer. No todas las personas que ocupan este puesto son eficaces y muchas de ellas renuncian a cualquier apariencia de autoridad sólo por la forma en que dirigen a las personas. Aquí es donde entra en juego el ser un buen observador y entender cómo aplicar sus habilidades analíticas de conducta (Capítulo 13). Los directivos que son mezquinos y arbitrarios en su toma de decisiones erosionan su propio poder para involucrar e influir en las personas en el trabajo. Por otro lado, los que asumen este cargo y lo utilizan como una oportunidad para dar forma a la conducta y "sacar lo mejor de la gente" (Daniels, 2000) pueden causar una gran impresión en los directivos de la empresa. El título por sí solo no otorga mucho poder; sólo crea una oportunidad para que el analista de conducta utilice sus habilidades de modelado (capítulo 14) para causar una impresión positiva. Cuando se ha ascendido a un puesto de supervisión, el título del puesto empieza a conferir más autoridad. Ser director, jefe de departamento o consultor da al analista de conducta la oportunidad de involucrarse en las decisiones estratégicas que influyen en la política, de detectar oportunidades de crecimiento de la empresa y de desempeñar un papel importante en la selección y formación de los empleados. Este ascenso en la escala corporativa u organizativa confiere a un individuo un poder considerable para, posiblemente, contratar y despedir a personas y dirigir los activos de la empresa hacia determinados proyectos preferidos. Llegar a este nivel de liderazgo en una organización puede llevar 5 años y los que ejercen el poder como un instrumento contundente suelen ser eliminados. La alta dirección no ve con buenos ojos a los directivos que utilizan su poder para promocionarse o abusar. A los analistas de conducta, en particular, les debería ir bien en los puestos de autoridad porque entienden que cuanto más alto avanzan en el organigrama, más posibilidad de dispensar reforzadores valiosos(capítulo 16).

Poder relacional

Como se describe en *Power, Influence, and Persuasion* (Harvard Business School Press, 2005), una segunda forma de influencia efectiva proviene directamente de su afiliación con otras personas de su organización. Al formar coaliciones con otras personas de ideas afines, puede tener más influencia de la que tendría individualmente. Esto comienza con la creación de redes efectivas para saber quiénes son tus colegas y qué opinan sobre determinados temas. Al unirse en proyectos de interés común, puede empezar a establecer vínculos con ellos y, cuando necesite su apoyo, puede pedirlo y contar con sus colegas. Los analistas de conducta que son sensibles a las necesidades de los demás y proporcionan el apoyo que los compañeros necesitan para cumplir sus objetivos suelen ser bien recibidos. La reciprocidad es la moneda tácita que impulsa la eficacia en la mayoría de las organizaciones. Esté atento a estas oportunidades y se encontrará avanzando rápidamente en el camino de la gestión.

> "La reciprocidad es la moneda innombrada que rige la efectividad en la mayoría de las organizaciones".

Poder personal

Una última fuente de influencia en la mayoría de las organizaciones está relacionada puramente con las características personales que le convierten en un compañero deseable en cualquier circunstancia: fiabilidad, experiencia, carisma, logros, entusiasmo y confianza en sí mismo (Harvard Business School Press, 2005). Si carece de estos rasgos, puede resultarle difícil ascender a una posición de liderazgo e influencia, pero saber desde el principio que son importantes le da tiempo para trabajar en tareas de superación personal si es necesario. Esta mejora personal puede requerir un serio examen de conciencia. Muchas personas se retraen de esta tarea, creyendo que su personalidad está fijada y que deben ser aceptadas tal como son. Los analistas de conducta no deben permitir que nada sea un obstáculo para la superación personal. Sabemos cómo identificar las habilidades clave y cómo controlar y seguir el éxito. Podemos hacerlo con los clientes y podemos hacerlo para mejorar nuestro propio rendimiento.

Poder blando

El uso descarado del poder para obligar a la gente a cumplir con las demandases incompatible con la forma en que los analistas de conducta deberían relacionarse con la gente. Si activamos plenamente nuestra tecnología de cambio de conducta en nuestra vida cotidiana, deberíamos ser sutiles en nuestros intentos de influir en los demás para que quieran responder a peticiones razonables. Si estás en una posición de poder o eres una persona reforzante que cae bien, los demás pueden estar deseosos por cumplir tus peticiones para impresionarte

> "Si te estableces como un poderoso reforzador ante tus subordinados y aclaras qué es lo que quieres que hagan, asegúrate de que sean capaces de hacerlo y aporta reforzamiento intermitente. Nunca tendrás que alzar la voz, amenazar o adular".

o satisfacerte. Todo esto parece describir lo que se entiende por "poder blando" (Bixler y Dugan, 2001). Si se ha establecido como un poderoso reforzador y ha dejado claro lo que quiere que hagan, se asegura de que son capaces de hacerlo y le proporciona reforzamiento intermitente, nunca tendrá que levantar la voz ni amenazarles o engatusarles. No necesitará dominar una reunión ni exigir atención, lealtad o respeto con palabras duras o comentarios intimidatorios. Un analista de conducta realmente exitoso debería ser capaz de describir tranquilamente sus metas y objetivos a una sala llena de colegas; pedirles su opinión, sugerencias y formas de alcanzar los objetivos; y, con sutiles inclinaciones de cabeza, sonrisas y suaves cumplidos descriptivos, conseguir una promesa tácita de apoyo y compromiso. Como analista de conducta, sin duda habrá experimentado lo contrario en algún momento: un matón ruidoso y abusivo que exige respeto y conformidad y que no permite más ideas que las suyas. Puede utilizar este tipo de persona como punto de referencia para actuar como el otro extremo.

¿Quién es usted? ¿Cuáles son sus objetivos?

El tema del poder y su uso en las organizaciones incomoda a muchos analistas de conducta. Es como si el concepto de poder no debiera discutirse en compañía de la gente educada. Creemos que los analistas de conducta pueden y deben desempeñar un papel más importante en la dirección de las organizaciones y en la influencia de la sociedad. Creemos que tenemos un mensaje extremadamente importante que transmitir: El análisis de conducta puede ser una poderosa fuerza para el bien en nuestra cultura. Sólo entendiendo cómo funciona la conducta humana podemos empezar a producir contingencias culturales que apoyen la conducta cooperativa, no aversiva y productiva (Skinner, 1957). Tenemos que hacer correr la voz y una forma de hacerlo, claramente, es que los analistas de conducta formen parte de la estructura de poder en las organizaciones, las empresas y la sociedad. No hay ninguna razón para que los analistas de conducta no estén en el consejo escolar de su comunidad o participen en otras actividades en cargos públicos.

En algunos entornos, miramos a nuestro alrededor y vemos que personas de otras profesiones tienen influencia, toman posiciones en temas importantes y actúan como si nuestro papel se limitara a ser técnicos de tumores. Con demasiada frecuencia, son otros los que marcan las prioridades y llevan la voz cantante; nosotros tenemos que escuchar y seguir su ejemplo. Sin embargo, esperamos que nuestros estudiantes se conviertan en los líderes del futuro y les animamos a estudiar las prácticas de las personas poderosas, deberíamos ser capaces de dar la vuelta a esta triste situación.

A medida que empiece a comprender cómo se adquiere el poder y cuáles son los beneficios de tenerlo a su disposición, debería, esperamos, entablar un diálogo de descubrimiento sobre cuestiones más amplias que el simple hecho de trabajar con clientes o consultar a padres, profesores o directores generales. La tecnología sobre la que está adquiriendo conocimientos le otorga un gran poder. Tiene una experiencia que muy pocas personas tienen, que es la comprensión de por qué la gente hace lo que hace. Innumerables libros que ofrecen explicaciones teológicas, cognitivas, sociológicas y de otro tipo sobre la conducta llenan las estanterías de las librerías. Dado que no se pueden observar, medir o replicar, ninguna de estas explicaciones se acerca a la ciencia basada en la evidencia de la conducta que hemos logrado en los últimos 40 años.

¿Por qué no hemos tenido una mayor influencia? Creemos que en parte se debe a que individualmente hemos descuidado el estudio del poder y no hemos animado a nuestros alumnos a dar los pasos necesarios para adquirirlo y utilizarlo. En su forma más simple, el poder no es más que el uso de reforzadores para cambiar la conducta. Una contingencia *poderosa* es aquella que tiene una alta probabilidad de producir una conducta determinada. Sabemos cómo diseñar este tipo de contingencias. ¿Qué puedes hacer para ayudar a desarrollar esta parte de la ciencia? ¿Estás preparado para hacer algo más en el trabajo que simplemente hacer tu trabajo? ¿Te ves a ti mismo como alguien que toma decisiones, alguien que tiene la visión de ver un futuro diferente para tu empresa o tu comunidad? Esto sólo ocurrirá si puedes aprovechar la energía y la eficacia de los compañeros que te rodean. ¿Puedes empezar a gestionar el uso de tu conducta para influir en los demás, de modo que todos los miembros de tu departamento estén tan comprometidos, entusiasmados como tú. Este es el primer paso para desarrollar una personalidad que sus amigos y colegas querrán emular.

> "En su forma más simple, el poder no es más que el uso de reforzadores para cambiar la conducta".

RESUMEN

El poder es la "capacidad de asignar recursos y de tomar e imponer decisiones" (Harvard Business School Press, 2005). Un examen minucioso de las formas en que se puede adquirir el poder muestra que el proceso de adquisición del poder, lejos de ser algo misterioso, es totalmente conductual. Aprender a adquirir poder ascendiendo en una organización, desarrollando coaliciones con aliados y alimentando las propias habilidades de liderazgo es esencial si quiere convertirse en un analista de conducta eficaz. Una vez que haya aprendido a utilizar el poder, debería ser capaz de añadir un valor considerable no sólo a su organización, sino también a su comunidad.

PARA LEER MÁS

Bixler, S., y Dugan, L. S. (2001). *5 steps to professional presence.* Avon, MA: Adams Media.

Harvard Business School Press. (2005). *Power, influence, and persuasion.* Boston: Autor.

Skinner, B. F. (2022). *Conducta verbal.* ABA España. (Original publicado en 1957)

24

Formación, *coaching* y tutorización profesional

No se consigue lo mejor de los demás encendiendo un fuego debajo de ellos, sino creando un fuego interior.

Bob Nelson

La formación, el coaching y la tutorización profesional son tres estrategias esenciales para cambiar la conducta humana en el lugar de trabajo. En algunos casos, se trabajará con mentores, dándoles las habilidades que necesitan para formar parte de su equipo de cambio de conducta. En otras ocasiones, el objetivo del coaching será mejorar la actitud de un individuo, sus conocimientos técnicos, su eficacia general o sus habilidades de interacción social. Y en algún momento de su carrera, un estudiante podría pedirle que haga de mentor. Cada papel o método es apropiado en determinadas circunstancias y cada uno de ellos encarna todos los elementos del análisis de conducta. Tanto si es usted un estudiante de posgrado que acaba de aprender el oficio como si es un analista de conducta veterano, ampliar sus conocimientos sobre cómo se utilizan estas estrategias de cambio de conducta le convertirá en un profesional más eficaz.

FORMACIÓN

"El éxito del análisis aplicado de conducta (ABA) depende completamente de la modificación de la conducta de los mediadores, como el personal, los compañeros y los padres" (Sturmey, 2008, pág. 159). Nada podría ser más cierto y nuestro éxito depende de un conocimiento profundo y fluido de las técnicas de formación disponibles. Por lo general, pensamos que la formación consiste en un conjunto de habilidades que se enseñan de forma estándar a los mediadores que están en primera línea. Estos mediadores pueden ser personal de atención directa, padres, padres de acogida, profesores, ayudantes de profesores y otras personas que se ocupan de la gestión y la instrucción de la conducta durante todo el día. La formación de estos mediadores se ha convertido en una rutina y, debido a la gran demanda o a la alta facturación, formadores especializados suelen realizar este trabajo.

Antes de llegar a la formación, hay que estar seguro de que ésta es la solución adecuada a un problema de rendimiento. Con demasiada frecuencia se da por sentado que la respuesta a cualquier déficit es la formación, cuando en realidad se trata de una apropiada gestión del desempeño (capítulo 16). Una vez determinado que la formación es la respuesta, probablemente sea una buena idea preguntarse: "¿Cómo voy a saber si la formación ha funcionado?" La mayoría de los talleres de formación preempaquetados se organizan, se ponen en práctica y luego se guardan en la estantería hasta que llega el siguiente grupo. Nuestro enfoque consiste en determinar de antemano si la formación es necesaria (siempre tomamos una líneabase). Kirkpatrick (1994), que aboga por evaluar la formación una vez impartida, también utilizó nuestro enfoque en la tecnología de la instrucción. Esto, por supuesto, plantea la cuestión de cómo se evalúa la formación.

El modelo de Kirkpatrick consta de cuatro niveles. Nivel 1: ¿Qué les parece la formación a los alumnos? Nivel 2: ¿Han adquirido los alumnos alguna habilidad? Nivel 3: ¿Han generalizado los alumnos sus nuevas habilidades en el entorno en el que las utilizan a diario? Nivel 4: ¿Ha habido alguna demostración de que las nuevas habilidades mostradas ahora en el hogar, el aula o el entorno empresarial tienen algún efecto en el cambio de conducta o en el resultado final? Los niveles 3 y 4 representan retos muy grandes para los analistas de conducta que trabajan como formadores o supervisan empresas de formación. Cuando llegue el momento de revisar las recomendaciones de mejores prácticas, estos estándares deberían adoptarse para nuestro campo.

Formación tradicional

Las organizaciones formaban al personal mucho antes de que aparecieran los analistas de conducta. En general, los modelos tradicionales de formación del personal no comparten nuestro respeto por la toma de una líneabase antes de comenzar la formación para determinar la adquisición de la conducta y no hacen un seguimiento para determinar si la formación es eficaz. "Se exigió, se hizo, se acabó" es la respuesta estándar que se obtiene si se pregunta por la política y el procedimiento de formación. La formación tradicional casi siempre implica una instrucción en grupo en un entorno similar al de un aula. Consiste en una formación, algunos materiales para complementar el taller y un procedimiento de firma que hace que todos los asistentes sean responsables de lo que han oído (independientemente de que lo hayan entendido o no). El supuesto de este estilo de formación es que los alumnos pueden escuchar una presentación y tal vez incluso ver un vídeo y luego traducirlo en una respuesta adecuada para darla en el momento justo con un cliente. Lo sé, estás diciendo: "¿Seguro que no?", pero sí, es cierto. Este es el supuesto y este es el método que se ha utilizado en la educación, la salud mental, las trastornos del desarrollo, la rehabilitación y los entornos profesionales durante al menos 30 años.

Modelo de formación conductual

Nuestro modelo ofrece un gran contraste. Los profesionales analistas de conducta que se dedican a la formación tienen una tradición diferente: Enfatizamos la necesidad de la evidencia para lo que hacemos y esto incluye nuestras prácticas de formación. A menudo denominado "entrenamiento de habilidades de conducta", nuestro enfoque suele incluir cuatro componentes distintos.

Paso 1: *Instrucciones y motivación* Los analistas de conducta reducen al mínimo las instrucciones, lo que contrasta con la formación tradicional y en esta fase describen la razón de ser de la formación, esbozan los pasos de las habilidades que se van a adquirir (mostrándolo visualmente en un análisis de tareas) y responden a las preguntas antes de pasar al Paso 2. Un objetivo primordial de esta fase es motivar al alumno para que quiera participar. Uno de los métodos utilizados para motivar a los alumnos es describir historias de éxito de anteriores alumnos o clientes que se han beneficiado de la formación. El formador tiene que ser una persona animada, con mucha emoción en su voz y unos modales que se relacionen bien con el grupo de alumnos.

Paso 2: *Modelado* Aunque gran parte de lo que enseñamos a nuestros mediadores tiene que ver con la conducta verbal (ideas sobre la inmediatez del reforzamiento, cómo funciona la extinción), el verdadero sistema de ejecución requiere una persona que pueda *actuar* correctamente (conducta motora) en las circunstancias adecuadas. La adquisición de habilidades motoras comienza con ver cómo se debe realizar la conducta, es decir, modelar la actuación. Lo ideal sería que esto se hiciera en las circunstancias reales en las que se requiere la conducta. Esto podría ser difícil o imposible, por lo que retroceder podría ser posible en una dinámica de roles con un ayudante o una cinta de vídeo (o CD o clips disponibles en Internet). Es importante que la conducta que se entrena esté claramente definida y presentada. También debe separarse de otras habilidades para que los alumnos no se confundan. Cada paso que se modele debe coincidir con el análisis de la tarea del Paso 1.

Paso 3: *Práctica con retroalimentación* Una característica distintiva del modelo de formación de habilidades de conducta es que los alumnos deben *demostrar* la habilidad modelada en el Paso 2. Es aquí donde el formador aprende si su método de formación está funcionando realmente. Los movimientos de cabeza y las sonrisas de aprobación no son suficientes para ver a los alumnos demostrar la nueva conducta. Y no pueden conformarse con hacerlo una sola vez. En una formación eficaz, los formadores deben demostrar la conducta requerida repetidamente hasta que esté claro que los alumnos la dominan. Dado que lo que estamos enseñando a las personas es una habilidad que debe emitirse en determinadas circunstancias específicas, el formador debe incluir tanto los estímulos discriminativos como los estímulos delta (se trata de un estímulo que prepara la ocasión para una disminución de la respuesta operante); es decir, los formadores deben saber exactamente cuándo aplicar un reforzador positivo y cuándo *no*. Practicar hasta que los alumnos tengan soltura suele llevar más tiempo que la formación tradicional, por lo que el formador tiene que utilizar todas sus habilidades sociales y reforzantes para mantener a todos motivados. Muchas personas dudan en participar en un entrenamiento de este tipo por la posible exposición al ridículo de los demás en la clase si hacen algo mal. Otro requisito de un buen formador es la capacidad de gestionar la clase de forma que esto no ocurra.

Paso 4: Seguimiento, retroalimentación correctiva, mantenimiento Tan pronto como sea posible, el formador tiene que planear que los alumnos vuelvan a sus entornos y se dediquen a las conductas recién adquiridas. El formador y no el supervisor de los alumnos (aunque es deseable que esta persona sea una sola), debe de reservar tiempo para observar a las personas utilizar la nueva habilidad y entregar el reforzamiento y las correcciones necesarias (si es preciso).

> "Las conductas que no producen *feedback* automático requieren de la observación dedicada de un supervisor afanoso junto con reforzamiento intermitente".

Lo ideal sería que el formador hubiera observado a los alumnos antes de la clase de formación y que pudiera ver una diferencia significativa en el rendimiento. Esta diferencia en el rendimiento es la forma más significativa de reforzamiento para un formador y puede mantener a los alumnos durante mucho tiempo. Una vez comprobado que los recién formados pueden tener un rendimiento admirable, el formador debe reunirse a continuación con el supervisor, informarle del éxito y describirle cómo puede lograr la siguiente fase de la formación. Esta fase implica el mantenimiento de la habilidad. Las conductas que no tienen una retroalimentación automática incorporada requieren la observación sistemática por parte de un supervisor dedicado, junto con reforzamiento intermitente (véase el capítulo 16, "Gestión del rendimiento").

COACHING

Ray era un analista de conducta certificado con 2 años de experiencia en trastornos del desarrollo y con "buenas" calificaciones como profesional. Denise, su supervisora, no estaba del todo contenta con Ray porque tenía que resolver problemas causados por tener un estilo de interacción algo brusco. Ray daba la impresión de ser bastante brusco, cuando se le dio un feedback, dijo: "Sólo estaba siendo honesto con la gente. Me gusta ser realista". Ray iba a cumplir 30 años en unos 6 meses y a Denise le parecía que ya era hora de que "madurara y se comportara como un adulto" cuando estaba con sus clientes, colegas y otros profesionales.

Este escenario es ideal para preparar el terreno para una intervención de coaching. La conducta está estrechamente definida, tiene un impacto en los clientes y es preocupante y molesta para su supervisora. Denise podía limitarse a dar a Ray una calificación baja en su próxima revisión del rendimiento, que se produciría en un par de meses, pero se le ocurrió que el coaching podría ser la respuesta. Como era una BCBA-D (una BCBA de nivel de doctorado) con 10 años de experiencia en supervisión, Denise tenía las credenciales adecuadas y estaba segura de que podía hacerlo.

En el mundo empresarial el coaching se utiliza cada vez con más frecuencia. Posiblemente tenga mayor reconocimiento que las evaluaciones de rendimiento tradicionales que son un instrumento demasiado contundente. Además, la revisión anual clásica se retrasa demasiado para que tenga un gran impacto. El asesoramiento ha sido una opción durante años, pero no tiene mucha credibilidad para una situación como ésta. El coaching suele describirse en cuatro pasos (Harvard Business School Press, 2004).

Paso 1: Observación

Dado que el coaching es un proceso conductual, obviamente debe comenzar con la observación directa de la persona. No se puede trabajar a partir de rumores o comentarios improvisados escuchados en la sala de descanso. Denise tiene que organizar la observación de las interacciones de Ray con sus clientes y colegas en los entornos en los que se producen de forma natural. Tendrá que tomar notas no sólo sobre su rendimiento y de la falta de habilidades, sino también de las habilidades altamente valoradas que tiene en su repertorio.

Paso 2: Debate

Antes del coaching propiamente dicho, Denise debe sentarse con Ray y hablar de sus preocupaciones. Debe pedirle a Ray que haga su propia autoevaluación. Si Denise detecta una actitud intransigente por parte de Ray, puede decidir despedirle en lugar de dedicar tiempo a intentar moldear su repertorio. El objetivo de este paso es llamar la atención de Ray sobre lo que la supervisora considera las áreas problemáticas. Escuchará su versión y luego intentará persuadirle para que participe voluntariamente(recuerde el capítulo 9 sobre persuasión) en el proceso. Un objetivo fundamental del paso 2 es posicionar a Ray para que vea esto como un ejercicio útil que mejorará su rendimiento como profesional y que posiblemente le lleve a ascender en la empresa. El coaching no debe verse como algo punitivo o amenazante, sino como un método objetivo y conductual para aumentar la eficacia del empleado.

Paso 3: Coaching activo

Este paso comienza con un acuerdo entre las dos partes y del entendimiento de ciertas metas y objetivos. Esto no debería ser un problema para Denise porque es una buena observadora, ha tomado notas detalladas y puede articular un conjunto de criterios de cambio observables para Ray. Con el consentimiento de Ray, puede comenzar el coaching propiamente dicho. Normalmente, la entrenadora empezaría con una conducta que es obvia y, en su opinión, bastante fácil de cambiar. Denise quiere empezar con algunos cambios que Ray pueda hacer sin muchos problemas, lo que le da la oportunidad reforzar y mostrar que no está tratando de ser punitiva. Denise podría modelar y representar ciertos escenarios con Ray. El entrenamiento con role-play se programará para que ocurra justo antes de que Ray tenga la oportunidad de practicar la nueva habilidad. El entrenamiento se llevará a cabo en pequeñas cantidades a lo largo de varias semanas e incluirá debates, juegos de roles, prácticas, comentarios y la oportunidad de aplicar la habilidad. En cada ciclo se abordará un problema ligeramente más difícil, pero a medida que Ray experimente algún éxito, debería ganar la confianza necesaria para seguir trabajando con su supervisor. Denise también se beneficiará de esta experiencia porque podrá ver inmediatamente si su entrenamiento está funcionando, lo cual es su principal reforzador para todo este ejercicio.

Paso 4: Seguimiento

Los analistas de conducta descubrirán que el coaching es una forma natural de resolver problemas con empleados individuales. El coaching también puede utilizarse para mejorar las habilidades de aquellos miembros del equipo que podrían hacer una mayor contribución si pudieran asumir algunas responsabilidades adicionales. La fase de seguimiento después del coaching es una parte natural de lo que hacen los analistas de conducta. Como analista de conducta que imparte formación a otros, querrá saber si las contingencias naturales de su entorno de trabajo pueden mantener las habilidades. Debe estar preparado para modificar el entorno si necesita añadir reforzadores que mantengan las conductas. En el mundo empresarial, la característica esencial del mantenimiento de la conducta no está bien reconocida y cualquier analista de conducta que se dedique al coaching debería añadir este mantenimiento en su lista.

TUTORIZACIÓN

Como nuevo profesional del análisis aplicado de conducta, es posible que a veces te sientas perdido o
solo. Es posible que tenga preguntas que sus estudiantes no parecen
poder responder. Puede que sienta
que está destinado a tener un mayor impacto en su empresa u orga-

> "Como nuevo miembro del club del análisis aplicado de conducta, puedes a veces sentirte solo o perdido".

nización, pero no está seguro de qué movimientos hacer o cómo hacerlos. Puede que no lo sepa, pero lo que buscas es un *tutor*, una persona con experiencia, habilidades y conocimientos útiles que pueda ofrecerle consejo, información u orientación para ayudarle a avanzar en su desarrollo personal o profesional (Harvard Business School Press, 2004). El estudiante es la persona que inicia la búsqueda de un mentor que establecerá una relación a largo plazo con el estudiante y le proporcionará una serie de apoyos que van desde abrirle las puertas hasta proporcionarle asesoramiento profesional. En algunos casos, el mentor puede proteger al estudiante en situaciones políticas difíciles entre oficinas o servir de caja de resonancia para nuevas ideas. Los tutores desafían a los estudiantes a ampliar sus horizontes y desarrollar sus capacidades y su potencial como profesionales. El tutor está muy familiarizado con el conjunto de habilidades del estudiante y puede incluso recomendarle que considere otras líneas de trabajo en las que se requiera el doctorado o una licencia de empresariales.

Entrar en una relación de tutoría no es una decisión fácil. El tiempo requerido puede ser enorme, por lo que el tutor debe considerar si la inversión merece la pena. Un estudiante potencial tiene que estar cualificado, es decir, debe tener ganas de aprender y ser ambicioso. Una relación de tutoría puede durar inicialmente de 2 a 5 años, por lo que ambas partes deben tener personalidades afines y compatibles. El tutor ha de ser un gran analista de conducta que se sienta preparado para retribuir a una persona más joven, para hacer progresar al joven analista de conducta y para ayudarle a avanzar en su carrera.

RESUMEN

La formación, el coaching y la tutoría son tres estrategias para el cambio de conducta. Estas estrategias se utilizan en una amplia gama de circunstancias, desde la instrucción en grupo hasta el asesoramiento profesional. Para ser eficaces como profesionales, los analistas de conducta deben ser competentes en la formación y estar preparados para ejercer de coach cuando llegue el momento. Los analistas de conducta más jóvenes pueden considerar la posibilidad de buscar un mentor si sienten la necesidad de asesoramiento y orientación profesional.

PARA LEER MÁS

Harvard Business School Press. (2004). *Coaching and mentoring.* Boston: Autor.

Kirkpatrick, D. L. (1994). *Evaluating training programs: The four levels.* San Francisco: Berrett-Koehler.

O'Neill, M. B. (2000). *Executive coaching with backbone and heart: A systems approach to engaging leaders with their challenges.* Jossey-Bass.

Reid, D. H., y Parsons, M. B. (2002). *Working with staff to overcome challenging behavior among people who have severe disabilities.* Habilitative Management Consultants.

Sturmey, P. (2008). *Best practice methods in staff training.* En J. K. Luiselli, D. C. Russo, W. P. Christian y S. M. Wilczynski (Eds.), *Effective practices for children with autism.* Oxford University Press.

25
Curiosidad insaciable

Lo importante es no dejar de cuestionarse.

Albert Einstein

Comenzamos este capítulo sobre la curiosidad insaciable con los comentarios de Jon Bailey.

En la isla de Sapelo, en el suroeste de Georgia, a la que sólo se puede acceder en ferry o en barco privado, se encuentra la comunidad de Hog Hammock. Quiero ir allí algún día. Tengo curiosidad por este lugar porque hay un cementerio histórico de esclavos de África occidental de 200 años de antigüedad llamado *Cementerio de conducta*. Si consigo llegar hasta allí, tengo entendido que puedo localizar a un pescador llamado Maurice Bailey y puede que me haga una visita guiada. Con suerte, podré hablar con Cornelia Bailey (2000), que escribió una historia de Hog Hammock. Me gustaría saber más sobre cómo esta comunidad de esclavos Gullah-Geechee llegó a dar este inusual nombre al cementerio. Quién sabe, tal vez estemos emparentados.

Pasando a otro tema, también me gustaría visitar a Joshua Klein algún día. Tiene una presentación increíble en *TED.com* en la que muestra una máquina expendedora para cuervos.[36] Entrenó a los cuervos para que recogieran monedas a cambio de cacahuetes.

---

[36] Ver ted.com/index.php/talks/joshua_klein_on_the_intelligence_of_crows.html

Klein no lo llama condicionamiento operante y no parece saber que hay toda una red internacional de analistas de conducta que comparten su pasión por entender la conducta.

Estoy fascinado con la conducta y lo he estado desde 1961 cuando presencié la clase de *Introducción al análisis de conducta* de Jack Michael. Jack tenía una manera única de contar historias. Cuando hablaba de los descubrimientos en el laboratorio de animales y de sus interacciones con Ted Ayllon, capturaba toda mi atención. Eran historias fascinantes de científicos que hacían descubrimientos sobre el funcionamiento de la conducta. Me sorprendió saber que la conducta podía observarse y medirse sistemáticamente y que se podía cambiar. La vida de las personas podía mejorar con sólo cambiar las contingencias del reforzamiento. Esto suponía un cambio radical con respecto al pensamiento tradicional de que las personas hacían lo que hacían porque querían o porque tenían algún rasgo genético que las hacía agresivas, sumisas o manipuladoras. Jack me inculcó la curiosidad con su forma entusiasta al describir situaciones y personas y por cómo él y Ted pensaban en contribuir utilizando el análisis de conducta. Jack y Ted se inspiraban de *Walden Dos*, *Ciencia y conducta humana* y *Conducta Verbal*, de B. F. Skinner y en unos cuantos volúmenes de la revista *Journal of the Experimental Analysis of Behavior*. No estaban sujetos a la tradición, sino que estaban abriendo nuevos caminos y lo sabían. Hicieron avanzar el campo con su curiosidad insaciable. Fue una época apasionante.

Para ser un analista de conducta es necesario tener una curiosidad permanente por las personas en entornos comunes y exóticos. ¿Qué hace que una joven se ponga una bomba y se dirija a un mercado abarrotado en Irak, matando a 38 civiles inocentes? ¿Cómo consiguió un piloto de U.S. Airways mantener la calma absoluta y aterrizar con seguridad un avión averiado en el río Hudson, salvando 155

> "Ser un analista de conducta efectivo requiere de una insaciable curiosidad acerca de la gente en contextos exóticos y ordinarios".

vidas? Las historias de reforzamiento que condujeron a estas acciones, deprimentes y alentadoras, merecen ser estudiadas. Como analistas de conducta, deberíamos sentir curiosidad por este tipo de conductas. Probablemente podríamos aprender mucho sobre los procesos conductuales básicos si supiéramos más sobre cómo se seleccionan y entrenan los terroristas y podríamos ser capaces de salvar vidas con este conocimiento.

Hay fenómenos interesantes a nuestro alrededor en los que vale la pena pensar, problemas que resolver e ideas increíblemente interesantes que considerar desde una perspectiva conductual.

Para estimular la curiosidad, hay que empezar con una buena fuente. Una de las mejores es la columna de "Ideas y Tendencias" del *New York Times Magazine*, que aparece con frecuencia. A mediados de diciembre, la revista (un suplemento del periódico de los domingos del *New York Times*) publica anualmente planes creativos e ingeniosos.[37]Estos pueden resolver toda una serie de problemas poco comunes, tanto reales como ficticios. He aquí algunos de ellos, con algún comentario conductual.

Air bags para las personas mayores: Muchas personas mayores tienen un miedo a caerse de forma injustificada. Caerse es la principal causa de muerte en personas mayores de 65 años (BBC News, 2008). Una empresa japonesa ha ideado una bolsa de aire inflable que parece un chaleco de pesca y que puede inflarse en una décima de segundo cuando se activa mediante un sensor de movimiento. Su precio es de 1.400 dólares, por lo que está fuera del alcance de la mayoría de la gente. ¿Podría haber una solución conductual más barata? ¿Qué pasaría si las personas mayores con tendencia a caerse llevaran sólo el sensor de movimiento y éste les informara de su postura? O'Brien y Azrin (1970) idearon esta solución, bajo la categoría general de ingeniería conductual, allá por 1970. Quizá sea el momento de volver a plantear este enfoque para otros problemas conductuales.

La ciencia de los porteros de fútbol: Científicos israelíes han analizado la conducta de los porteros de fútbol y han descubierto que "el 94 por ciento de las veces los porteros se tiraban a la derecha o a la izquierda", a pesar de que su mejor movimiento habría sido

---

[37] *New York Times Magazine*, 14 de diciembre de 2008.

quedarse en el centro, es decir, no deberían haber hecho nada. Los autores generalizaron sus hallazgos a las estrategias de los directores generales de empresas en tiempos de turbulencia económica. Los directores tienden a cambiar repentinamente de rumbo cuando lo más sensato sería mantenerse firmes. Si los analistas de conducta trabajaran en las empresas de la lista Fortune 500, podrían detectar estos cambios en la conducta e idear sistemas de control y retroalimentación basados en tendencias históricas anteriores.

Colegio sobre ruedas: Muchos niños pasan hasta 3 horas al día en el autobús para ir y volver del colegio. Esto es claramente una pérdida de tiempo. Además, algunas de nuestras investigaciones sobre el análisis de conducta han indicado que los viajes largos en autobús producen problemas de conducta bastante serios para los conductores. El Dr. Billy Hudson, profesor de la Universidad de Vanderbilt, tuvo la idea de transformar el autobús, ahora conectado a Internet, en un aula móvil. Los estudiantes de Grapevine (Arkansas) pueden inscribirse en cursos en línea y hacer el trabajo en sus ordenadores portátiles. Si esta iniciativa se vinculara a los analistas de conducta que trabajan en centros educativos, podrían evaluar los efectos en la conducta de este programa tanto en el autobús como después al llegar al colegio. Un analista de conducta con curiosidad insaciable podría preguntarse qué otras aplicaciones podrían tener el concepto de oportunidades de aprendizaje mediante el móvil. Este analista de conducta se pondría en contacto con el Dr. Hudson en Vanderbilt y concertaría una visita a su programa. Luego trabajaría insaciablemente para determinar si la tecnología podría reproducirse en el sistema escolar rural local, donde las derivaciones más frecuentes de niños para los programas conductuales hacen al día largos viajes en autobús.

CURIOSIDAD VERSUS CURIOSIDAD INSACIABLE

Aunque la curiosidad es bastante común en nuestra cultura, el número de lectores de periódicos está disminuyendo. Esto se debe a que la gente accede a las noticias de forma casi inmediata y a través de diferentes fuentes ("Newspaper Circulation Rising Globally, Down in U.S"., 2008). Los sitios web estimulan la curiosidad al incluir enlaces relacionados con el artículo que se está leyendo. El coste de la respuesta para saciar la sed de ideas e información ha disminuido mucho. En teoría, esto debería reforzar su búsqueda de nuevas ideas. Si tiene una *curiosidad insaciable*, tiene tal necesidad de entender cómo funcionan las cosas, está dispuesto a dedicar un tiempo considerable a la búsqueda de una respuesta y es entonces cuando realmente pasa a la acción. Como analista de conducta, ayudará a su cliente mucho más si se sumerge completamente en la situación.

Un nuevo analista de conducta tuvo la oportunidad de trabajar con una empresa consultora de sistemas de mejora de la seguridad en Australia. Este puesto podía resultar desalentador si hubiera sabido que iba a trabajar en plantas de fabricación de acero, carbón, gas y aluminio y nunca había visto una de cerca. Después de tres meses de buscar información día y noche y de leer manuales de seguridad y documentos de la empresa, nuestra analista de conducta se presentó al trabajo tan bien preparado que sabía más sobre la mayoría de estas plantas de la industria pesada que muchos de los directivos. Su formación recién adquirida por su curiosidad insaciable le llevó a aprovechar una oportunidad de consultoría a la aventura de su vida.

CÓMO AUMENTAR SU CURIOSIDAD INSACIABLE

Si siente una moderada curiosidad por su cultura y por la conducta humana que le impulsa y quiere pasar al siguiente nivel, aquí tiene algunas actividades que puede considerar.

Leer en general

Una forma de aumentar su curiosidad es leer lo que hacen otras personas de otras profesiones en otras partes del mundo. Necesita muchos estímulos, muchas cosas en las que pensar y reflexionar y temas que relacionar para activar su curiosidad. ¿Cómo se les ocurrió esta idea? ¿Por qué abordan este problema de esta manera? Se encontrará diciendo: "Si me contrataran, esto es lo que yo haría para resolver ese problema". Si hace esto de forma rutinaria y adquiere el hábito de contestar al periódico o a la pantalla del ordenador, descubrirá que le aparecerán ideas que se relacionan con un problema que está teniendo ahora mismo en su organización o con un cliente.

Llevar un cuaderno de notas

A lo largo de la semana se le ocurrirán ideas basadas en algo que haya oído en la radio o que haya visto en Internet, que haya leído en el periódico o que haya oído en una conversación. Si es algo nuevo o le parece insólito o divertido, anótelo indicando la fecha y quizá el lugar donde lo escuchó para poder localizarlo más tarde. El Dr. Bailey lleva un pequeño cuaderno y un bolígrafo en su coche y se aparta de la carretera para anotar algo que ha oído en un programa de radio. Este fue el comienzo de una cadena de conductas que empezó como una entrevista con Amy Sutherland, la autora de *Kicked, Bitten, and Scratched* (2006). La entrevista telefónica la llevó a aceptar una invitación para dar el discurso de inauguración en 2008 en la reunión anual de la Asociación del Análisis de Conducta de Florida. Su charla, basada en su exitoso libro de 2008, *What Shamu Taught Me About Life, Love, and Marriage (Lo que Shamu me enseñó sobre la vida, el amor y el matrimonio)*, estimuló la reflexión de casi mil analistas de conducta.

Cine independiente

El 90% de los éxitos de taquilla en Estados Unidos no suelen darnos que pensar; el cine independiente sí. A menudo realizadas con bajos presupuestos por personas creativas con una perspectiva muy singular del mundo, estas películas retratan la conducta humana en toda su vasta y gloriosa diversidad. Captan la conducta humana en circunstancias que nunca podríamos imaginar y nos desafían a entender cómo y por qué la gente hace lo que hace.

> "Los éxitos de Hollywood que ocupan gran parte de la cartelera rara vez alimentan nuestro intelecto, las películas independientes sí lo hacen".

Conocer gente nueva

Si pertenece a un grupo de amigos y hacen todo juntos, pronto comenzará a pensar en términos tan uniformes que empezará a terminar las frases de los otros. De vez en cuando, considere la posibilidad de hacer nuevos amigos de otras profesionales, religiones o culturas. Aproveche esta oportunidad para ver cómo reaccionaría y enfrentaría esta nueva persona ante sus retos. Ello puede ser muy estimulante y puede llevarle en direcciones que nunca había imaginado.

Cuestionar la sabiduría convencional

La cultura comercial en la que vivimos tiene un gran interés en que se consuma de forma estándar y convencional sin pensarlo que hace. Prepárese para desafiar esto de vez en cuando

> "La cultura comercial en la que vivimos está poderosamente interesada en que funciones… de forma convencional sin pensar en qué estás haciendo".

en el trabajo y en su vida personal. Sin embargo, tenga cuidado cuando se trate de desafiar cuestiones relacionadas con el trabajo, a menos que esté seguro de que tiene una solución mucho mejor que la que se está haciendo en ese momento.

Pregunta sobre la función

Nuestra cultura nos lava el cerebro para que aceptemos soluciones estándar a problemas comunes y es fácil dejarse llevar por la rutina del pensamiento convencional. Como analista de conducta, está formado para preguntarse la función de la conducta. Ahora pregúntese lo mismo sobre cuestiones más amplias con las que tiene que lidiar cada día. Los padres piden ayuda con la conducta disruptiva y fuera de control de sus hijos; ¿no deberíamos preguntarnos cómo ha ocurrido esto y por qué? Los maestros utilizan la expulsión como castigo, pero parece que no funciona. ¿Cuáles son las alternativas? Normalmente se nos paga por horas, pero ¿no se nos debería pagar por los resultados que conseguimos?

Desafiar el statu quo

El test final de la curiosidad insaciable se da cuando podemos mejorar las cosas gracias a una nueva idea que hayamos descubierto. Profundizar en la búsqueda de una respuesta, decir "no" a una propuesta, poner sobre la mesa a una nueva persona o perspectiva, o hacer presión, son acciones que le harán sentirse incómodo a usted y a los demás. Ello probablemente sea una buena señal. Está respetando a su cliente empresarial si aprende todo lo que puede sobre la historia de la empresa, ha memorizado el organigrama y ha leído los informes anuales de los últimos cinco años. En una consulta reciente, nos pidieron que averiguáramos qué hacía falta para que los vendedores de equipos informáticos impulsaran los complementos de software. No tardamos en determinar que la empresa tenía desde hace tiempo incentivos para la venta de hardware, pero ninguno para las ventas de software. A los directivos de la empresa nunca se les había ocurrido que el problema era la ausencia de incentivos y no la obstinación de sus empleados. Los directivos de la empresa estaban estancados en una teoría de la conducta que pudimos cuestionar. Ante esta revelación, ellos mismos se preguntaron: "¿Por qué no se nos ocurrió antes?".

RESUMEN

Como analista de conducta tiene mucho que aprender sobre cómo los demás abordan los mismos problemas que usted. Se hará un favor a sí mismo y a su cliente si trabaja para aumentar su propia curiosidad, si se permite pensar ampliamente en los problemas comunes de la comunidad y la cultura y si se familiariza con los puntos de vista de los demás.

PARA LEER MÁS

Bailey, C. (2000). *God, Dr. Buzzard, and the Bolito Man*. New York: Anchor Books.

Bar-Eli, M., Azar, O., Ritav, I., Keidar-Levin, V., y Schein, G. (2005). Actim bias among elite soccer goal keepers: The case of penalty kicks. *Journalof Economic Psychology, 28*(5), 606–621.

BBC news, 28 de septiembre de 2008. https://www.bbc.co.uk/programmes/wcr5s0rm1pf

de Bono, E. (2018). *El pensamiento lateral: Manual de creatividad*. Paidós.

Gelb, M. J. (2010). *Pensar como Leonardo da Vinci*. Planeta.

Gelb, M. J., y Caldicott, S. M. (2007). *Innovate like Edison: The success system of America's greatest inventor*. Penguin Group.

Gershenfeld, N. (2001). *Cuando las cosas empiecen a pensar*. Granica.

Newspaper circulation rising globally, down in U.S. (2 de junio 2008). USAToday. https://www.usatoday.com/news/world/2008-06-02-newspaper_N.htm

O'Brien, F., y Azrin, N. H. (1970). Behavioral engineering: control of posture by informational feedback. *Journal of Applied Behavior Analysis, 3*(4), 235–240. https://doi.org/10.1901/jaba.1970.3-235

Penn, M. J., y Zalesne, E. K. (2007). *Microtrends: The small forces behind tomorrow's big changes*. New York: Grand Central Publishing.

Sutherland, A. (2006). *Kicked, bitten, and scratched: Life and lessons at the world's premier school for exotic animal trainers*. New York: Penguin.

Sutherland, A. (2008). *What Shamu taught me about life, love, and marriage*. New York: Random House.

Conclusiones: Plan de acción para analistas de conducta

Ahora más que nunca, es importante que los analistas de conducta revisemos y actualicemos nuestras habilidades profesionales. Estamos compitiendo con muchas otras profesiones que ponen mucho más énfasis en las habilidades comerciales, de comunicación personal y de resolución creativa de problemas que se consideran esenciales en el mercado actual. Los consumidores que necesitan desesperadamente servicios suelen pasar por alto el análisis de conducta porque simplemente no saben que existimos. A veces no resistimos la mirada escudriñadora de los clientes más exigentes.

Presentar una conducta profesional muy segura en reuniones, conferencias y sesiones individuales con clientes nos da la oportunidad de explicar nuestro enfoque de tratamiento. Sin embargo, las habilidades puramente analítico-conductuales no son suficientes por sí solas. Tenemos que estar dispuestos a aprender de otros profesionales del mundo de la empresa, la comunicación y la consultoría comercial. Resulta que estos profesionales tienen mucho que ofrecer porque llevan al menos 50 años atrayendo a clientes y ejerciendo de cara al público. En los inicios de nuestro campo, a mediados de los años 60, creíamos que, si simplemente construíamos una trampa para ratones, la sociedad vendría corriendo a adoptar nuestra tecnología y nos contrataría para ponerla en práctica. Es hora de admitir que nos equivocamos en esta suposición. Debemos vender nuestro enfoque y ponerlo en competencia con todos los demás enfoques, muchos de los cuales ofrecen una presentación más elegante, sofisticada y comercializable que la que ofrece nuestro campo.

Empezamos en el laboratorio de animales y todavía utilizamos gran parte de esa terminología en nuestro trato con profesores, padres y directores generales. Tenemos que intensificar nuestra estrategia y analizar más cuidadosamente a los consumidores a los que queremos acercarnos. Debemos comprender sus necesidades y apreciar su aprensión ante nuestra visión real y desapasionada de la conducta, que podría ser bastante contraria a lo que les han hecho creer. Nosotros hablamos de "intervención basada en la evidencia", mientras que los clientes sólo quieren "algo que funcione". Nosotros queremos datos; ellos quieren confianza. Queremos demostrar control experimental; ellos simplemente quieren que sus hijos mejoren sus notas o que sus empleados ofrezcan un mejor servicio al cliente.

Si eres un estudiante de posgrado en un programa de estudios de análisis aplicado de conducta, puede que te resulte útil hacer el test del apéndice. Con él podrás evaluar tus habilidades actuales y determinar qué aspectos necesitas mejorar para desarrollar tus habilidades profesionales.

Postdata

Una de los aspectos más trágicos de la naturaleza humana es que tendemos a posponer la vida. Todos soñamos con un mágico jardín de rosas en el horizonte, en lugar de disfrutar de las rosas que florecen hoy frente a nuestras ventanas.

Dale Carnegie

Después de entregar nuestro manuscrito para su publicación, lo celebramos yendo a la aventura de encontrar el *Cementerio de Conducta*.

APÉNDICE: EVALÚE SUS COMPETENCIAS PROFESIONALES

Instrucciones: Puede utilizar este registro como guía para evaluar sus habilidades profesionales. Revise cada sección y evalúese honestamente en cada uno de ellos. En las secciones que se califique como "Media" o "Débil", elabore un plan personal de mejora, empezando por los materiales de la sección "Para leer más" al final de cada capítulo.

25 habilidades y estrategias	Fuerte	Bien	Media	Débil	No existe
1. Habilidades empresariales esenciales					
1. Etiqueta de negocios					
2. Asertividad					
3. Liderazgo					
4. Creación de contactos					
5. Relaciones públicas					
6. Competencia total					
7. La ética en la vida cotidiana					
2. Repertorio básico de consulta					
8. Comunicación interpersonal					
9. Persuasión e influencia					
10. Negociación y presión					
11. Hablar en público					
3. Aplicar sus conocimientos conductuales					
12. Lidiar con personas difíciles					
13. Pensar en términos de la función de la conducta.					
14. Utilizar el moldeamiento eficazmente					
15. ¿Puedes mostrarme eso?					
16. Gestión del rendimiento					
4. Hábitos vitales de trabajo					
17. Gestión del tiempo					
18. Convertirse en un profesional de confianza					
19. Aprender a lidiar con el estrés de forma conductual					
20. Saber cuándo buscar ayuda					
5. Estrategias avanzadas de consultoría					
21. Pensamiento crítico					
22. Ser creativo en la resolución de problemas.					
23. Comprender y utilizar el poder					
24. Formación, coaching y tutorización profesional.					
25. Curiosidad insaciable					

Referencias y lecturas recomendadas

Abernathy, W. B. (2000). *Managing without supervising*. PerfSys Press.

Allen, D. (2006). *Organízate con eficacia: Llega más lejos de lo que nunca hubieras imaginado*. Empresa Activa.

Atkinson, C. (2008). *Beyond bullet-points*. Microsoft Press.

Ayres, A. J. (2010). *La integración sensorial y el niño. Trillas*. (Original publicado en 1972).

Baer, D. M., Wolf, M. M., y Risley, T. R. (1968). Some current dimensions of applied behavior analysis. *Journal of Applied Behavior Analysis, 1*, 91-97. https://doi.org/10.1901/jaba.1968.1-91

Bailey, C. (2000). *God, Dr. Buzzard, and the Bolito Man*. Anchor Books.

Bailey, J. S., y Burch, M. R. (2006). *How to think like a behavior analyst*. Lawrence Erlbaum Associates.

Bailey, J. S., y Burch, M. R. (2019). *Ética para analistas de conducta* (J. Virues-Ortega, Trad., y Ed). ABA España. https://doi.org/10.26741/abaspain/2019/Bailey

Bailey, J. S., y Burch, M. R. (2021). *Análisis de dilemas éticos propuestos por analistas de conducta* (J. Virues-Ortega y J. Alonson Vega, Trads., y Eds.). ABA España. https://doi.org/10.26741/978-84-09-26780-4

Beckwith, H. (1999). *Venda lo invisible: La mercadotecnia de los vienes intangibles*. Prentice Hall Empresa.

Behavior Analysis in Practice. Association for Behavior Analysis International.

Behavior Analyst Certification Board. Código ético de analistas de conducta (ver traducción al español en Bailey y Burch, 2021).

Behavioral Interventions. John Wiley y Sons.

Bixler, S., y Dugan, L. S. (2001). *5 steps to professional presence*. Avon, MA: Adams Media.

Blanchard, K., y Johnson, S. (2015). *El nuevo manager al minuto*. HarperCollins Español.

Bloch, J. P. (2005). *Handling difficult people*. Avon, MA: Adams Media.

Block, P. (2009). *Consultoría sin fisuras*. Granica.

Bracey, H. (2002). *Building trust: How to get it! How to keep it!* HB Artworks.

Bundy, A. C., y Murray, E. A. (2002). Assessing sensory integrative dysfunction. En A. C. Bundy, S. J. Lane y A. Murray (Eds.), *Sensory integration: Theory and practice* (2ª ed., págs. 3–34). Davis.

Carlson, R. (2018). *No te ahogues en un vaso de agua*. DeBolsillo.

Carnegie, D. (2008). *Como ganar amigos e influir sobre las personas*. Elipse. (Original publicado en 1936)

Carnegie, D. (2012). *El arte de hablar en público*. BN Publishing. (Original publicado en 1962)

Covey, S. R. (2014). *Los siete hábitos de la gente altamente efectiva*. Planeta. (Original publicado en 1989)

Daniels, A. (1989). *Performance management*. Performance Management Publications.

Daniels, A. C. (2000). *Bringing out the best in people*. McGrawHill.

Daniels, A. C. (2001). *The habits of others*. McGraw-Hill.

Daniels, A. C., y Daniels, J. E. (2004). *Performance management: Changing behavior that drives organizational effectiveness*. Performance Management.

Daniels, A. C., y Daniels, J. E. (2005). *Measure of a leader*. Performance Management.

Darling, D. C. (2003). *The networking survival guide*. McGrawHill.

Dawson, R. (2006). *El arte de la negociación*. Selector. (Original publicado en 2001)

de Bono, E. (2018). *El pensamiento lateral: Manual de creatividad*. Paidós. (Original publicado en 1992)

de Bono, E. (2008). *Creatividad: 62 ejercicios para desarrollar la mente*. Paidós.

Detz, J. (2000). *It's not what you say, it's how you say it.* St. Martin's Griffin.

Doyle, M., y Straus, D. (2004). *Como reunirse sin perder miserablemente el tiempo.* Monografias.com (Original publicado en 1976)

Duarte, N. (2008). *Slide:ology: Arte y ciencia para crear presentaciones.* Conecta.

Foxx, R. M. (1994). Facilitated communication in Pennsylvania: Scientifically invalid but politically correct. *Dimensions,* 1-9.

Gelb, M. J. (1988). *Present yourself: Transforming fear, knowing your audience, setting the stage, making them remember.* Jalmar Press.

Gelb, M. J. (2010). *Pensar como Leonardo da Vinci.* Planeta. (Original publicado en 2004)

Gelb, M. J., y Caldicott, S. M. (2007). *Innovate like Edison: The success system of America's greatest inventor.* Penguin Group.

Gershenfeld, N. (2001). Cuando las cosas empiecen a pensar. Granica.

Gladwell, M. (2009). *El punto clave.* Taurus. (Original publicado en 2000)

Gladwell, M. (2005). *Blink: The power of thinking without thinking.* Little, Brown.

Goldstein, J. J., Martín, S. J., y Cialdini, R. B. (2008). *¡Si! 50 modos probados científicamente de ser persuasivos.* LID Editorial Empresarial.

Gottfredson, M., y Schaubert, S. (2008). *Resultados sobresalientes: Cómo los mejores líderes alcanzan objetivos ambiciosos.* Granica.

Greene, B. F., Bailey, J. S., y Barber, F. (1981). An analysis and reduction of disruptive behavior on school buses. *Journal of Applied Behavior Analysis,* 14, 177-192. https://doi.org/ 10.1901/jaba.1981.14-177

Greenwood, M. (2006). *How to negotiate like a pro: 41 rules for resolving disputes.* New York: iUniverse.

Gross, T. S. (2004). *Why service stinks ... and exactly what to do about it.* Dearborn Trade Publishing.

Gruwell, E., y McCourt, F. (2007). *The gigantic book of teachers' wisdom.* Skyhorse Publishing.

Hall, P. (2007). *The new PR: An insider's guide to changing the face of public relations.* Larstan.

Harvard Business School Press. (2004a). *Coaching & mentoring.* Boston: Autor.

Harvard Business School Press. (2004b). *Tratar con personas difíciles.* Boston: Autor.

Harvard Business School Press. (2004c). *Comunicaciones cara a cara para lograr claridad e impacto.* Gestión 2000.

Harvard Business School Press. (2004d). *Kit de herramientas del directivo: Las 13 habilidades que los directivos necesitan para tener éxito*. Boston: Autor.

Harvard Business School Press. (2005). *Poder, influencia y persuasión*. Boston: Autor.

Harvard Business School Press. (2006). *Dar feedback: Soluciones expertas para los retos cotidianos*. Boston: Autor.

Harvard Business School Press. (2007). *Cómo hacer presentaciones*. Boston: Autor.

Heinrichs, J. (2007). *Thank you for arguing: What Aristotle, Lincoln, and Homer Simpson can teach us about the art of persuasion*. Random House.

Henderson, J., & Henderson, R. (2007). *There's no such thing as public speaking*. Prentice Hall.

Hoff, R. (1998). *Puedo verlo desnudo*. Granica.

Hunsaker, P. L., y Alessandra, A. J. (1980). *El nuevo arte de gestionar equipos*. Deusto.

Jacobson, J. W., Foxx, R. M., y Mulick, J. A. (Eds.). (2005). *Controversial therapies for developmental disabilities*. Lawrence Erlbaum Associates.

Journal of Applied Behavior Analysis. Wiley & Sons.

Journal of Organizational Behavior Management. Taylor y Francis Group.

Kelley, R. E. (1981). *Consulting: The complete guide to a profitable career*. Charles Scribner's Sons.

Kirkpatrick, D. L. (1994). *Evaluating training programs: The four levels*. Berrett-Koehler.

Klaus, P. (2007). *The hard truth about soft skills*. HarperCollins.

Kratochwill, T. R., y Bergan, J. R. (1990). *Behavioral consultation in applied settings: An individual guide*. Plenum Press.

Laermer, R. (2004). *Relaciones públicas: Ataque integral*. Mc-Graw Hill.

Lakein, A. (2001). *Cómo tomar el control de tu tiempo y de tu vida*. BS Ediciones. (Original publicado en 1972)

Lattal, A. D., y Clark, R. W. (2005). *Ethics at work*. Performance Management.

Lieberman, D. J. (2000). *Get anyone to do anything*. St. Martin's Press.

Lovaas, O. I. (1987). Behavioral treatment and normal educational and intellectual functioning in young autistic children. *Journal of Clinical and Consulting Psychology, 55*, 3–9. https://doi.org/10.1037//0022-006x.55.1.3

Martin, G., & Pear, J. (1998). *Modificación de conducta: Qué es y cómo aplicarla*. Prentice Hall.

Mason, S. A., & Iwata, B. A. (1990). Artifactual effects of sensory-integrative therapy on self-injurious behavior. *Journal of Applied Behavior Analysis, 23*, 361–370. https://doi.org/10.1901/jaba.1990.23-361

Maurice, C., Green, G., y Luce, S. (Eds.) (1996). *Behavioral intervention for young children with autism*. ro-Ed Publisher.

McIntyre, M. G. (2005). *Secrets to winning at office politics: How to achieve your goals and increase your influence at work*. St. Martin's Griffin.

McQuain, J. (1996). *Power language: Getting the most out of your words*. Houghton Mifflin.

Michalko, M. (2001). *Cracking creativity: Los secretos de los genios de la creatividad*. Gestión 2000.

Miltenberger, R. (2020). *Modificación de la conducta: Principios y procedimientos* (6ª ed.) (J. Virues-Ortega, Ed., y Trad.). ABA España. https://doi.org/10.26741/2020.Milt

Nalebuff, B., y Ayres, I. (2003). *¿Y por qué no? Cómo utilizar el ingenio para reinventar mercados y resolver problemas*. Empresa Activa.

Centers for Disease Control & Prevention. (1999) *El estrés... en el trabajo*. https://www.cdc.gov/spanish/niosh/docs/99-101_sp/

Newspaper circulation rising globally, down in U.S. (2 de junio 2008). USAToday. https://www.usatoday.com/news/world/2008-06-02-newspaper_N.htm

Normand, M. T., y Bailey, J. S. (2006). The effects of celeration lines on accurate data analysis. *Behavior Modification, 30*, 295–314. https://doi.org/10.1177/0145445503262406

O'Brien, F., y Azrin, N. H. (1970). Behavioral engineering: control of posture by informational feedback. Journal of Applied Behavior Analysis, 3(4), 235–240. https://doi.org/10.1901/jaba.1970.3-235

Oliver, D. (1997). *101 caminos para negociar con eficacia*. Libérica.

O'Neill, M. B. (2000). *Executive coaching with backbone and heart: A systems approach to engaging leaders with their challenges*. Jossey-Bass..

Pachter, B., y Magee, S. (2000). *The power of positive confrontation*. Marlowe.

Pande, P. S., y Holpp, L. (2004). *¿Qué es seis SIGMA?* McGraw-Hill.

Pande, P., Neuman, R., y Cavanagh, R. (2000). *The Six Sigma way: How GE, Motorola, and other top companies are honing their performance*. McGraw-Hill.

Parkinson, J. R. (1997). *How to get people to do things your way.* Business Books.

Paul, R. W., y Elder, L. (2005). *Una guía para educadores en los estándares de competencia para el pensamiento crítico.* Fundación Pensamiento Crítico. (Original publicado en 2002).

Penn, M. J., y Zalesne, E. K. (2007). *Microtrends: The small forces behind tomorrow's big changes.* Grand Central Publishing.

Reid, D. H., y Parsons, M. B. (2002). *Working with staff to overcome challenging behavior among people who have severe disabilities.* Habilitative Management Consultants.

Reynolds, G. (2009). *Presentation zen: Ideas sencillas para el diseño de presentaciones.* Prentice-Hall.

Risley, T. R., y Hart, B. (1968). Developing correspondence between the non-verbal and verbal behavior of preschool children. *Journal of Applied Behavior Analysis, 1*(4), 267–281. https://doi.org/10.1901/jaba.1968.1-2671

Roberts, W. (2010). *Secretos del liderazgo de atila.* Lasser Press. (Original publicado en 1987)

Robinson, D. G., y Robinson, J. C. (1999). *Consultoría de rendimiento: Más allá de la formación.* Editorial Universitaria Ramón Areces. (Original publicado en 1995)

Rummler, G. A., y Brache, A. P. (1995). *Improving performance: How to manage the white space on the organizational chart.* Jossey-Bass..

Sagan, C., y Druyan, A. (2017). *El mundo y sus demonios: La ciencia como una luz en la oscuridad.* Crítica. (Original publicado en 1997)

Silber, L. (1999). *Career management for the creative person.* Three Rivers Press.

Skinner, B. F. (2021). *Ciencia y la conducta humana.* ABA España (Original publicado en 1953).

Skinner, B. F. (2022). *Conducta verbal.* ABA España (Original publicado en 1957).

Smith, T. C. (1991). *Cómo hacer una presentación con éxito.* Pirámide. (Original publicado en 1984)

Smith, T., Mruzek, D. W., y Mozingo, D. (2005). Sensory integration therapy. En J. W. Jacobson, R. M. Foxx y J. A. Mulick (Eds.), *Controversial therapies for developmental disabilities.* Lawrence Erlbaum Associates.

Stone, W. (2005). *Reach for your dreams graduate: Rechange your life with true and courageous stories of individuals who would not accept defeat.* White Stone Books.

Sturmey, P. (2008). Best practice methods in staff training. En J. K. Luiselli, D. C. Russo, W. P. Christian y S. M. Wilczynski (Eds.), *Effective practices for children with autism*. Oxford University Press.

Sutherland, A. (2008). *What Shamu taught me about a happy marriage*. Random House.

Vandeveer, R. C., y Menefee, M. L. (2006). *Human behavior in organizations*. Prentice Hall.

Walton, M. (1986). *The deming management method*. Dodd, Mead & Company.

Weismann, J. (2006). *Presenting to win*. Pearson Education.

Whitmore, J. (2005). *Business class: Etiquette essentials for success at work*. St. Martin's Press.

Wilder, D. A., Chen, L., Atwell, J., Pritchard, J., & Weinstein, P. (2006). Brief functional analysis and treatment of tantrums associated with transitions in preschool children. *Journal of Applied Behavior Analysis, 39*(1), 103–107. https://doi.org/10.1901/jaba/2006.66-04

Wooden, J., y Jamison, S. (2005). *Entrenamiento personal de liderazgo*. Peniel.

Zechmeister, E. B., y Johnson, J. E. (1992). *Critical thinking: A functional approach*. Brooks/Cole.

Zemke, R., y Woods, J. A. (1999). *Best practices in customer service*. HRD Press Amherst.

Índice analítico

CPSIA information can be obtained
at www.ICGtesting.com
Printed in the USA
BVHW031736190721
612316BV00008B/301